中公新書 2801

山本文彦著

神聖ローマ帝国

「弱体なる大国」の実像

中央公論新社刊

はじめに

神聖ローマ帝国、その名称からして、不思議というか奇妙だが、九六二年から一八〇六年まで、およそ八五〇年間（足掛け八四五年）にわたり存在し続けた。日本史に当てはめると、平安時代の村上天皇《むらかみてんのう》から江戸時代の徳川家斉《とくがわいえなり》（十一代将軍）までである。

さらにこの帝国が存在した場所は、時代により伸び縮みはあるが、現在のドイツを中心に、スイス、オーストリア、チェコ、スロヴァキア、オランダ、ベルギー、ルクセンブルクに及んでいた。ヨーロッパのほぼ中央に広大な版図を持つ帝国だった。

今では神聖ローマ帝国という名称がよく使われるが、時代によって異なっていた。成立当初はローマ人の帝国、ローマ帝国、十二世紀後半以降に神聖帝国、十三世紀半ば以降に神聖ローマ帝国、さらに十五世紀後半から「ドイツ国民の神聖ローマ帝国」が加わり、十七世紀後半以降はドイツ帝国となった。しかし八五〇年の歴史全体を通して、一貫して「ローマ帝国」と呼ばれていた。

その意味では、神聖ローマ帝国は、古代ローマ帝国の後継国家であり、カール大帝まで遡《さかのぼ》る一〇〇〇年の歴史を持つ帝国である。

しかしその歴史的評価は、前半はまだしも、特に十五世紀以降については、お世辞にも良いとは言えなかった。有名なところでは、十八世紀フランスの啓蒙思想家ヴォルテールは、「神聖でもなければ、ローマ的でもなく、そもそも帝国でもない」と帝国を評した。当時フランスとは敵対関係にあったからそのように見えたと言うわけではなく、帝国内部でも似たような評価があった。ヴォルテールの九〇年ほど前、ドイツの法学者プーフェンドルフが「妖怪《ようかい》に似たるもの」と帝国を断じたこともよく知られている。

ドイツの文豪ゲーテは、一七六四年、フランクフルトで挙行されたヨーゼフ二世の国王戴《たい》冠式《かんしき》を目の当《まあ》たりにして、その壮麗さに魅了された。しかしそれから四〇年ほど経《た》ち、帝国が滅亡した翌日の日記には、帝国の分裂の話よりも従者と御者《ぎょしゃ》の喧嘩《けんか》の方が興奮すると記している。

そもそも、「帝国の死亡診断書」と評価された一六四八年のウェストファリア条約以降、帝国は有名無実化したと世界史の授業で習った人も少なくないのではないだろうか。

これらの評価は、その時代からも想像できるように、十七世紀以降の近代国民国家的な視点に基づく評価と言える。国王を中心とした中央集権的な国民国家を基準に帝国を眺めると、それは妖怪のように見えたのかもしれない。しかし歴史の評価は必ずしも絶対不変ではなく、その時代や社会に応じて変化するものでもある。

欧州連合（ＥＵ）の統合が進展する中で、国民国家の象徴の一つとも言える国境を撤廃し、人々は自由にヨーロッパの中を移動できるようになった。その際、統合の新たな基礎的理念として、共通の歴史的経験が探し求められた。それが二〇〇〇年ほど前まで存在していた神聖ローマ帝国である。神聖ローマ帝国は、国民を持たないが多くの民族を統合し、中央集権的ではないが紛争解決能力を有し、異なる文化を包摂する連邦的な政治組織体だったと評価されるに至った。

本書ではこの新たな帝国評価を基礎として、神聖ローマ帝国の八五〇年の歴史を書いてみたいと思う。歴史学でも専門領域の細分化が進んでおり、こうした通史を書くにはかなりの勇気が要る。もちろん神聖ローマ帝国の歴史を全て語れるわけもなく、その一部を切り取って語るに過ぎない。その限界をわきまえながらも、新しい神聖ローマ帝国像を読者に提示できればと願っている。

目次

第2章 金印勅書と七選帝侯
——皇帝と教皇の対立の時代（一一二二〜一三五六年）

第3章 両ハプスブルク家の黄金期
――帝国国制の制度化の時代（一三五六～一五五五年） 87

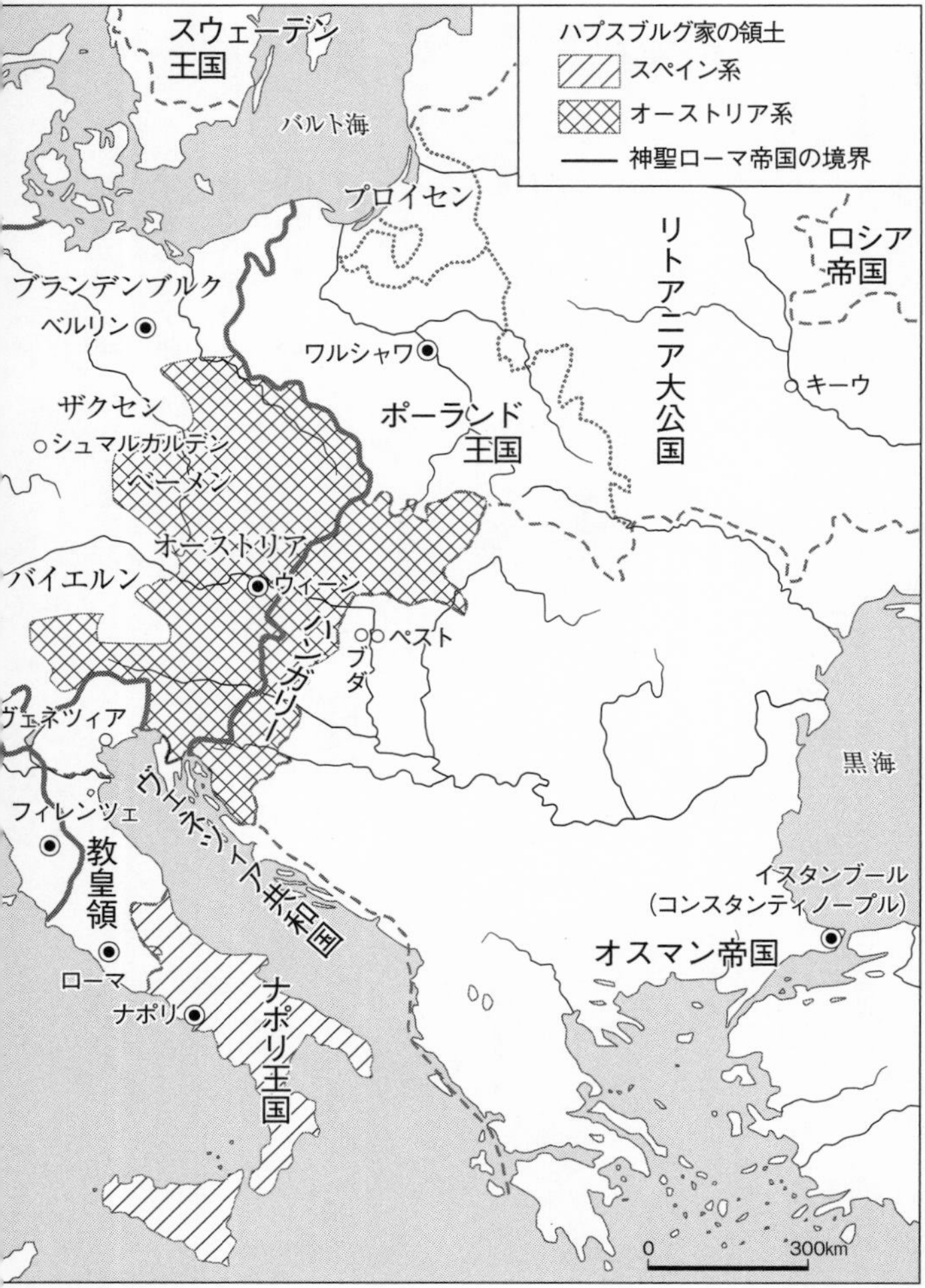

16世紀半ばのヨーロッパ

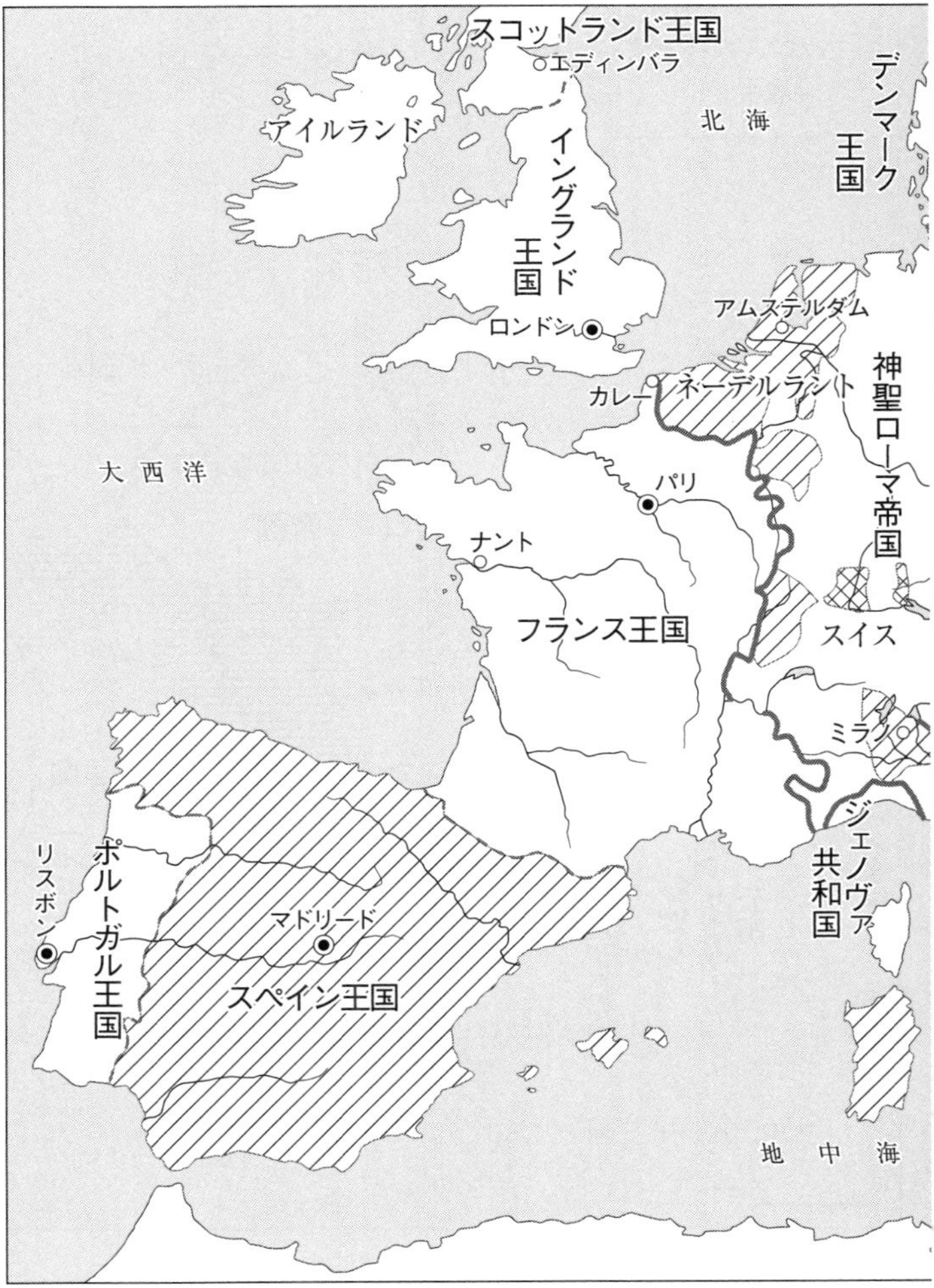
スコットランド王国
エディンバラ
デンマーク王国
アイルランド
北海
イングランド王国
アムステルダム
ロンドン
神聖ローマ帝国
カレー
ネーデルラント
大西洋
パリ
ナント
フランス王国
スイス
ミラノ
ジェノヴァ共和国
リスボン
ポルトガル王国
マドリード
スペイン王国
地中海

ハプスブルク家領
七選帝侯
スウェーデン王国
ドイツ騎士団領
デンマーク王国
バルト海
北海
ブランデンブルク
ザクセン
ライン川
ポーランド王国
エルベ川
アミアン
ケルン
ベーメン王国
トリーア
マインツ
神聖ローマ帝国
ウィーン
パリ
スイス自由連邦
プファルツ
ドナウ川
アウグスブルク
バイエルン
クリュニー
ハンガリー王国
フランス王国
ミラノ公国
ヴェネツィア共和国
サヴォイア公国
ボローニャ
オスマン帝国
ジェノヴァ共和国
ピサ
地中海
ローマ
ナポリ王国
サルデーニャ王国
フレンツェ共和国
サレルノ
0
200km

15世紀末のドイツ

現代のドイツの各州と主な都市　下線部は州名（略称）

地図作成　ケー・アイ・プランニング

神聖ローマ帝国

序　章　神聖ローマ帝国の輪郭

まず、いくつかの項目に分けて神聖ローマ帝国の輪郭を描いてみたいと思う。

神聖ローマ帝国は、十三世紀半ば以降に用いられた名称で、それ以前は、「帝国」とのみ記されることが多かった。ここで言う帝国とは、もちろんローマ帝国以外の何ものでもなかった。

カール大帝とローマ帝国

八〇〇年のクリスマス、ローマのサン・ピエトロ教会で、フランク王カールが教皇レオ三世より皇帝の冠を受けた。カールが用いた称号は「カール、最も輝かしき尊厳なるもの、神によって冠を授けられ、偉大で平和を愛する、ローマ帝国を統治する皇帝」。カールがローマ帝国の皇帝になったことが、この称号からも分かるだろう。

しかしこの皇帝戴冠は、同じくローマ帝国の系譜に連なるビザンツ帝国（東ローマ帝国）

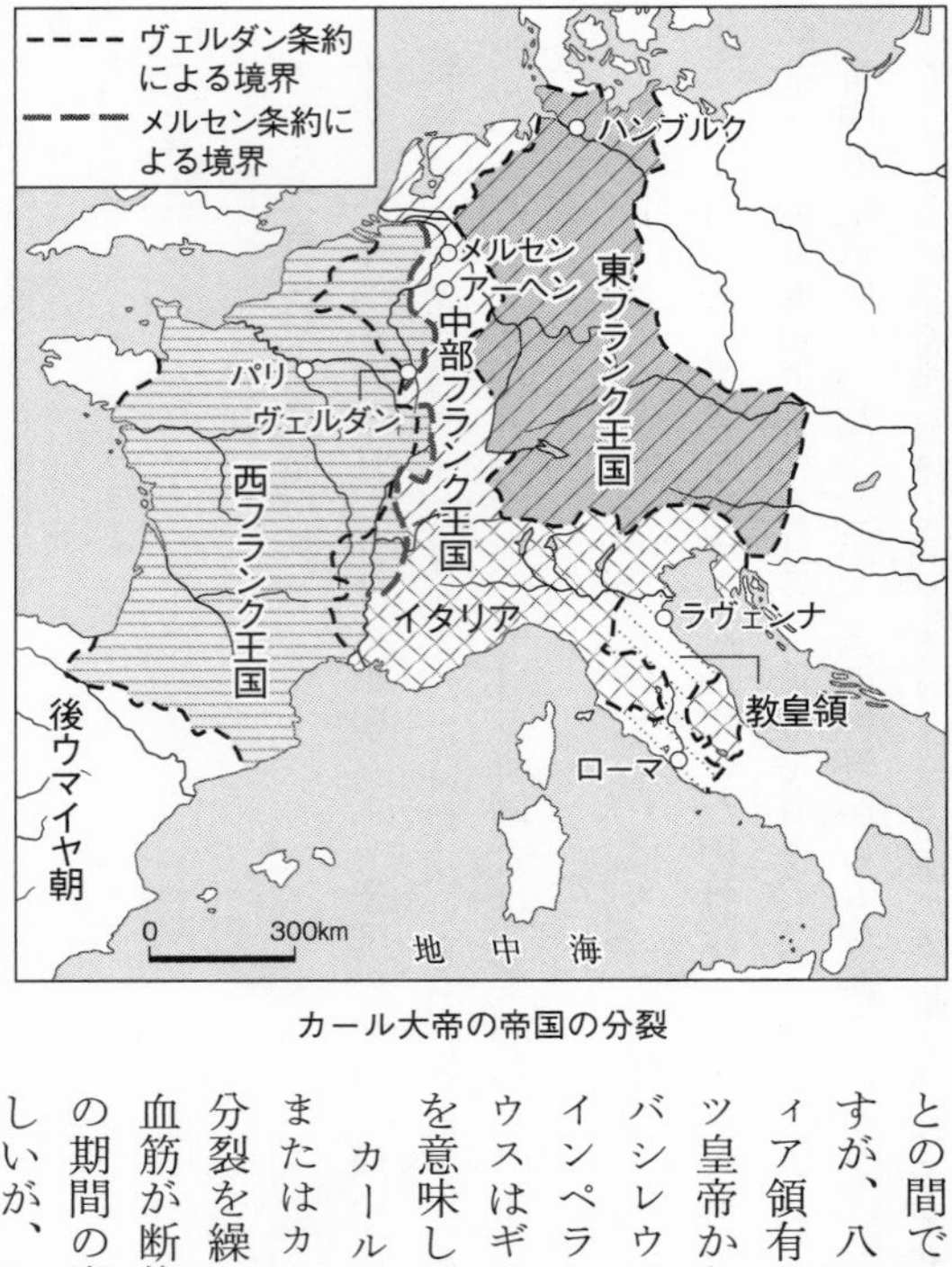

カール大帝の帝国の分裂

との間で「二皇帝問題」を引き起こすが、八一二年、カールはヴェネツィア領有の放棄を約束して、ビザンツ皇帝から「インペラトールにしてバシレウス」の称号を承認された。インペラトールはラテン語、バシレウスはギリシア語で、それぞれ皇帝を意味している。

カール大帝の帝国（フランク帝国またはカロリング帝国）は、その後分裂を繰り返し、九一一年にはその血筋が断絶する。この一〇〇年ほどの期間の帝国の分裂の経緯はややこしいが、しかしこの後も重要になるので、簡潔に説明しておきたい。

カール大帝が八一四年に死去し、その孫の代になると、三人の兄弟が激しく争い、均等に領土を三分割することで合意した。これがヴェルダン条約（八四三年）で、東フランク王国、西フランク王国と中部フランク王国の三つの王国ができた。その後、中部フランク王国が八七〇年のメルセン条約で三つに分割され、北東部分が東フランク王国に、北西部分が西フランク王国に併合され、残った南部分がイタリア王国となった。八八五年、東フランク王カール三世（肥満王）が一時的にかつてのフランク帝国を一手に統治したが、わずか二年で瓦解《がかい》し、五つの王国（東フランク、西フランク、ブルグント、プロヴァンス、イタリア）に分裂した。ブルグント王国は現在のフランスからスイスにまたがる地域、プロヴァンス王国は現在の南西フランスにあった。

この間、皇帝位はどうなったかというと、カール大帝の長男の血を引く中部フランク王が二代続けて皇帝となったが断絶し、次いで西フランク王がやはり二代続けて皇帝となったもののの、ここも断絶してしまう。こののち、カロリング家の傍系にあたる家門を転々としたのち、九二四年のフリウリ辺境伯《へんきょうはく》（イタリア北東部）ベレンガル一世の死後、皇帝位は途絶えた。またカロリング家自体も東フランク王国のルートヴィヒ四世（幼童王）の死により、九一一年に断絶した。

東フランク王国は、五つの大公国（バイエルン、フランケン、シュヴァーベン、ロートリンゲン、ザクセン）から成り立つ王国だった。ルートヴィヒ四世の死後、大公ら有力者による国王選挙が行われ、フランケン大公のコンラート一世が選出された。しかしコンラートは戦争で受けた傷がもとで九一八年に死去し、翌年、ザクセン大公のハインリヒ一世が国王に選出された。これがいわゆるオットー朝あるいはザクセン朝の始まりである。このハインリヒの長男がオットー一世（大帝）。九三六年、ハインリヒが死去すると、その遺志に基づいて、カール大帝のゆかりの地アーヘンにおいて、オットーの国王選挙と即位の儀式が執り行われた。

帝国の名称

オットー一世は、九五五年、アウクスブルク近郊のレヒフェルトでハンガリー人（マジャール人）に勝利を収めたのち、九六一年から九六五年までイタリアに滞在した。そして九六二年二月二日（聖母マリアお清めの祝日）、ローマのサン・ピエトロ教会において、教皇ヨハネス十二世より皇帝の冠を受け、カール大帝に由来する皇帝が約四〇年ぶりに復活した。この時オットーは、カール大帝と同じクリスマスの戴冠を望んだと言われているが、それは叶《かな》わなかった。オットーの目には、はっきりとカール大帝の姿が見えていたのだった。

オットー一世が用いた称号は「皇帝にして尊厳なるもの」、そしてオットーが統治する国も、帝国あるいはローマ帝国と呼ばれた。

このローマ帝国は、十一世紀後半からの叙任権闘争ともグレゴリウス改革とも呼ばれる皇帝と教皇の確執を経て、十二世紀後半の皇帝フリードリヒ一世（赤髭王《あかひげおう》、バルバロッサ）の時代に神聖帝国と呼ばれるようになった。さらに十三世紀半ばの大空位時代に神聖ローマ帝国という名前が定着する。この「神聖」は、教皇との確執の中で、皇帝権が教皇からではなく、神から直接由来することを強調するものだった。

そして一四五三年、首都コンスタンティノープルがオスマン帝国によって攻略され、ビザンツ帝国が滅亡する。これは神聖ローマ帝国に大きな衝撃を与えた。翌年に開催された帝国会議は「トルコ会議」とも呼ばれ、オスマン帝国の侵攻という危機の中で、神聖ローマ帝国の改革が声高に議論された。この議論の中で「ドイツ国民の」という修飾語が付け加わった「ドイツ国民の神聖ローマ帝国」の名前が現れ、一四八六年の帝国最終決定の中に、初めて「ドイツ国民の神聖ローマ帝国」が使用された。ここで言う「ドイツ国民」は、もちろん今のドイツ国民とは意味が異なるが、この点については後でまた触れることにしよう。

最終的に一八〇六年八月六日、皇帝フランツ二世は退位宣言の中で、自らをローマ皇帝と呼びながら、解体する帝国の名前をドイツ帝国と呼んだのだった。

こうした名称の変化は、この国が辿《たど》った歴史や世界認識、さらにはアイデンティティの変化を示している。これについてはのちの章で触れるが、帝国の名前をその都度書き分けるのは煩雑に過ぎるので、これからは文脈に応じて「神聖ローマ帝国」あるいは「ドイツ帝国」「帝国」を使うことにしたい。

皇帝と国王

神聖ローマ帝国には皇帝がいるが、同時にまた「ドイツ王」という名前もよく目にする。この両者をどのように区別すれば良いのか。この問題を理解するために、まずは皇帝になる手続きを確認しておこう。

神聖ローマ帝国の最初の皇帝オットー一世は、東フランク王国の王に選出されたのち、ローマ教皇から皇帝の冠を受けた。ゲルマン人の慣習により、国王は選挙によって選出されるため、順序としては、東フランク国王選挙と戴冠式を経て、ローマで教皇から皇帝の冠を受ける形となる。そのため国王戴冠と皇帝戴冠は時間的にズレが生じる。称号としては、皇帝と東フランク王の両方を有した。

十世紀半ば頃になると、イタリア人の側では、アルプス以北の東フランク王国のゲルマン諸部族を一括《ひとくく》りに「ドイツ人」と呼ぶようになる。やがて十一世紀になると、東フランク王国に代わって、ドイツ王国という名称が用いられ始めた。このドイツ王国は、当時の皇帝と教皇の確執の中で生まれた名称ではあるが、いずれにせよドイツ人、ドイツ王国、ドイツ王が歴史上に登場したことになる。

しかしドイツ王の登場とほぼ同じ頃、神聖ローマ帝国の側ではローマ人の王あるいはローマ王という称号が現れている。これは何かと言うと、皇帝になる権利（期待権）を持つ王であることを示している。要するに、ローマ王だけがローマ皇帝になり、他の国王はなれないのである。実際に十六世紀初め、フランス王は皇帝になるために、ローマ王の国王選挙の候補者になったことがある。

話が少しややこしくなってしまったが、要は神聖ローマ帝国では期待権を可視化するために、正式にはローマ人の王、あるいはローマ王という称号を用いたのだが、多くの概説書では混乱を防ぐために、主にドイツ王を用いている。本書でもドイツ王を使うことにしたい。

このドイツ王が、教皇から皇帝の冠を受けて皇帝になった。しかし全てのドイツ王が、教皇から皇帝の冠を受けたわけではない。皇帝戴冠を行わずに、あるいは行うことができずに死去したドイツ王もいる。

教皇から皇帝の冠を受けて皇帝になるという手続きは、長く維持された。だが一五〇八年、マクシミリアン一世は教皇による皇帝戴冠を諦《あきら》め、ドイツ王に選ばれた者は教皇による加冠なく、皇帝を称すると宣言した（「選挙されたローマ皇帝」）。こののち、カール五世は一五三〇年に教皇から皇帝の冠を受けたが、これが教皇による最後の皇帝戴冠となった。

これ以降、国王選挙によって選ばれたドイツ王は、教皇の加冠なく直ちにローマ皇帝を名乗るが、この段階においてしばしば行われたのが、皇帝存命中選挙だった。一四八六年から一七九二年までの一七回の国王選挙で、八回が皇帝存命中に行われている。皇帝が生きている間に、実子などをドイツ王に選出し、空位あるいは継承争いを防いだ。

この国王選挙が成立した場合、皇帝はドイツ王の称号を失い、選挙された者がドイツ王となる。そして皇帝が死去すると、ドイツ王は直ちに皇帝の称号を得て「皇帝にしてドイツ王」となった。また、皇帝存命中選挙ではない場合、選挙によって選ばれた者はすぐに皇帝となる。そのためこの選挙を皇帝選挙と呼ぶが、選挙方法は国王選挙と同じである。

帝国と領邦

皇帝は帝国をどのように支配していたのだろうか。具体的な話は各章で改めて触れるが、ここではまず基本的な枠組みに触れておきたいと思う。

神聖ローマ帝国は、基本的には封建制国家（レーン制国家）とみなすことができる。封建制（レーン制）は、人的誠実関係と土地保有権付与が結びついた制度である。皇帝は最高封主《さいこうほうしゅ》（最上級の主君）として、家臣に領地をレーン（封）として与えることによって、主従関係が築かれた。日本でも鎌倉時代以降の武家社会では似たような主従関係ができているので、イメージしやすいかもしれない。

この封建制は、陸上の移動手段が、歩くか馬に乗るかしかない時代においては、おそらく最も効率的な支配方法だったに違いない。そのうえ、最高封主である皇帝が強い権力を持つことができれば、皇帝を中心とした支配体制も夢ではなかった。しかし神聖ローマ帝国ではそうはならなかった。十三世紀以降、皇帝と封建関係（土地を仲立ちにした主従関係）にある者たちが自立化する傾向を示し始め、大小さまざまな領邦《りょうほう》（ラント）が形成された。

皇帝と直接封建関係を結んでいる封臣《ほうしん》（帝国直属者）は、いくつかの身分に分けられていた。一五二一年ヴォルムス帝国議会で作成された帝国台帳には、約三〇〇名の帝国直属者が身分別に記されている。上から順番に並べると、選帝侯、大司教、司教、世俗諸侯、高位聖職者、伯《はく》とフライヘル、帝国都市である。世俗諸侯は、大公、辺境伯と方伯《ほうはく》などからなり、この台帳では分かれているが、同じように大司教と司教をまとめて、聖界諸侯とも呼ぶ。

フライヘルは辞書などでは男爵と訳される場合が多い。近代の爵位としてはそれで良いが、それ以前の身分の名称として男爵はそぐわない。ここでのフライヘルは、伯以下の下級貴族と帝国騎士を含む身分である。

こうした三〇〇名ほどの帝国直属者がみな、同じ権利を持つ領邦君主だったわけではない。帝国レベルで自立的に行動できたのは、せいぜい選帝侯と聖俗の諸侯である。人数としては、一〇〇名程度である。

しかし帝国都市を含めたそれ以外の二〇〇名が全く無力だったわけではない。彼らは、例えば皇帝と密接に結びつき、あるいは集団化し、生き残りをかけて活動したのである。

このような帝国直属者を総称して、帝国等族《ていこくとうぞく》と呼んでいる。ドイツ史の概説書ではほかに、帝国諸身分と記される場合もある。「等族」という言葉もドイツ史特有なのだが、皇帝と封建関係を結んでいるという点で共通性を持つ者たちを帝国等族と呼び、領邦君主と封建関係を結んでいる者たちを領邦等族と呼んでいる。もちろんこの等族が全員等しい権利を持ったわけでは決してなく、先に見たようなさまざまな身分に分かれていた。

二つの視点

神聖ローマ帝国の歴史は、カール大帝まで遡れば一〇〇〇年を超える。この長い歴史を持つ神聖ローマ帝国を語るために、二つの視点を設定しようと思う。

まず一つ目の視点は、皇帝（皇帝権）とローマ教皇（教皇権）の関係である。この二つの普遍的権力からなる社会は、二つの焦点を持つ楕円的《だえんてき》統一体と表現される。ローマ教皇による皇帝戴冠により、皇帝はキリスト教会の守護権とキリスト教世界の理念的指導権を得たが、これはまさに普遍的皇帝権の救済史的な使命だった。他方、ローマ教皇はキリストの代理人として世界を指導する立場にあり、ドイツ王選挙に対しても適格性の審査権（選挙審査権）を繰り返し要求している。二つの焦点は、対等に安定していたわけではなく、常に緊張関係にあった。本書では、まずこの両者の関係に注目して、神聖ローマ帝国の歴史の流れを整理したいと思う。

二つ目の視点は、ドイツの歴史家ペーター・モーラフのモデル、「開かれた国制」と「凝集化」である。開かれた国制というのは、帝国政治がまだ制度化されておらず、皇帝との個別的な人的結合関係が大きな比重を占めていた状態を示している。いろいろな問題が起きるが、それを制度的に確定した方法で対処するのではなく、その時々の人的な関係によって対応が図られている状態を指している。いわばいろいろなことがまだオープンな状態にあることを「開かれた」と表現している。

これに対して凝集化とは、この開かれた国制が制度化していくことを指している。その時々の人的関係によってではなく、制度的・法的に決めていくようになるプロセスを凝集化と表現する。さらにモーラフは、十五世紀後半以降に帝国は凝集化の段階に入るが、「凝集化する帝国と並んで、開かれた国制の帝国もまた部分的に存在し続ける」と述べている。これが何を意味しているのか。本書では、皇帝周辺の人的関係と帝国政治の制度化、その変容にも着目する。

この二つの視点を用いて、神聖ローマ帝国の歴史を複合的かつ重層的に描くのが、本書の主題である。

本書では、この二つの視点に基づいて、神聖ローマ帝国の歴史を六章に分けている。なお神聖ローマ帝国を旧帝国と表現する場合もあるが、これは一八七一年に成立したドイツ帝国に対する「旧」である。ナチス・ドイツを第三帝国と表現する場合には、神聖ローマ帝国が一番目に数えられる。また、一四九五年（ヴォルムス帝国議会）で神聖ローマ帝国を区切り、前半を中世帝国、後半を近世帝国と呼ぶ場合もある。

それでは、改めて九三六年のオットー一世の国王戴冠から、神聖ローマ帝国八五〇年の歴史を語ることにしよう。

第1章　ローマ帝国の継承者
――神権政治の時代（九六二〜一一二二年）

1　オットー一世の戴冠

アーヘンでの国王戴冠式

九三六年八月七日、カール大帝由来の王宮アーヘンでオットー一世（皇帝在位九六二〜九七三年）の国王選出と戴冠式が行われた。現在のドイツ西部、ベルギーとオランダ国境近くにあるアーヘンは、カール大帝が好んで滞在した地である。カール大帝はここに王宮を建て、八一四年に亡くなると、その遺体は王宮の聖マリア教会に埋葬された。父ハインリヒ一世（ドイツ中部のフリッツラーで国王選出）とは異なり、国王選出の場としてこのアーヘンが選ばれたことが、すでにオットーの進むべき道を指し示していた。

アーヘンでの国王選挙と戴冠式について、年代記『ザクセン人の事績』（作者はコルヴァイ修道院の修道士）から、かいつまんで紹介しよう。

大公をはじめとする東フランク王国の世俗有力者が、カール大帝の聖堂につながる柱廊《ちゅうろう》広場に集まり、オットーに対して両手を差し伸べて忠誠を誓い、オットーを国王とした。その頃聖堂内部では、聖職者と大勢の人々が集まり、オットーの到着を待っていた。フランク人風のぴったりと身体《からだ》に合った衣服をまとったオットーが聖堂に現れると、マインツ大司教が出迎え、聖堂の中央までオットーを導いた。聖堂に集まった人々は、マインツ大司教に促されて、右手を高く掲げ、オットーの幸運を大きな歓呼をもって祝賀した。祭壇に進んだオットーに、マインツ大司教は国王権標《けんぴょう》（権威の象徴）である剣と剣帯《けんたい》、マント、杖《つえ》と笏《しゃく》を授

アーヘン大聖堂の礼拝堂の内部　宮廷の中に置かれた八角形の建物で、内部はモザイクタイルで飾られている

カール大帝の玉座

け、最後にオットーの頭に聖油をもって塗油《とゆ》を施した。

その後、マインツ大司教とケルン大司教の二人の手により、黄金の冠を被《かぶ》せられたオットーは、両大司教に導かれて螺旋《らせん》階段を上り、二階にあるカール大帝の大理石の玉座に就いた。厳《おごそ》かなミサが終わると、王宮において盛大な祝宴が催された。

近年の歴史学では、儀礼や象徴が重要なテーマの一つになっている。特に情報伝達手段やメディアが未発達な社会において、儀礼はその社会の原理や秩序あるいは権威などを可視化する場であり、重要性は高かった。

このオットー一世の国王戴冠式は、同時代の人々にどのようなメッセージを送ったのだろうか。ザクセン部族出身のオットーが、フランク人の衣服を身につけ、アーヘンでカール大帝由来の玉座に就いたことは、オットーがカール大帝そしてフランク王国の正統な後継者であることを明らかにしている。さらに大司教による塗油や戴冠は、オットーの国王位がキリスト教会によって正当化され、神によって特別な力が授けられたことを示したのだった。

このアーヘンでのドイツ王の戴冠式は、こののち、一五三一年に即位したフェルディナント一世まで続く。実に六〇〇年間、アーヘンはドイツ王戴冠の地だった。アーヘンでドイツ王に即位した者だけが、ローマ皇帝になる。その伝統を作ったのが、オットー一世だった。

国王と五人の大公

だが、オットー一世はアーヘンでの盛大な国王戴冠式から九六二年の皇帝戴冠まで、二六年もの歳月がかかった。これには王国内で国王に匹敵する権力を持つ大公たちが絡んでいた。東フランク王国は五つの大公国からなり、その歴史的経緯から、大公は強力な支配権を自領において掌握していた。オットー一世の父、ハインリヒ一世は、このような大公たちに対して武力と交渉を織り交ぜて、王国の統一にある程度成功した。その父の功の上に、オットーはアーヘンで先に述べたような国王戴冠式を執り行うことができた。国王戴冠式でオットーは、国王の地位が大公とは異なることを、カール大帝やキリスト教会の権威によって示したのだった。

しかし同時に、戴冠式の後に催された祝宴において、ザクセン防衛のために欠席したザクセン大公以外の四人の大公は、のちに最高宮内職《さいこうくないしょく》として制度化される役割を演じ、大公の持つ特別な地位を誇示した。ロートリンゲン大公は宴会全体を差配する納戸役《なんどやく》、シュヴァーベン大公は献酌役《けんしゃくやく》、フランケン大公は内膳役《ないぜんやく》、バイエルン大公は厩役《うまやく》を務めた。王国は、国王と大公がともに支えていることが、こうして祝宴の中で示されたのである。

このような大公の自立的な地位を制限しようとする国王とそれに対する大公の反発、いわば国王と大公の権力闘争は、その時々の情勢の中でさまざまな形で展開し、シュタウフェン朝（十二世前半から十三世紀中頃まで）に至るまで神聖ローマ帝国の歴史を賑《にぎ》わすことになる。

オットー一世の場合は、五人の大公全てを王族で占めることに成功し、九四〇年代に平和を実現すると、九五一年、イタリアに向かった（第一回イタリア遠征）。イタリア遠征とは、まさに文字通りドイツ王あるいは皇帝が軍隊を率いてイタリアに行くことを指している。皇帝戴冠が目的の時もあれば、そうではない時もあった。

この第一回イタリア遠征の目的は、イタリア王をめぐる混乱の収拾にあった。九五〇年にイタリア王ロタール二世が死去すると、イタリア北西（現在のピエモンテ州）のイヴレア辺境伯ベレンガル二世が王位を奪った。ベレンガルはロタールを毒殺したと言われている。さらにベレンガルは、息子アダルベルトとロタールの妃《きさき》アーデルハイト（ブルグント王の妹）の結婚を画策した。窮地に陥ったアーデルハイトはオットーに救援を求め、九五一年、オットーはイタリアに向かったのだった。

この遠征でオットーはベレンガル父子を破ったのち、イタリア王国の首都パヴィアに入り、アーデルハイトを妃として迎えた。オットーは、九四六年に先妻を失っており、アーデルハイトは二番目の妻である。また、オットーはパヴィアからローマに使者を立て、ローマ教皇と皇帝戴冠について交渉したが、不調に終わった。

先にドイツに戻っていたオットーの長子リウドルフ（シュヴァーベン大公）の動向不穏により、オットーはアーデルハイトを連れて急ぎ帰国しなければならなくなった。

九五三年、リウドルフは義弟のロートリンゲン大公コンラートとともに反乱を起こした。

オットーは一時窮地に追い込まれたが、九五四年、ハンガリー人が領内に侵入し、バイエルン、シュヴァーベン、フランケンを略奪したのを契機に、反乱は収束に向かった。今や王国全体が結束して、ハンガリー人に対抗しなければならなかったのである。

九五五年、ハンガリー人がバイエルンに侵入し、アウクスブルクを囲むと、オットーは王国全土から軍を集め、同年八月、アウクスブルク近郊のレヒフェルトにおいてハンガリー人に決定的な勝利を収めた。このレヒフェルトの戦いにより、半世紀に及んだハンガリー人の侵入に終止符が打たれ、オットーの威信は内外に高まったのだった。

ローマでの皇帝戴冠

この頃、ローマを事実上支配していたイタリア中部のスポレート公アルベリヒが九五四年に死去し、その息子オクタヴィアヌスが、翌年、教皇ヨハネス十二世となりローマを支配していた。ヨハネス十二世は、教皇領の拡大に乗り出すが、当時北イタリアで再び勢力を拡大していたベレンガル父子との戦いに敗れ、逆に攻め込まれる羽目になった。ベレンガル父子のローマ進出を恐れたヨハネス十二世は、九六〇年、オットー一世に救援を要請したのである。

教皇の要請によるローマへの遠征は、カール大帝以来であり、オットーはローマに行く前に、準備を周到に進めた。アーデルハイトとの間に生まれたわずか五歳（満年齢。以下同様）の息子オットーを、九六一年、国王（オットー二世）に選出させたのち、直ちにアーヘンで国王戴冠式を行い、王位の継承を確保した。同年八月、オットーは王妃アーデルハイトとともに大軍を率いてアルプスを越え、パヴィアに到着した。

九六二年二月二日、聖職者やローマ市民の歓迎を受けて、オットーは妃アーデルハイトとともにローマに入り、同日、教皇ヨハネス十二世によって、サン・ピエトロ教会で皇帝として戴冠し、アーデルハイトも皇妃として戴冠した。

さらにオットーは、ローマ教会の権利と教皇領を承認したが、今後の教皇選出においては、皇帝の使者に対して忠誠の誓いを行ったのちに、聖別《せいべつ》されることを義務づけたのだった。教皇ヨハネス十二世とローマの貴族たちは、オットーに対して、ベレンガル父子を支援しないと誓約し、オットーはローマを出発した。

ここで言う聖別とは、神のために選び出され、キリスト教的に神聖な地位を与えることを意味している。

皇帝戴冠の後日談

多くの概説書では、オットー一世の皇帝戴冠の話はだいたいここで終わるが、実はこの後もう一波乱、なかなか人間くさいドラマがあった。クレモナ司教でオットーの使節として活躍したリウトプランドの記述などを参考に紹介しておきたい。

皇帝戴冠後にオットーが教会に課した義務（教皇の聖別の前に、皇帝の使者に忠誠を誓うこと）は、教皇ヨハネス十二世からすると、高圧的であり、不満が残るものだった。オットーはローマを出たのち、北イタリアでベレンガルを攻撃するが、そのさなか、教皇は誓約を破って、ベレンガルの息子アダルベルトをローマに迎え入れていた。それを知ったオットーは九六三年十月、ローマに戻ったが、すでに教皇とアダルベルトはローマから逃走していた。九六三年十一月、オットー一世はサン・ピエトロ教会で教会会議を開催し、ヨハネス十二世を召還したが現れなかった。翌十二月、ヨハネス十二世は廃位され、新たにレオ八世が教皇に選出された。同年のクリスマスをローマで過ごしたオットーは、北イタリアのサンマリノでベレンガル捕縛の報を受け、ローマを留守にした。

留守中の九六四年一月、ローマ市民が蜂起《ほうき》し、教皇レオ八世を追放しヨハネス十二世をローマに迎えた。ヨハネス十二世は五月に死去したが、ローマ市民はベネディクトゥス五世を新たな教皇に選出した。これに対してオットーは直ちにローマを包囲し、翌六月、ローマは降伏した。オットーはレオ八世を教皇に復帰させ、七月にローマを出立し、翌九六五年一月にドイツに戻ったのだった。

捕縛されたベレンガルは、その後フランケン大公領にあるバンベルクに送られ、そこで生涯を閉じている。その子アダルベルトは、オットーがドイツに戻った九六五年、イヴレア辺境伯への復位を求めて、イタリアで再び反乱を起こすが失敗に終わり、ビザンツ皇帝に助力を求めるなどしたが復位は叶わず、ブルグントで死去している。また退位させられたベネディクトゥス五世は、北ドイツのハンブルクに送られそこで死去している。

オットー一世の皇帝戴冠直後においても、教皇およびローマをはじめとするイタリアの情勢は不安定であり、この後も十六世紀に至るまで、多くの皇帝がイタリア政策に苦慮することになるのである。イタリア政策とは、皇帝が主にイタリア北部と中部を支配すべく行った政策を指している。ローマ皇帝を継承する神聖ローマ帝国の皇帝にとって、教皇を保護し、教会を守護することは重要だった。

2　オットー三世の二つの印璽

オットー三世の国王戴冠

オットー一世の皇帝戴冠から三六年経った九九八年、オットーの孫、オットー三世の証書に、従来の蠟《ろう》の印璽《いんじ》ではなく、錫《すず》の印璽が用いられた。錫の印璽は、この当時、ローマ教皇とビザンツ皇帝のみが用いていた。さらにこの印璽には「ローマ人の帝国の復興」という銘文が刻まれていた。それから三年後の一〇〇一年、印璽の銘文は「黄金のローマ」に変わった。

二十一歳の若さで亡くなるオットー三世は、この「ローマ人の帝国の復興」と「黄金のロ

オットー朝略系図

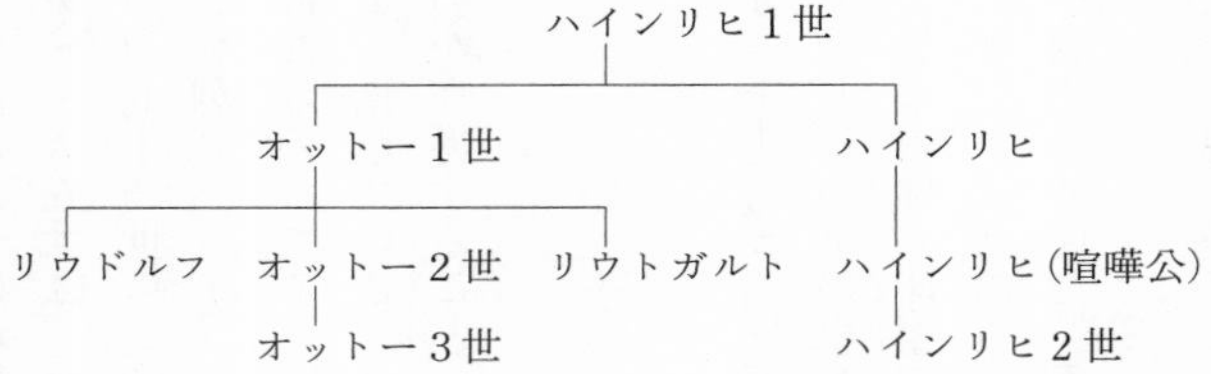

ーマ」という銘文にどのような思いを込めたのだろうか。

オットー三世は、九八〇年に生まれた。父は皇帝オットー二世(皇帝在位九六七〜九八三年)、母はビザンツ皇帝ヨハネス一世ツィミスケスの姪《めい》テオファーヌである。オットー二世とテオファーヌの結婚式は、九七二年、ローマのサン・ピエトロ教会で挙行されたが、これはオットー一世の第三回イタリア遠征の時だった。

このイタリア遠征は、九六五年に即位した教皇ヨハネス十三世からの救援要請に応《こた》えるためだったが、九六六年末にローマに入り、足掛け六年に及ぶ大遠征となった。この間、九六七年のクリスマスには、当時十二歳のオットー二世が共同皇帝として、ローマで教皇ヨハネス十三世によって戴冠している。その後、ビザンツ帝国と和議が成立すると、オットー一世は息子の妃にビザンツ皇女を求め、皇帝の姪テオファーヌとの結婚が実現したのだった。九七二年、オットー一世は皇妃アーデルハイト、オットー二世と皇妃テオファーヌとともに、ドイツに戻った。

九七三年五月、オットー一世が亡くなった時、オットー二世は十八歳。メルゼブルク司教ティートマルは、その著『年代記』でオットー二世を「身体は頑丈で、短気」と評している。すでに皇帝戴冠も済ませており、帝位継承には何も問題はなかったが、王家内部から反乱が起きた。反乱の中心人物は、オットー二世の従兄《いとこ》でバイエルン大公ハインリヒ喧嘩公《けんかこう》だった。王国内の大公や有力者を巻き込んだ争いは、九七八年のハインリヒ喧嘩公のユトレヒト（オランダ中部の都市）追放により、ひとまず落着した。

これ以降、ハインリヒ喧嘩公はユトレヒト司教の監視下に置かれ、五年後に再び一波乱起こすが、後でまた触れよう。

王国内をようやく安定させたオットー二世は、九八〇年、アルプスを越えてイタリアに向かった。このイタリア遠征の目的は、南イタリアを皇帝の支配権の下に組み入れることにあった。しかしイスラーム軍との戦いで壊滅的な敗北を喫するなど、思うような戦果を上げることはできなかった。

このイタリア遠征には、皇妃テオファーヌとともに生まれたばかりの息子オットーが同行していた。九八三年の聖霊降臨祭、北イタリアで開かれた帝国会議には、アルプス以北からも多くの有力者が出席した。この会議で、まもなく三歳になるオットーが国王（オットー三世）に選出され、この年のクリスマスにアーヘンで国王戴冠式を行うことが決まった。オットー三世は、マインツ大司教とラヴェンナ大司教に伴われて、慌ただしくアーヘンに向かった。

オットー三世の国王戴冠式は、予定通り、九八三年のクリスマスに挙行された。マインツ大司教とラヴェンナ大司教の手によって、塗油と戴冠が行われたが、これはオットーの未来を暗示するものだったのかもしれない。ラヴェンナ大司教による塗油と戴冠は、オットーのイタリア王国に対する支配権を示していたのである。

しかしこの国王戴冠式が挙行される一八日前の十二月七日、父オットー二世がローマで急逝している。死因はマラリアの罹患《りかん》と言われており、享年二十八。頑丈な身体も感染症には敵《かな》わなかった。そしてその悲報は、国王戴冠式のさなかにアーヘンに届けられた。

「荘厳なミサが終わった直後に、悲報を持った使者が到着し、祝宴は打ち切りになった」

（ティートマル『年代記』）

ローマにいたオットー二世の妃テオファーヌをはじめとする人々は、慌ただしく帰国の途に就いた。本来であれば、ドイツに運ぶべき皇帝の亡骸《なきがら》をローマ（サン・ピエトロ教会）に埋葬したことも、この時の慌ただしさを示していよう。サン・ピエトロ教会に埋葬された神聖ローマ皇帝は、オットー二世ただ一人である。

オットー三世の誘拐

しかしこの頃ドイツでは、オットー三世の誘拐《ゆうかい》という前代未聞の事件が起きていた。首謀者はハインリヒ喧嘩公。彼は、オットー二世の死の知らせを受けると、ユトレヒト司教から解放され、直ちにケルンに向かった。オットー三世は、守《も》り役《やく》のケルン大司教の下にいたからである。

ハインリヒ喧嘩公は、オットー三世の最も近い男系親族として、養育を理由に、さらにまた、ティートマルの『年代記』によれば、ケルン大司教を侮辱するために、オットーと国王権標を奪い取り、ザクセンに向かった。彼は、幼いオットーに代わって国王になるべく画策するが、ザクセンでもバイエルンでも支持を得られなかった。

ついにはマインツ大司教の説得を受け、九八四年六月二十九日（聖ペテロと聖パウロの日）、テオファーヌにオットーを引き渡した。約一年ぶりの母と子の再会だった。

オットー三世は、アーヘンで国王戴冠したとはいえ、まだ三歳。まずは母のテオファーヌが、その死後は祖母アーデルハイト（オットー一世の妃）が摂政《せっしょう》として統治を代行した。この二人をさらに支えたのが、マインツ大司教ヴィリギスだった。ヴィリギスは、オットー一世の時代から帝国統治を支えた有能な人物で、オットー二世のイタリア遠征時には、アルプス以北の全権を託されていた。

オットー三世の皇帝戴冠

親政を始めたオットー三世（皇帝在位九九六～一〇〇二年）が最初に取り組んだのが、イタリア遠征とローマでの皇帝戴冠だった。九九六年三月、大軍を率いてドナウ河畔《かはん》のレーゲンスブルクを出発し、四月にパヴィアにおいて、イタリア王国の有力貴族から臣従の誓約を受けた。その後、ローマの使者が、教皇ヨハネス十五世の死を知らせ、新しい教皇の選出を要請してきた。オットーは、同行していた宮廷司祭ブルーノを推挙した。ブルーノは、オットー一世の外曽孫で、この時まだ二十代半ばの若さだった。

ブルーノはグレゴリウス五世を名乗り、ドイツ人最初の教皇として即位し、九九六年五月、サン・ピエトロ教会においてオットー三世の皇帝戴冠を挙行した。

皇帝戴冠後に慣例とされている教会会議では、皇帝と教皇の良好な関係が示された一方で、歴代の皇帝がこれも慣例として行ってきた教皇領の承認を、オットー三世は行わなかった。教会領を含め、ローマを直接支配しようとするオットーの意思の表れだった。その後、オットーは、疫病が蔓延《まんえん》するローマを早々に出てドイツに戻った。この第一回イタリア遠征は半年ほどで終わったが、しかしその翌年には再びローマに向かわなくてはならなかった。

皇帝不在となったローマで皇帝に反発する貴族が実権を握り、グレゴリウス五世を追放し、新たにヨハネス十六世を選出したからだ。オットー三世は九九七年十二月にアルプスを越え、翌年二月にローマに入った。オットーは、直ちに反乱者を厳しく処罰し、ローマを完全に掌握した。

九九九年、グレゴリウス五世が死去すると、オットー三世の家庭教師にして信頼厚いジェルベール（ラヴェンナ大司教）が、教皇シルヴェステル二世となった。シルヴェステルという教皇名の選択に、ジェルベールの意図を窺《うかが》い知ることができる。古代ローマの皇帝コンスタンティヌス一世（大帝）とともに、三二五年のニケーア公会議（公会議は、カトリック教会の教義や規律を決定する最高会議）で、アタナシウス派を正統の教義とした時の教皇が、シルヴェステル一世。この名には、皇帝と教皇の協調関係、そして「キリスト教的ローマ帝国」復興の思いが込められていた。

ローマの反乱

一〇〇〇年五月、オットー三世は最後のイタリア遠征に向かった。イタリアの情勢が再び悪化していたのである。ローマに入ったのが、同年の八月。半年ほどのローマ滞在だったが、翌年二月のローマ退去はオットーにとって不本意なものになった。前月、ローマ近郊で起きた反乱が飛び火し、オットーのローマ滞在に対する地元貴族の不満が、反乱となって爆発した。オットーはやや手薄で不意を突かれたものの、それほど大きな軍事的打撃を受けたわけではなかった。しかし精神的な打撃は大きかった。

反乱から三日目、和平を求めて姿を現した首謀者に対して、立《た》て籠《こ》もった城の塔に立ち、オットーが行った有名なローマ人弾劾《だんがい》演説が伝えられている。

「汝《なんじ》らは余のローマ人ではないのか。余は汝らのために故郷と親族を後にしたのだ。汝らを愛するがゆえに、ザクセン人と全てのドイツ人は、血を流すのを厭《いと》わなかったのだ。（中略）しかるに汝らは今や汝らの父を排斥し、余の友人たちを残虐に殺した。汝らは余を斥《しりぞ》けることなど決してなし得ないにもかかわらず、余を斥けた」

皇帝の言葉を聞いた首謀者たちは、涙を流し、償いを約束したという。それから一年経った一〇〇二年一月、オットー三世はローマ近郊のパルテノで死去した。享年二十一、死因は父オットー二世と同じマラリアだった。遺言に従い、オットーの亡骸は、カール大帝が眠るアーヘンの聖マリア教会に埋葬された。

「ローマ人の帝国の復興」と「黄金のローマ」。オットー三世が印璽に刻んだこの銘文は、彼の理想や目標を示している。あるいは、オットーの目に映った現実を表したのかもしれない。

銘文が刻まれた九九八年、オットー三世はローマを制圧した。自らが推挙した教皇を従えて、ローマ帝国の首都に立っていた。キリスト教的ローマ帝国を自ら復興し、永遠の都ローマを実力で支配することができた。豊かな教養と敬虔《けいけん》な信仰心に溢《あふ》れ、カール大帝を崇敬するオットーの目には、黄金のローマが見えたのかもしれない。だからこそ、ローマ人に裏切られたオットーは、悲痛な叫びを発せざるを得なかった。

だが、現実にはドイツ人のローマ帝国であり、ローマ人は、ドイツ人の支配など受け入れようとはしなかったのである。

3　帝国教会政策

「官職大公」「輸入大公」

オットー朝と次のザーリアー朝においては、大公などの世俗有力者による反乱が繰り返し起きている。すでに述べたように、オットー一世は、全ての大公位に王族を就けることにより、九四〇年代に平和を実現し、第一回イタリア遠征に赴いた。しかし長子リウドルフ（シュヴァーベン大公）が、オットーの娘婿コンラート（ロートリンゲン大公）らとともに反乱を起こし、急遽《きゅうきょ》イタリアから戻らざるを得なかった。この時、オットーは一時苦境に立たされ、王族だからといって安心はできないと痛感したに違いない。

このように王族を任命するかどうかは別としても、歴代の皇帝たちは大公の世襲を無条件に認めず、皇帝が任免権を持ち、その時々の情勢を考慮して適切な者を大公に任命していた。これを「官職大公」あるいは「輸入大公」と概説書などでは呼び、大公領に基盤を持たない貴族家門に大公位を与え、在地の有力者との結びつきを弱め、大公が皇帝に対抗する勢力になるのを防ごうとした。

今の選挙用語に「落下傘《らっかさん》候補」があるが、ある意味それに似ており「落下傘大公」と言っても良いかもしれない。それはともかく、この大公任命のやり方は、一時的には効果があるとしても、やがて新しい大公と地元貴族などとの間にも新たな関係が生まれ、実際には必ずしも思い通りにはならなかった。

皇帝と帝国教会

大公の任免権の行使とともに、皇帝が大公など世俗の有力者に対抗するためにとった政策が、帝国教会政策である。皇帝は、司教座教会や大修道院に対して、王領地や各種特権を与えて厚く保護し、司教や大修道院長などの任命権を握った。これに対して司教や大修道院長は、国王奉仕を義務づけられた。このように皇帝が直接支配権を握る司教座教会や大修道院などを帝国教会と呼んでいる。

こうした皇帝と教会の関係は、すでにカロリング時代の修道院にも見られており、オットー朝から始まったものではない。そもそもフランク帝国は、世俗的な意味での国家ではなく、むしろキリスト教によって統合している宗教的な政治共同体だった。それを継承する神聖ローマ帝国においても、事情は同じである。

司教や大修道院長などの聖職者は独身制だったので、世襲の心配はなかった。聖職者の任命権を使って、皇帝は帝国教会を自らの権力基盤として活用することができた。この帝国教会政策は、叙任権闘争によって司教などの任命権が大きく制約を受けるまで、オットー朝とザーリアー朝における皇帝の基本政策となった。

しかし任命権を使った政策であれば、大公と同じ危険が潜んでいるかもしれない。しかし決定的に異なる点があった。それは将来司教や大修道院長になるべき有能な聖職者を養成する、いわば人材養成システムである。

ここで重要な役割を果たしたのが、宮廷礼拝堂だった。この宮廷礼拝堂が、まさに司教養成所として機能していた。彼らはここで、帝国を宗教的そして政治的に支える聖職者として養成されたのだった。

このやり方の先鞭《せんべん》をつけたのが、オットー一世の弟、ケルン大司教ブルーノである。ブルーノは、ケルンで有能な聖職者を育て、彼らを司教として各地に送り込んだ。このやり方がのちに、皇帝の宮廷礼拝堂に引き継がれた。この宮廷礼拝堂には、皇帝と代々縁の深い司教座教会などから聖職者が送り込まれ、将来、司教などとして活躍するエリート聖職者が養成された。この背景には、「地上における神の代理人」である皇帝の統治は、神の意思と権力を地上において執行するものであるという神権的支配観念、神権的国王観念があった。

帝国教会政策

司教座教会や大修道院などに王領地が寄進されて、帝国教会領（帝国司教領や帝国修道院領）と呼ばれる所領が成立した。この帝国教会領にはさまざまな特権が与えられた。関税徴収権、貨幣製造権や市場開設権などとともに、伯権《はくけん》あるいは国家的高権《こっかてきこうけん》とも言われる政治的および司法的な権限が与えられた。これにより帝国教会領の領主（司教や大修道院長）は、世俗の伯と同等の支配権を持つ存在となり、やがて聖界諸侯という身分を形成する。

この帝国教会領、特に帝国司教領に関しては、司教区と混同されがちである。司教区は、司教の教会法上の裁治権が及ぶ範囲であり、例えば、教会税や教会裁判の対象となる管轄区を意味している。他方、司教領は皇帝から寄進された所領であり、そこにおいて司教は、世俗貴族とほとんど同じ支配権を持つ領主だった。司教区と司教領は、言葉は似ているが、原理的に全く異なっている。この二つが場所として重なる場合もあれば、全く別な場合もあった。

話をまた帝国教会政策に戻そう。所領や特権などを与えた司教座教会や大修道院に対して、皇帝は任命権を発動した。司教や大修道院長は、教会法に基づけば聖堂参事会（司教教会などの聖堂に属す聖職者の団体。教会により定員が定められている）で選挙されるが、しかし実際には、皇帝が直接任命するか、選挙であっても皇帝が指名した者が候補者となっていた。時には、聖堂参事会の意思に反して、皇帝による任命が強行された場合もあった。

さらに教会側が義務づけられたのが国王奉仕である。これは、宮廷給養義務、宮廷参内義務、軍役義務の三つからなる。宮廷給養義務とは、この頃の皇帝は宮廷とともに国内を巡行し、各種の統治行為を行っていたが、その滞在地での皇帝宮廷の維持費を負担する義務である。皇帝がどこに滞在したのかについては『国王＝皇帝事績録（Regesta Imperii)』にかなり詳細に明らかにされている。十世紀末以降、皇帝の滞在地はこれまでの王宮や修道院に代わって、司教座教会が選ばれるようになった。この負担は決して軽くはなく、教会に滞在する皇帝宮廷を「いなごの大群」と陰口をたたく司教もいた。

宮廷参内義務は、帝国会議をはじめとする各種集会への出席と、皇帝宮廷におけるさまざまな統治行為への参画を指す。そもそも、帝国統治を担う政治能力に優れた者が司教に任命されていたので、この点はすっきりと理解できるかもしれない。

一方、軍役義務は、司教や大修道院長が兵員を率いて皇帝軍として戦う義務なのだが、司教の一般的なイメージからすると違和感を感じるかもしれない。しかしこの当時、司教や修道院長は自ら武器を手に取って戦った。九八〇年にイタリア遠征のために作成された『重装兵目録』は、遠征軍全体の約七五％を司教と修道院長に割り当てている。

このような帝国教会政策は、神権的国王と帝国教会の不可分な相互協力関係を示している。そしてこの帝国教会政策を一貫して推し進めたのが、オットー三世の跡を継いだハインリヒ二世だった。

ハインリヒ二世とバンベルク

オットー三世は独身のまま生涯を閉じた。そのため王位継承は難航したが、一〇〇二年六月、ハインリヒ二世（皇帝在位一〇一四〜二四年）が国王に選出された。ハインリヒは、オットー三世を誘拐したハインリヒ喧嘩公の息子で、オットー朝初代ハインリヒ一世の曽孫、オットー朝の男系親族にあたる。このハインリヒにも息子がいなかったため、その死後、王位はザーリアー朝（ザリエル朝とも）に移るが、その初代のコンラート二世（皇帝在位一〇二七〜三九年）は、オットー一世の娘の血統に連なる。

ザーリアー朝略系図

オットー1世
｜
リウトガルト＝コンラート
｜
オットー
｜
ハインリヒ
｜
コンラート2世
｜
ハインリヒ3世
｜
ハインリヒ4世
｜
ハインリヒ5世

　ハインリヒ二世は、高い神学的学識を持ち、神権的支配観念を文字通り実践した人物と評されている。その原点は、幼少期の教育にあった。ハインリヒの父喧嘩公が、オットー二世に対して反乱を起こしユトレヒトに追放された時、オットーは、当時五歳のハインリヒを聖職者にすべく、ドイツ北部のヒルデスハイムの司教座聖堂付属学校に送った。その後ハインリヒは、レーゲンスブルクに移り、聖エメラム修道院長などから教育を受け、九九五年、父の死によりバイエルン大公を継承した。

　ハインリヒ二世の教会政策で最も有名なのが、一〇〇七年のバンベルク司教座の創設だろう。バンベルクは、ドイツ南部レグニッツ川の中州にある風光明媚《ふうこうめいび》な街で、ハインリヒは若い頃からこの地を愛し、しばしば滞在していた。妃クニグンデに子供ができないと分かった時、ここに司教座を創設しようと思い立ったと伝えられているが、この地はまたハインリヒの統治にとって戦略的な要所でもあった。

新たな司教区を創設するためには、既存の司教区を変更する必要があった。バンベルクの場合、ヴュルツブルク司教区とアイヒシュテット司教区がそれに該当する。一〇〇七年、ハインリヒ二世は教会会議を開催した。この会議は、ドイツ、イタリア、ブルグント、ハンガリーの大司教と司教が招集される大規模な会議となった。この会議において、司教区の変更をめぐり議論が紛糾した時、ハインリヒは床にひれ伏し、マインツ大司教に助け起こされると、次のように語った。「私はもはや子を持つことができないので、将来の報いのために、キリストを私の遺産相続者に選んだ」（ティートマル『年代記』）。

この教会会議でバンベルク司教座の創設が承認されたが、司教区割りの問題が最終的に解決したのは、五年後の一〇一二年だった。またバンベルク司教は、ローマ教皇直属で大司教並みの待遇を与えられている。

ハインリヒ二世は教会会議での言葉通り、バンベルク司教座に多くの寄進を行い、秀麗な大聖堂を建て、バンベルクに好んで滞在した。この司教座聖堂付属学校から多くの宮廷司祭が育ち、帝国各地の司教に任命された。そして彼ら司教は、「国王奉仕」により皇帝の支配を物心ともに支えた。帝国教会は、まさに皇帝支配の最も重要な基盤だった。

4　叙任権闘争

ハインリヒ三世と教会改革

この帝国教会政策に痛烈な一撃を加えたのが、叙任権闘争だった。叙任権闘争といえば、何といってもカノッサ事件（いわゆる「カノッサの屈辱」）が有名である。一〇七六年十一月から翌年三月にかけて、激しい寒波がヨーロッパを襲った。雪が降りしきる中、イタリア北部のカノッサ城において、皇帝ハインリヒ四世が、教皇グレゴリウス七世の足下に懺悔者《ざんげしゃ》として跪《ひざまず》き赦免を乞《こ》う場面が、そのハイライトである。

この事件の話の前に、まずはその前段階を皇帝ハインリヒ三世の治世から整理しておこう。

ハインリヒ三世（皇帝在位一〇四六〜五六年）は、父コンラート二世の死後、一〇三九年に統治を始めるが、この時二十一歳だった。幼少期から手厚い帝王教育を受け、父コンラートのイタリア遠征にも参加するなど、すでに十分な政治経験を積んでいた。彼の敬虔な宗教意識は、その治世中に本格化する教会改革への深い共感につながった。大きな期待を背負って、ハインリヒの治世は順調なスタートを切ったのだった。

一〇四六年、ハインリヒは皇帝戴冠のためにイタリアに向かった。統治開始から七年ほどが経過していた。そしてこの頃、ローマ都市貴族の党派対立によって、教皇位は混乱の極みにあった。やや細かくなるが、この後の教会改革とも関わりがあるので、紹介しておこう。トゥスクルム家（ローマ都市貴族）の教皇ベネディクトゥス九世は、同家出身の二人の教皇に続いて一〇三二年から教皇位にあったが、ローマ市民の蜂起によりローマから追放され（一〇四四年九月）、対立するクレッシェンツィ家のシルヴェステル三世が教皇になった。しかし一〇四五年四月、ベネディクトゥスはローマに戻り、シルヴェステルを廃位して教皇に復位した。ところがその翌月、結婚のために還俗《げんぞく》を決意し、教皇位を多額の年金と引き換えに、ピエールオーニ家のグレゴリウス六世に譲った。

しかしベネディクトゥスはすぐに気が変わり、グレゴリウスの退位を画策するが、この時また、すでに廃位されていたシルヴェステルも、教皇としての正統性を主張して復位を目指した。この結果、ローマは教皇が三人並び立つ分裂状態にあった。ここにハインリヒ三世が現れたのである。

一〇四六年十二月、ハインリヒ三世は教会会議を開催し、シルヴェステル三世、グレゴリウス六世とベネディクトゥス九世の三人の教皇を次々と罷免した。その後ハインリヒは、バンベルク司教スイトガーをクレメンス二世として教皇に選出（ドイツ人二人目の教皇）。一〇四六年のクリスマスには、その教皇クレメンス二世により皇帝に戴冠した。

ハインリヒは、このクレメンス二世ののち、ダマスス二世、レオ九世、ヴィクトル二世まで三名のドイツ人教皇を指名した。ローマ都市貴族による教皇傀儡《かいらい》時代を終わらせ、志を同じくする聖職者とともに、教会改革に乗り出したのである。こうして、レオ九世（在位一〇四九～五四年）からグレゴリウス七世（在位一〇七三～八五年）を挟んでウルバヌス二世（在位一〇八八～九九年）まで、改革教皇による教会刷新運動の時代を迎える。

一〇五六年、ハインリヒ三世は三十八歳で生涯を閉じた。ハインリヒは、オットー朝から続く帝国教会政策を継承し、教会改革を積極的に進めた。神権的皇帝権は、ハインリヒの下で頂点を迎えたと言える。しかし同時に、教会改革の進展により、聖職者の間には、皇帝による教皇罷免など、皇帝の専断的統制に対する反発が生まれつつあった。

他方、ハインリヒ三世は大公などの世俗有力者を巧みに統制し、国内政治を安定させた。しかし世俗有力者の中にも、その権威主義的なやり方に反発が生まれつつあった。そしてハインリヒの統治末期、この二つの反発が合流する気配を見せ始めていた。

ハインリヒ四世とグレゴリウス七世

ハインリヒ四世（皇帝在位一〇八四～一一〇六年）は、一〇五三年に三歳で国王に選出され、翌年に戴冠したが、父ハインリヒ三世が死去した時には、まだ五歳に過ぎなかった。十四歳で親政を始めるまでの期間を含め、ハインリヒの皇帝在位期間は五〇年。神聖ローマ帝国の皇帝の中では、十五世紀のフリードリヒ三世に次いで二番目の長さである。しかしその治世はまさに波瀾万丈《はらんばんじょう》だった。

ハインリヒ四世の摂政期に行われた二回の教皇選挙に対して、皇帝宮廷は教皇の人選について決定権を行使できず、事後承認にとどまった。皇帝の影響力から脱したこの二回の教皇選出により、教会改革派を中心に教皇権の自律性が高まった。

一〇五九年、ローマでのラテラノ教会会議で制定された教皇選挙令がこの点をよく表している。この教皇選挙令は、教皇選挙の基本原則を定め、枢機卿《すうきけい》の投票によって選出された者は、選ばれた瞬間から教皇権を行使できるとした。またこの教会会議では、聖職売買と聖職者妻帯の禁止を改めて確認し、俗人による叙任（聖職者の任命）を禁じている。ここで禁止された俗人による叙任の対象とは、下級の聖職者だけであり、まだ皇帝の叙任権に及ぶものではなかった。しかし、やがて起こる皇帝との闘争の芽は着実に育っていた。

一〇七三年、教皇アレクサンデル二世の埋葬のために集まったローマ市民の歓呼によって、グレゴリウス七世が教皇の座に就いた。グレゴリウスの教会改革に対する基本的な考え方は、一〇七五年の教皇口述書（Dictatus Papae）に示されている。

全部で二七条からなる教皇口述書では、教皇のみが皇帝の権標を帯びる（八条）、全ての君主は教皇の足に口づけする（九条）、教皇は皇帝を廃位することができる（一二条）、教皇は不正な者に対してなされた誠実の誓いを解くことができる（二七条）と書かれている。これが意識的に皇帝に向けられたものなのか、あるいは教会内部での教皇の首位権の確立に向けられたものなのか。この文書をめぐっては多くの研究があり、その歴史的位置づけについても詳しい研究が行われている。
そもそもこの文書の日本語訳もいろいろある（教皇至上権規定、教皇令書、教皇訓令書）。いずれにしても、こののち起こるカノッサ事件を彷彿《ほうふつ》とさせる内容で、皇帝が保持している神権的支配者としての地位を転覆させる内容を含んでいた。

カノッサ事件

事は一〇七五年、ハインリヒ四世がミラノ大司教や中部イタリアの司教たちの叙任を強行したことに端を発する。教皇は直ちにハインリヒに警告書を送り、教皇の命令に無条件で従うよう求め、従わない場合には教会から排除すると勧告した。

ハインリヒは、翌一〇七六年一月、ヴォルムスに教会会議を招集し、二六名の大司教と司教が出席した。彼らはグレゴリウス七世を教皇として認めず、二月末、グレゴリウス七世に服従の解除を通告した。この通告を受け取ったグレゴリウスは、ハインリヒによる統治の停止と破門を宣言し、全キリスト教徒をハインリヒに対する忠誠誓約から解放したのだった。

この教皇の宣言がハインリヒ四世の下に届いたのが、一〇七六年三月末。ハインリヒは五月と六月に教会会議を招集したが、出席する司教はほとんどなかった。ここに至って反国王派の世俗諸侯が結束し、同年十月、ライン川中流にあるトリブールに集まった。ハインリヒは、諸侯に対して譲歩する意思を表明し、対岸にあるオッペンハイム城で会議の行方《ゆくえ》を見守った。トリブール会議は、一年以内に破門から解かれない場合には、ハインリヒを廃位すると宣言し、ハインリヒと諸侯の争いを調停するために、教皇に翌七七年二月にアウクスブルクに来るよう求めた。

ここから先がカノッサ事件である。まずは時系列に整理してみよう。

トリブール会議は一〇七六年十一月初めに終わり、ハインリヒは十二月二十日頃にライン川中流のシュパイヤーを出発し、雪と氷に覆われたモン・スニ峠を越え、翌年一月、イタリアのトリノに到着。同行したのは妃ベルタと二歳の幼子コンラート、バーゼル司教など少数のお供のみだった。トリノではベルタの母、トリノ女伯アーデルハイトが迎えた。ハインリヒのトリノ到着を知った北イタリアの司教と諸侯たちは、ハインリヒを支えるために大軍を集めた。

一方、グレゴリウス七世はイタリア北部の都市マントヴァに滞在していたが、ハインリヒが武力を行使するのを恐れ、後援者でもあるトスカナ女伯マティルダの居城カノッサに避難した。

一〇七七年一月二十五日、ハインリヒは雪の中、急な坂道を上って城門に着くと、悔悟と恭順の意を示すために、王のあらゆる権標を取り去り、贖罪服《しょくざいふく》に裸足《はだし》の姿で門前にたたずみ、頭《こうべ》を垂れて大きな声で教皇の慈悲と赦《ゆる》しを乞うた。降り続く雪で膝《ひざ》まで埋まりながら、贖罪は三日間に及んだ。

一月二十八日、グレゴリウス七世はハインリヒを城に招き入れ、諸侯との争いについて教皇の判決に従うこと、そして教皇がアウクスブルクに行くのを妨害しないと誓約書によって約束させたのち、破門を解除した。教皇は、両手を広げてひれ伏しているハインリヒを抱き起こし、城の礼拝堂でミサを挙行した。

カノッサ事件の話は、だいたいはこのあたりで終わるのだが、これには当然のことながら続きがある。時系列にもう少し整理してみよう。

カノッサ事件の後日談

カノッサでハインリヒ四世の破門が解かれたため、一〇七七年二月にアウクスブルクで予定されていた会議は開催されなかった。だが翌三月、バンベルク近くのフォルヒハイムに集まった反国王派諸侯は、シュヴァーベン大公ルードルフを対立国王に選出した。この会議に出席を求められた教皇は特使を派遣したが、ルードルフを国王として認めず、中立的な態度をとった。この態度が変わるのが、一〇八〇年三月のローマでの教会会議である。同年一月、ザクセンで行われたルードルフとの戦いにハインリヒが敗れたことにより、教皇はハインリヒを再び破門し、ルードルフを正式な国王として認めた。

これに対してハインリヒ四世は、一〇八〇年六月に教会会議を開き、ラヴェンナ大司教を対立教皇クレメンス三世として擁立した。これにより、二人の国王と二人の教皇が並び立つ事態に至り、ドイツ国内は両陣営に分かれて争った。同年十月、ハインリヒと対立国王ルードルフの三回目にして最後となるエルスターの戦いで、ハインリヒは敗北を喫するが、ルードルフは戦いで右手を失ったことが原因で死去し、形勢は一気にハインリヒに傾いた。宣誓をする右手を失ったルードルフの死は、神の判断とみなされたのだった。

一〇八一年春、ハインリヒ四世はイタリアに進軍し、八四年にようやくローマに入り、同年の復活祭、対立教皇クレメンス三世によって皇帝戴冠を果たした。一方、ローマのテヴェレ川右岸にあるサンタンジェロ城に立て籠もっていたグレゴリウス七世は、ローマ近郊のサレルノに逃れた。しかし翌年、ローマへの帰還を願い続けたグレゴリウスは、「私は正義を愛し、神なき輩《やから》を憎んだ。それゆえに私は追放の中で死ぬのだ」という有名な言葉を残して憤死した。

一方ハインリヒ四世は、グレゴリウス七世が死んだ一〇八五年五月、マインツで帝国会議を開催した。この会議には多くの大司教と司教をはじめ、世俗諸侯が出席し、グレゴリウス派の司教の罷免が宣言された。ハインリヒの権力は、今やその頂点にあった。

ここまでがカノッサ事件の後日談だが、このカノッサ事件については、従来から正反対の二つの評価があった。

破門の赦しを乞い、教皇の前に跪くハインリヒ四世の姿は、教皇が皇帝に勝利を収めた決定的な瞬間であり、この事件をきっかけに教皇権は高まり、十三世紀にかけて絶頂期を迎える。この事件を「カノッサの屈辱」と表現する評価である。もう一つの評価は逆に、ハインリヒが破門を解除されて再び正当な国王となったこと、さらにハインリヒとグレゴリウスのカノッサ事件後の顚末《てんまつ》を考え、むしろハインリヒの勝利あるいは皇帝権の確立の一齣《ひとこま》だったとしている。

しかしどちらの評価も、その後の結末から見た後代の評価と言うこともできる。同じ時代の人々はこの事件をどのように理解したのだろうか。ハインリヒのカノッサでの行為は、当時はどのような意味を持っていたのだろうか。それは今の私たちの理解と同じなのだろうか。このような観点から、前近代社会における儀礼、儀式、象徴に関する研究が進展している。次はそういった観点で、カノッサ事件を読み替えてみよう。

カノッサ事件の読み替え

まずカノッサ事件直前の状況を改めて確認しておこう。アルプスを越えてイタリアに入ったハインリヒ四世の周りには、北イタリアの司教や諸侯たちが集めた大軍が控えていた。一方、グレゴリウス七世は後援者であるトスカナ女伯マティルダの軍に守られながら、ローマを出てマントヴァに入り、アルプスを越えてアウクスブルクに向かう途上にあった。ハインリヒは戦いを挑める状況にあり、北イタリアには軍事的な緊張が走っていた。しかしハインリヒは戦いを選択しなかった。その背景には、両者の仲裁を図った二人の人物がいた。クリュニー修道院長ユーグとトスカナ女伯マティルダである。

仲裁による紛争の解決は、中世初期から綿々と行われていた慣習であり、裁判もまた仲裁の場であった。仲裁者となるのは、聖俗の有力者や声望のある近親者が多い。

クリュニー修道院長ユーグは、この当時の聖界有力者の一人であり、また教皇特使として仲裁の経験が豊富なことに加え、教会改革においてグレゴリウス七世と密接につながり、ハインリヒ四世の代父《だいふ》（洗礼式の立会人）でもあった。トスカナ女伯マティルダは、グレゴリウスと個人的に密接な関係にあったが、そもそもトスカナ辺境伯は、教皇が北イタリアに行く時には護衛をする役務を帯びていた。

調停を依頼するハインリヒ４世　1115年頃の『カノッサのマティルダ伝』の挿絵。中央のハインリヒ４世がトスカナ女伯マティルダ（右）とクリュニー修道院長ユーグ（左）に教皇グレゴリウス７世との調停を依頼している

ハインリヒ四世がカノッサに到着したのが、一〇七七年一月二十一日。贖罪を始めたのは四日後の二十五日。その間、仲裁者による折衝が続き、ハインリヒの贖罪をグレゴリウスが認めたため、贖罪が実現した。しかもこの一月二十五日は、パウロの回心の日であり、ハインリヒが贖罪した三日間も、パウロが目も見えず飲食もしなかった三日間と同じである。

これは偶然ではなく、意図された結果と見るべきであろう。

ハインリヒの贖罪とグレゴリウスの赦しは、仲裁に必要な行為であり、あらかじめ仲裁者によって演出された儀礼だった。まずはハインリヒが事前に定められた贖罪を見事に演じたことにより、グレゴリウスも赦す行為を演じなければならなかった。またパウロの回心をなぞって行うことで、同時代の人々に、イエスとパウロの関係をグレゴリウスとハインリヒに重ねるという演出が施されていた。

カノッサでのハインリヒの行動は、屈辱という言葉で示されるものではなく、グレゴリウスとの和解のために行った儀礼だった。もし和解が不調に終わった場合には、この後実際にハインリヒが行ったように、教皇と戦い、対立教皇を立てることも可能な状況にあった。

紛争を解決するための方法は、武力だけではなく、それを切り抜ける方法がいくつもあった。明文化されてはいない式次第に則《のっと》って行動する場合、相手もそれに合わせて行動する必要があった。これがある意味、この当時の社会規範である。目に見えない社会規範が、儀礼という行為によって一瞬可視化される。カノッサでの出来事は、ハインリヒとグレゴリウスの和解の儀礼であり、これにより暫定的な妥協が成立したに過ぎなかった。

ヴォルムス協約

ハインリヒ四世が権力の絶頂にあった一〇八五年から三七年後の一一二二年、ライン河畔のヴォルムスの郊外において、皇帝ハインリヒ五世（皇帝在位一一一一〜二五年）と教皇カリクストゥス二世の全権特使との間で協約が結ばれた。このヴォルムス協約によって、叙任権闘争に終止符が打たれた。

この間、ハインリヒ四世は二人の息子の相次ぐ反逆に遭《あ》うなど波瀾に満ちた生涯を送り、一一〇六年に死去した。

教会改革をめぐる皇帝と教皇の争いは、基本的にはイデオロギー闘争であり、多くの書簡、論文や小冊子が発表された。論争が繰り返される中で、教会の持つ権利が理論的に二つに厳密に分けられることになった。宗教的権利と世俗的権利である。これは現在の宗教と政治の分離につながる画期的な考え方で、理論闘争の成果だった。教会法とローマ法の博士たちが議論を繰り返しながら編み出した新しい理論であり、同時に現実に即した解決方法でもあった。最終的に議論は、教会の世俗的権利の源泉と帰属関係の問題に絞り込まれ、一一二二年のヴォルムス協約に至った。

ヴォルムス協約の骨子は以下のようなものだった。

皇帝は叙任権を放棄し、聖職者は教会法に基づいて選挙によって選出される。教皇は、ドイツ王国で行われる司教と修道院長の選挙が、皇帝の面前で行われることを認め、選ばれた者は聖別の前に皇帝から世俗的権利と所領を受け取り、封建的誓約と臣従礼を行う。他方ドイツ王国以外（イタリアとブルグント）においては、この順番が逆になり、まず聖別されたのちに世俗的権利や臣従礼が行われる。この臣従礼は、オマージュとも呼ばれる。臣下はひざまずいて忠誠を誓い、主君は臣下の手を両手で包むなどの儀式が行われた。

このヴォルムス協約によって、皇帝は教会の支配者としての地位を失い、教会に対する皇帝の権利は世俗的なものに限定されることになった。従来からの神権的君主による教会の直接支配は、封建関係による支配へと転換されたのだった。

カール大帝以来の、宗教的秩序と政治的秩序を区別せずに、神権的君主たる皇帝がキリスト教世界（帝国）を統治する体制は崩れ去った。今やキリスト教会は、教皇の首位権の下で自律的な組織として動き始めた。他方、皇帝は、この教会の外にはじき出され、その支配の正当性を新たに打ち立て、世俗的支配の原則と体制を作り上げなければならなかった。

この課題に取り組むのが、シュタウフェン朝の皇帝たちである。一一二五年、ハインリヒ五世は嫡子を残さないまま三十九歳で死去し、ザーリアー朝は断絶した。ハインリヒは、姉アグネスの子、フリードリヒ二世（父はシュタウフェン家のシュヴァーベン大公フリードリヒ一世）に後事を託した。

コラム① 旅する王

中世前期のドイツ王は、その一生を旅に過ごした。これを「旅する王」、研究上では「巡行王権」とか「移動宮廷」と呼んでいる。

なぜ王は旅をしたのだろうか。通信手段が未発達な時代に広い地域を支配しようとすれば、王自ら移動するのが、最も効率的な方法だった。支配する領地に出向き、そこで国王集会や教会会議を開いて、聖俗の貴族たちと諸問題を協議した。教会の祝祭日には、王冠をはじめとするさまざまな飾り（権標）を用いて、領内の多くの人々に、王の権威を示すことができた。

同じ時代のヨーロッパ各国でも、程度の差こそあれ、同じような巡行はあった。神聖ローマ帝国に特有なのは、イタリア遠征と国王選挙後の有力諸侯への巡行だった。イタリア遠征については、本文中に述べた通りだが、有力諸侯については、国王選挙の承認を得るために、各地の有力諸侯の下を訪れ、忠誠誓約と特権付与が行われていた。この巡行は十一世紀初めのハインリヒ二世から始まり、十五世紀半ばのフリードリヒ三世まで行われた。

旅をしたのは王とその側近だけではなかった。宮廷で王に仕える人々、さらには王妃やその子供、身の周りの世話をする人々も一緒に、宮廷そのものがそっくり移動していたのだった。

滞在地は、初期には各地に設置されていた王宮あるいは王国修道院だったが、やがて帝国教会が加わった。こうした場所を転々と移動したのだが、その途中では天幕を張って宿営することもあった。道路はまだ舗装されていないので、馬車に乗るにしても、揺れが激しかった。道中に安楽な場などなく、厳しい移動に耐えられる肉体と精神力が求められた。

テオドール・マイヤーというドイツの有名な歴史家が、王の巡行を詳細に研究し、巡行路を地図に示している。その巡行図を見ると、帝国内を非常に広範囲にわたって移動していた様子が分かる。その時々の政治情勢によって、滞在地や巡行路も変化するが、馬でこの旅を続けたのかと思うと、気が遠くなる思いがする。王はその一生を移動し続ける人であり、まさに旅する王だった。

多くの王たちは温泉地に好んで滞在したが、その気持ちも分かるような気がする。カール大帝が好んだアーヘンは、古くから温泉保養地として知られており、今も優雅なたたずまいの温泉施設で入浴を楽しむことができる。

第2章　金印勅書と七選帝侯
――皇帝と教皇の対立の時代（一一二二～一三五六年）

1　シュタウフェン朝の「神聖帝国」

諸侯による自由な国王選挙

ハインリヒ五世は、シュタウフェン家のフリードリヒ二世を後継に推したが、その望みは叶わなかった。ハインリヒの没後に開催された国王選挙は、ザクセン大公のロタールを国王に選出したのである。一一二五年に国王戴冠したロタール三世（皇帝在位一一三三～三七年）は、すでに五十歳。一二年後の一一三七年、南イタリアからの帰途に死去した。ロタールは後継に一人娘の婿、ヴェルフェン家のハインリヒ傲岸公《ごうがんこう》を望んだが、翌年に国王に選出されたのは、シュタウフェン家のコンラートだった。このコンラート三世を初代として、一二五四年にその血統が途絶えるまでの一二〇年弱の期間が、シュタウフェン朝（ホーエンシュタウフェン朝とも）の時代である。

このように、ザーリアー朝断絶後の国王選挙は、二回続けて亡き国王の遺志に反する結果となった。帝国の政治的統合が皇帝に大きく依存していた時代において、王位継承は最も重要な国制的行為だった。特に、亡き皇帝に後継となる息子がいない場合、それは一つの政治的危機でもあった。

この時代の国王選出で重要な要素は、血統と諸侯による自由選挙である。この二つの要素の関係を知るために、時代をカノッサ事件当時に戻して、一〇七七年のハインリヒ四世の対立国王ルードルフ（シュヴァーベン大公）の選出の模様を改めて確認しておこう。

カノッサ事件ののち、反国王派諸侯はシュヴァーベン大公ルードルフを対立国王に選出した。ルードルフは、ハインリヒ四世の義兄にあたるが、血縁関係はない。ルードルフはこの選挙にあたり、諸侯の国王選挙権を尊重し、王位を世襲しないと誓わなければならなかった。このルードルフの選出は、対立国王ではあるが、神聖ローマ帝国の歴史で初めての諸侯による自由選挙と言われる。叙任権闘争によって、諸侯が帝国政治に大きな影響力を及ぼした一例でもある。

ロタール三世の国王選挙に話を戻そう。一一二五年の選挙集会には、帝国各地から多くの聖俗諸侯などが集まり、バイエルン、ザクセン、シュヴァーベン、フランケンの四つの地域から各一〇名の選挙人を出して、国王候補者の選定を行った。その結果、ハインリヒ五世が

シュタウフェン朝略系図

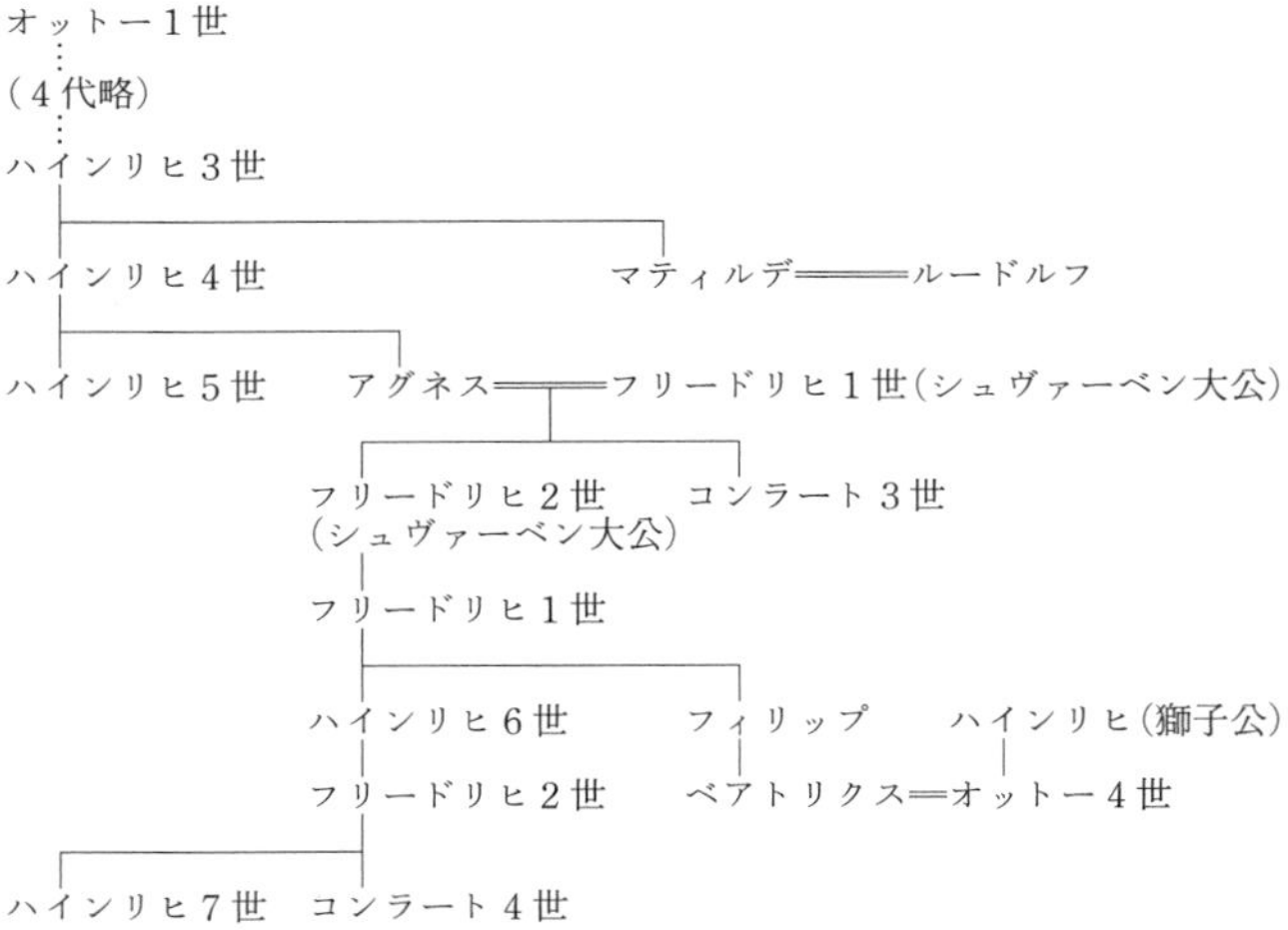

推したシュタウフェン家のフリードリヒ二世、オーストリア辺境伯レオポルト（ハインリヒ五世の姉婿）とザクセン大公ロタールの三名が候補者となった。その後、三名の候補者にマインツ大司教が、新たに国王に選出された者に服従するかどうか、諸侯の自由選挙を尊重するかどうか質問をして、一日目が終了した。

二日目の選挙集会の冒頭、突然、多くの世俗有力者から「ロタールを王に」という声があがり、会場は一時騒然となった。しかし紆余曲折《うよきょくせつ》はありながらも、諸侯たちはロタールが王位に就くことを最終的に承認した。シュタウフェン家も選挙集会ではこの結果を承認したが、以後一〇年ほど対立が続くのだった。

ロタール選出の理由は諸説あるが、はっ

きりとしたことは分かっていない。ただ、ロタールは他の二人の候補者とは異なり、ザーリアー朝と血縁関係はない。その意味でこの選挙も、ルードルフ同様、諸侯による自由選挙の要素が強く発揮された国王選挙とみなすことができる。

他方、のちの一一三八年のコンラート三世の国王選出は、ロタールとの血縁関係はないが、ザーリアー朝からの血統が作用したと考えられる。さらにこのコンラートの次のフリードリヒ一世はコンラートの甥《おい》であり、ここから血統によるシュタウフェン朝が始まる。

シュタウフェン朝の皇帝にとって、諸侯との関係は、教皇との関係とともに重要な国制的問題となるのだが、シュタウフェン朝の話に入る前に、もう少しロタール三世とその領地であるザクセンおよび北ドイツの状況、特に北の十字軍とも呼ばれるヴェンデ十字軍に触れておきたい。

ヴェンデ十字軍

叙任権闘争の頃からシュタウフェン朝の時代、ヨーロッパは中世温暖期と呼ばれる時期を迎えた。ヨーロッパ各地で開墾が進み、中世の産業革命とも呼ばれる水車を活用した鉄工業の発展が見られたのもこの時期である。

耕地の拡大による人口の増加は、人口が希薄だったドイツ東方のスラブ人地域への大規模な植民活動を呼び起こした。これは東方植民と呼ばれている。叙任権闘争の戦いで被害の大きかったザクセンの農民たちは、エルベ川を越えて新天地を目指した。ザクセン大公だったロタールはこれを促進し、ザクセン北方のスラブ人地域に勢力の拡大を図った。ドイツ人の居住地域は東へと膨張するが、この東方植民は同時期の十字軍遠征と密接に絡んでいた。

十字軍は、一〇九五年のクレルモン公会議で提唱され、翌九六年に第一回十字軍が聖地イエルサレムに侵攻、イェルサレム王国を建設した。一一四七年に始まる第二回十字軍は、シトー修道会の聖ベルナールの熱心な勧誘説教が有名で、聖ベルナールの十字軍とも呼ばれるが、皇帝コンラート三世をはじめ南ドイツの諸侯もこの十字軍に参加している。

他方、北ドイツの諸侯にとっては、すぐ隣にいる異教徒であるスラブ人の方が重要だった。聖ベルナールは、十字軍を拡大解釈し、スラブ人の改宗促進および改宗しないスラブ人への攻撃を聖戦とみなし、教皇も勅書を発してこれを承認した。この時攻撃の対象となったのが、バルト海南岸地域のスラブ人（ヴェンデ人）だった。

このヴェンデ十字軍は、スラブ人地域へのキリスト教の伝道を名目にして、北ドイツの諸侯が支配領域の拡大を図った戦いだった。その先頭に立ち、勢力の拡大に成功したのが、ロタール三世の孫でヴェルフェン家のハインリヒ傲岸公の息子、ザクセン大公ハインリヒ獅子《しし》公《こう》だった。シュタウフェン朝を彩るシュタウフェン家とヴェルフェン家の確執の主人公の一人である。

このシュタウフェン対ヴェルフェンの話の前に、東方植民に関連してドイツ騎士修道会にも触れておきたい。このドイツ騎士修道会の起源は、第三回十字軍の際に結成された病院兄弟団にある。十三世紀前半、異教徒プロイセン人の侵入を防ぐために、皇帝から特権を得て、プロイセンに修道会国家を建設した。さらにローマ教皇から北方の異教徒征服を認められ、十字軍として征服活動を進めて、ドイツ人の入植を促進した。

一三〇九年、マリエンブルク城に修道会の本部を移し、修道会はその全盛期を迎える。現在のポーランドにあるこのマリエンブルク城は、ヨーロッパを代表する名城として知られている。

ドイツ騎士修道会は、やがてホーエンツォレルン家から総長を迎え、一五二五年、ルター派に改宗してプロイセン公国となり、一七〇一年にプロイセン王国に昇格する。神聖ローマ帝国が滅亡したのちのドイツ史の主役である。

シュタウフェン朝

シュタウフェン朝の話に戻ろう。シュタウフェン朝の時代は、温暖な気候に支えられて経済的に大きな発展を遂げる時期にあたる。華やかな宮廷、きらびやかな鎧甲《よろいかぶと》で全身を包んだ騎士たちの馬上試合（トーナメント）、吟遊詩人たちが俗語（中高ドイツ語）で歌う愛の叙情詩（ミンネザング）など、ドイツ中世のイメージそのものがこの時代である。また、その容貌《ようぼう》から赤髭（バルバロッサ）と呼ばれたフリードリヒ一世、その息子のハインリヒ六世、シチリア王でもありこの時代きっての文化人だったフリードリヒ二世など、歴史上著名な皇帝を輩出したのも、このシュタウフェン朝の時代だった。

このシュタウフェン朝が直面する大きな問題は二つあった。まず一つは、ハインリヒ獅子公に代表されるヴェルフェン家との対立であり、これは皇帝と諸侯の関係、国制上の問題でもあった。

もう一つは教皇との関係である。一一二二年のヴォルムス協約によって、皇帝の教会に対する権利は、世俗的な局面に限定されたが、教会の保護者としての権利と義務を失ったわけではなかった。しかし、教皇から皇帝冠を得るために、教皇への臣従礼をとらなければならず、ロタール三世もフリードリヒ一世も、臣従を象徴する行為である教皇乗馬の鐙《あぶみ》を自ら取り、手綱を引かされた。皇帝を教皇の臣下とみなそうとする教皇庁の企てに、シュタウフェン朝の皇帝たちは強く抵抗した。そしてこの二つの問題は、相互に複雑に絡みあいながら展開した。

フリードリヒ一世とハインリヒ獅子公

一一五二年、国王に選出されたフリードリヒ一世（皇帝在位一一五五～九〇年）は三十歳だった。そして宿命のライバル、ヴェルフェン家のハインリヒ獅子公は二十三歳。七歳違いの二人は、血のつながった従兄弟《いとこ》同士である（フリードリヒ一世の母は、ハインリヒ獅子公の父の妹)。フリードリヒは国王に選出されたとはいえ、シュタウフェン家の所領は、南西ドイツのシュヴァーベン地方に限られていた。他方、獅子公はザクセン大公として、実力では完全に上回っていた。

一一五四年十月、皇帝戴冠のためにイタリア遠征を予定していたフリードリヒ一世は、実力者であるこの従弟《いとこ》の協力を得る必要があった。同年六月の帝国会議で、フリードリヒは獅子公にエルベ川以東の司教区における広範な権利を与えるとともに、バイエルン大公領の相続争いを裁定し、これを獅子公に与えた(正式な授封は一一五六年)。それから約二〇年間、フリードリヒの宥和的《ゆうわてき》な態度は続いた。

しかし一一七六年一月、二人の関係は劇的に変化する。北イタリアのキアヴェンナにおいて、フリードリヒは目前に迫ったロンバルディア都市同盟との戦いのために、獅子公に援軍を懇願した。しかし獅子公はこれを拒否した。手勢の足りないフリードリヒは、同年五月、ミラノ北西におけるレニャーノの戦いで、ロンバルディア都市同盟軍に大敗を喫し、フリードリヒの生死も数日間分からないほどだった。

このキアヴェンナの会見は、同時代の史料的な裏付けが乏しいが、会見そのものを疑う必要はないと思われる。獅子公に援軍を拒否され、皇帝は興奮のあまり獅子公の前に跪《ひざまず》いたなど、後世になって創作された逸話的な特色で彩られている会見である。

一一七八年十一月の帝国会議において、ケルン大司教をはじめとする北ドイツの諸侯たちは、獅子公が領地を侵害し教会を圧迫して平和を乱したと訴えた。フリードリヒ一世はこれを受理し、正規の裁判手続で審議することを決定した。しかしその裁判集会に獅子公は出頭しなかった。翌七九年六月の裁判集会で、フリードリヒは、出頭しない獅子公に対して帝国追放刑（帝国内の全ての権利と財産を剝奪《はくだつ》する刑）を宣告した。

こののち、ハインリヒ獅子公をめぐる裁判は第二段階に入る。フリードリヒ一世は、国王の裁判集会に数回にわたり欠席した獅子公に対して、封臣としての義務違反を訴えた。皇帝と最有力諸侯が、裁判において正面衝突するに至ったのである。

レーン法（九世紀以降の封建制に関わる慣行の記録）によれば、六週間の間隔で三回出頭要請がなされなければならないが、残念ながら、この裁判の具体的な経緯は伝わっていない。一一八〇年一月、帝国会議で判決が下され、獅子公は二つの大公領（ザクセンとバイエルン）と全ての帝国レーンを剝奪された。獅子公はこれに武力で抵抗したが、翌八一年十一月の帝国会議に現れ、皇帝に降伏した。獅子公は世襲地であるブラウンシュヴァイクとリューネブルクの保有だけ認められ、帝国からの追放と聖地サンチャゴ・デ・コンポステーラ（スペイン北部）への巡礼が命じられた。

ハインリヒ獅子公のその後

概説書などではだいたいこのあたりでハインリヒ獅子公の話が終わるが、せっかくなのでもう少し先まで獅子公の足跡を辿っておこう。

獅子公は、義父（妃マティルダの父）であるイングランド王ヘンリー二世が滞在していたノルマンディーにしばらく留《とど》まったのち、サンチャゴ・デ・コンポステーラに巡礼している。その後再びノルマンディーでしばらく過ごし、一一八四年七月、ドーバー海峡を渡り、ウィンチェスターに向かった。ドーバー海峡を渡る直前の同年五月、フリードリヒ一世は二人の息子に騎士の称号を授けるために、マインツで盛大な宮廷祝祭を開催したが、獅子公はこれに出席している。マインツ大司教の特別な許可を得て、フリードリヒの赦しを得ようとしたのかもしれない。

一一八四年八月、イングランド王の仲介により、獅子公はフリードリヒ一世から帰国の許可を得て、翌八五年秋にブラウンシュヴァイクに帰国した。一一八八年七月、フリードリヒは帝国会議を開催して獅子公を招き、来《きた》る第三回十字軍への協力を要請した。しかし獅子公はこの要請を再び拒絶し、三年間、帝国を去る約束をしたのだった。

第三回十字軍は、一一八九年五月にレーゲンスブルクを出発した。獅子公はその一ヶ月前にイングランドに旅立った。その二ヶ月後、ブラウンシュヴァイクに残っていた獅子公妃マティルダが死去した。その知らせを受けて獅子公は、フリードリヒ一世との約束を破り、ブラウンシュヴァイクに帰国する。フリードリヒをはじめ、北ドイツの多くの諸侯は十字軍に参加して留守で、獅子公にとって北ドイツで威信を回復する好機だった。

そしてこの頃、ヨーロッパでは新しい政治状況が生まれようとしていた。一一八九年、シチリア王ギョーム二世が相続人を残さずに死去し、翌九〇年六月、フリードリヒ一世が十字軍遠征の途上で溺死《できし》した。さらに、一一九二年、ハインリヒ獅子公の義弟、イングランド王リチャード一世（獅子心王）が十字軍の帰路、オーストリア大公レオポルトに捕縛され、オーストリア北部のヴァッハウ渓谷にあるデュルンシュタイン城に監禁される事件が起きた。

ブラウンシュヴァイク大聖堂　聖堂前のブルク広場の全景。手前にあるのがハインリヒ獅子公に由来するライオン像

リチャードはその後、皇帝ハインリヒ六世（皇帝在位一一九一〜九七年）に引き渡され、ドイツ西部ラインラントにあるトリフェルス城に一一九四年二月まで幽閉された。

リチャード一世の解放交渉が最終の段階を迎えたその時、シュタウフェン家とヴェルフェン家の間でも最後の和解交渉が進んでいた。それはライン宮中伯《きゅうちゅうはく》コンラート（フリードリヒ一世の異母弟）の一人娘アグネスと獅子公の息子ハインリヒ五世の結婚である。宮中伯コンラートの仲介によって、一一九四年三月、ドイツ中部ハルツ山中のキフホイザーにおいて、獅子公とハインリヒ六世が会見し、最終的な和解が成立した。

ブラウンシュヴァイクとリューネブルクの所領が獅子公に改めて承認され、リチャード一世の身代わりとして、人質になっていた獅子公の息子オットーが解放された。このオットーは、皇帝ハインリヒ六世没後、その弟シュヴァーベン大公フィリップと国王位を争ったオットー四世（皇帝在位一二〇九〜一五年）である。

この和解の翌年の一一九五年八月、ハインリヒ獅子公はブラウンシュヴァイクで死去し、その亡骸はブラウンシュヴァイク大聖堂の妃マティルダの右隣に葬られた。このブラウンシュヴァイク大聖堂の前には、獅子公が自らの権力のシンボルとして鋳造《ちゅうぞう》させた獅子（ライオン）のブロンズ像が今も立っている。獅子公が領有したブラウンシュヴァイクとリューネブルクは、やがてハノーファー公国となり、一六九二年に選帝侯位を獲得することになる。

帝国諸侯身分の成立

フリードリヒ一世とハインリヒ獅子公の対立は、有力家門間の権力争いにとどまらない歴史的影響を及ぼした。皇帝と諸侯の関係、さらには帝国の国制構造に大きな変化をもたらしたのだ。

皇帝は、獅子公の裁判集会欠席を、レーン法上の義務違反と訴えた。いわゆるレーン法訴訟である。このレーン法訴訟で判決を下すのは皇帝ではなく、被告と身分が同じ諸侯だった。

フリードリヒ一世は、有利な判決を得るために、諸侯に何らかの恩典を与える必要があった。どのような恩典を用意したのか。それが明らかになるのが、一一八一年の二つの帝国会議だった。

ハインリヒ獅子公から剝奪した二つの大公領は、レーン法に基づいて封主である皇帝に復帰し、皇帝はこの大公領をそのまま保有することもできた。しかしフリードリヒ一世は、まず四月の帝国会議においてザクセン大公領を二つに分割し、東部をアスカニアー家のベルンハルトに、西部をケルン大司教フィリップに与えた。いずれも獅子公との闘争において、重要な役割を果たした人物である。

さらにその五ヶ月後の帝国会議においてバイエルン大公領を分割し、その中心部をヴィッテルスバッハ家のオットーに与えた。これもヴィッテルスバッハ家に対する報償だった。十九世紀のバイエルン王国に至る、ヴィッテルスバッハ家の七〇〇年にわたるバイエルン支配の始まりである。

十三世紀前半に作成されたドイツ最古の法書『ザクセンシュピーゲル』は、皇帝は復帰したレーンを一年と一日以内に再授封することを定式化している。これを授封強制と呼ぶが、この原則を最初に承認したのが、フリードリヒ一世だったと言われている。

ハインリヒ獅子公の一件は、帝国の政治構造に大きな影響を与えた。東フランク王国以来の伝統を持つ二つの大きな大公領が分割され、以前と比べると、帝国は小さめの大公領と、大公とほぼ同じ権限を持つ辺境伯や宮中伯などの所領で構成されるようになった。これら大公たちは世俗諸侯として、聖界諸侯（大司教、司教、修道院長）とともに帝国諸侯と呼ばれる最高位の貴族身分を構成した。

皇帝は、これら帝国諸侯をレーン制の主従関係で統制する一方で、それぞれの領地において、広範な支配権の行使を認めた。少し後の話になるが、皇帝フリードリヒ二世は、聖界諸侯との協定（一二二〇年）、そして諸侯の利益のための協定（一二三一年）によって、聖俗諸侯に貨幣鋳造権、関税徴収権や裁判権など、本来は皇帝のみが行使できる大権（レガリア）を認めたのだった。

このような政治構造上の変化は、はっきりと目に見えるものではなく、同時代の人々がどの程度これを認識していたのかは分からない。しかし帝国は、最高封主である皇帝をトップとしたピラミッド状の身分制国家として、生身の皇帝とは分離した法的で客観的な存在となる道を辿ることになった。皇帝と諸侯が、レーン制によって主従関係にあり、その人的関係で帝国を統治する点は、これまでと同じように見える。しかしこの関係が法的に構築されていくプロセスが、ここに始まったのである。このプロセスは紆余曲折を経ながら、やがて近世の帝国の国制構造を決定することになる。

フリードリヒ一世のイタリア政策

シュタウフェン朝が直面するもう一つの大きな問題が、教皇との関係だった。一一五七年十月、ブルグント王国の古都ブザンソン（現在のフランス東部）で開催された帝国会議が象徴的である。

この会議で読み上げられた教皇ハドリアヌス四世の書簡が物議を醸した。この書簡は、ルンド大司教（スウェーデン南部）がローマからの帰途、ブルグントで捕縛されたことに抗議するものだった。二年前のフリードリヒ一世の皇帝戴冠を引き合いに出して、教皇は次のように述べる。「余は汝の心の欲求を満たしてやったことを悔いてはいない。むしろ高邁《こうまい》なる汝が、より大きなベネフィキア（beneficia）を余の手から受け取るならば、余はまさしくこのことを喜びとするだろう」

この書簡を皇帝の腹心ライナルトが訳したが、教皇の恩寵《おんちょう》を意味するベネフィキアをレーン法に則してレーンと訳した（皇帝を教皇の臣下とみなすことを意味する）ために、居合わせた諸侯たちは一斉に抗議の声を上げた。さらに火に油を注いだのが、教皇特使の発言だった。「皇帝が、その皇帝権を教皇から戴《いただ》いたのでないとすれば、いったい誰《だれ》から皇帝権を得たのか」。皇帝側近のヴィッテルスバッハ家のオットーは、剣を抜いて特使に襲いかかろうとしたが、皇帝がこれをかろうじて引き留めた。

このブザンソンでの出来事をフリードリヒ一世は、ドイツの司教などに回状で知らせている。その中でフリードリヒは、皇帝冠が教皇のレーンであるという考え方を拒否し、皇帝権は神から直接授与されたものだと主張し、「神聖帝国（sacrum imperium）」という表現を用いた。

以後、叙任権闘争以来のプロパガンダ合戦が繰り広げられたが、当時のローマ法学の影響の下で、対立は理論的に先鋭化し、現実政治にも深い影響を及ぼした。

フリードリヒ一世は、合計六回イタリア遠征を行い、三八年の在位のうち延べ一三年をイタリアで過ごした。シュタウフェン朝の皇帝たちが積極的なイタリア政策を展開したのは、もちろん皇帝理念もあるが、現実的な理由もあった。シュタウフェン家のドイツ内の権力基盤は、南西ドイツのシュヴァーベンに限られていた。地理的に見れば、このシュヴァーベンの南につながるブルグントや北イタリアを支配できれば、一体的な権力基盤を持つことが可能だった。

しかし時代はまさに十二世紀。ヨーロッパ各地で都市が誕生し、特に北イタリアではコムーネと呼ばれる自治的共同体、事実上の都市国家が生まれていた。さらに一一六七年、皇帝の支配に対抗するために、教皇の支援を受けてロンバルディア都市同盟が結成された。この北イタリアでの抗争にあっては、皇帝派がギベリン、教皇派がゲルフと呼ばれたように、ドイツにおけるシュタウフェンとヴェルフェンの争いと結びついていた。ゲルフはヴェルフェンの訛《なま》りであり、ギベリンはシュタウフェン家の城の名前に由来すると言われている。

フリードリヒ一世は、息子ハインリヒ六世とシチリア王女コンスタンツェとの結婚を実現し、シュタウフェン家はシチリア王国を手に入れる。これによってイタリア中部の教皇領を北と南で挟み撃ちにする地勢的な立場を手に入れたのだった。

フリードリヒ二世の登場

イタリア中部の街イェージで生まれ、わずか三歳でシチリア王になったフリードリヒ二世(皇帝在位一二二〇～五〇年)。イタリア名でフェデリーコ二世は、歴代の皇帝の中でも異彩を放っている。父はフリードリヒ一世の息子の皇帝ハインリヒ六世、母はシチリア王ルッジェーロ二世の娘コンスタンツェ。しかし両親を早く失ったフリードリヒは、教皇インノケンティウス三世の後見の下で、アラブ人、ユダヤ人、ノルマン人教師に育てられ、この時代を代表する文化人へと成長する。

一一九七年の父ハインリヒ六世の死後、その弟フィリップ(シュヴァーベン大公)とオットー四世(ハインリヒ獅子公の息子)の二重選挙など、国王位をめぐって混乱が生じた。しかしフリードリヒ二世は、教皇インノケンティウス三世の支持を得て、一二一二年、オットー四世の対立国王として即位し、オットーの死後、一二二〇年に教皇ホノリウス三世から皇帝冠を受けた。その後はシチリアに戻り、シチリア王国の支配の確立とイタリア政策に心血を注ぎ、ドイツに行くのは一五年後の一二三五年である。

この間のドイツは、一二二〇年にドイツ国王に選出された、フリードリヒ二世の息子ハインリヒ七世に任されたが、この時ハインリヒはまだ九歳。一二二八年に親政を始めるまでは、フリードリヒが摂政を中心とした諸侯と協調関係を保ちながらイタリア政策に精力を傾注した。

しかし親政を始めたハインリヒ七世は、王権の強化に努め、諸侯と対立するようになった。ハインリヒは、新たに勃興《ぼっこう》しつつあった都市の自立化を促すとともに、主だった諸侯たちを寄せつけず、家人《けにん》（ミニステリアーレン）を登用して政治に当たった。諸侯の実力を削《そ》ぎ、王権を強化しようとするハインリヒの姿勢は、必ずしも間違いではなかったかもしれない。しかし、国王と自立的な支配権を持つ諸侯によって構成される、フリードリヒ一世以来築かれつつあった国制構造とは方向が異なっていた。

一二三四年、父フリードリヒ二世がドイツに来ることを知ったハインリヒ七世は、アルプスの峠を閉鎖して反乱を起こした。しかし失敗に終わり、一二三五年に廃位され、南イタリアでの牢獄《ろうごく》生活の末、一二四二年自ら命を絶ったと言われている。

この一二三五年は、一二一五年のアーヘンでの国王戴冠以来、フリードリヒ二世にとって二〇年ぶりのドイツ帰還だった。息子ハインリヒの反乱にもかかわらず、フリードリヒの一行には、ほとんど軍隊はなく、豪華な調度品を積んだ馬車とともに、駱駝《らくだ》、騾馬《らば》、猿《さる》や豹《ひょう》などの南国の動物、アラブ人やエチオピア人などが含まれていた。

ハインリヒの処分を終え、一二三五年、マインツにおいて十三世紀で最大規模の帝国会議を開催し、帝国ラント平和令（領域内の平和と秩序を維持するための法令）を発布した。この帝国ラント平和令は二九条からなり、中世低地ドイツ語で書かれている。息子ハインリヒの反乱という異常事態を収束させ、ドイツ国内の支配を再建する必要があったフリードリヒは、帝国会議に出席する大勢の諸侯などとともに、この平和令で目的を達成したのだった。

一二三七年、フリードリヒ二世はウィーンで息子コンラートのドイツ王選出を果たしたのち、北イタリアでロンバルディア都市同盟軍を撃破し、シチリアに戻った。フリードリヒは一二五〇年にその生涯を閉じるが、再びドイツを訪れることはなかった。

シュタウフェン朝の終わり

シュタウフェン朝は、叙任権闘争以後の新たな秩序をめぐる争いの時代だった。教皇は、ローマを中心とする教権支配観念（神から正当な支配権が授与されたとする考え方）の下で、教会的世界国家（キリスト教会が世俗に対して、権威や権力を持つ形態）を目指した。その絶頂期が、教皇インノケンティウス三世（在位一一九八～一二一六年）だった。インノケンティウスは、聖ペテロのみならず、古代ローマの皇帝コンスタンティヌス一世の後継者をも自認し、かつて教皇がカール大帝に皇帝権を与えたように、今度はその皇帝権を自らに取り戻すことができると考えていた。神権政治（テオクラシー）はまさにここにおいてその頂点に達した。

一方、シュタウフェン朝の皇帝は、新たな権力統合の原理を必要とした。それが封建制度だった。各地諸侯に領土を自らの領国として支配させる政策を進め、そのうえでこれを封建秩序の中に組み込み、原理上、皇帝を頂点としたピラミッド状の封建的階層制が築かれた。この封建秩序は、皇帝の力が強ければ求心的に作用するが、そうでない場合には遠心的に作用する危険があった。そのためこの秩序を法的に確定し、さまざまな儀礼や儀式で可視化することで、一定の拘束力を持たせた。

他方、教皇との関係では、フリードリヒ一世の神聖帝国に見られるように、皇帝を教皇の臣下とみなす教皇庁の企てに対して、皇帝権は教皇ではなく神より直接授かると主張した。神聖帝国は、教皇権から独立したキリスト教世界の地上の建造物であり、皇帝は、キリスト教会およびキリスト教世界を守護する救済史的な使命を帯びる存在だった。この普遍的帝国の理念を追求すべく、歴代の皇帝はイタリア政策に没頭したのだった。フリードリヒ二世はその三五年の統治期間のうち、ドイツに滞在したのは通算でわずか八年ほどに過ぎなかった。

一二一五年十一月、インノケンティウス三世は第四ラテラノ公会議を開催した。大司教、司教や修道院長をはじめとする聖職者とともに、ヨーロッパ諸国の王や諸侯らの使節も出席し、その数は一五〇〇名以上。公会議として最大規模、まさに教皇権の絶頂を示すものだった。この公会議ではアルビジョワ十字軍（南フランスの異端アルビジョワ派征伐が目的）が提唱され、また四ヶ月前の七月にアーヘンで行われたフリードリヒ二世のドイツ王戴冠が承認されている。

この公会議の翌年の一二一六年、インノケンティウス三世は死去した。親政を開始したフリードリヒ二世は、イタリアにおいて教皇と激しい対立を繰り返すことになる。

一二五〇年のフリードリヒ二世の死により、事実上、シュタウフェン朝の時代は終わりを告げる。神聖帝国の理念を追求したシュタウフェン朝の帝国は急速に崩壊に向かうが、同時にまたローマ教皇の権威も失墜に向かう。楕円構造の二つの焦点、皇帝と教皇は、結局どちらかが唯一の中心となることはできなかった。そしてこの両者の対立の過程で、フランス王やイングランド王などの新たな勢力が台頭したのだった。

2　金印勅書

大空位時代と跳躍選挙時代

国王選挙は、神聖ローマ帝国の特色の一つである。王を選挙で選ぶことは、ゲルマン時代からの慣習だが、しかし歴史を振り返れば、選挙とはいえ、父から子へ、あるいは同じ家門の中で継承される、血統に基づく世襲の例が多いのもまた確かである。

フリードリヒ二世を継いだのは、息子コンラート四世だったが、一二五四年に二十六歳で死去する。まだ二歳の一人息子コンラーディンは、シチリア王位は継承したもののドイツ王には選ばれなかった。ここにシュタウフェン朝は終わり、大空位時代と呼ばれる時代に入る。

大空位時代は、コンラート四世の死（一二五四年）からルードルフ一世の即位（一二七三年）までの二〇年ほどの期間を指す。空位とはいえ、この期間に国王がいなかったわけではなかった。それでは大空位時代とは何か。いろいろな概説書や研究書の類《たぐ》いを見ても意外に曖昧《あいまい》な記述が多い。事実上皇帝が存在しない時期などとも説明されるが、ルードルフ一世も皇帝として戴冠しておらず、必ずしも正しくはない。実態としては対立国王が並び立った時代であり、シュタウフェン朝後の王権が弱い期間を指す言葉として、慣用的に使われている。

もう一つ、跳躍選挙時代という言葉もある。こちらの方は定義がしっかりとしている。一二九一年のルードルフ一世の死後、五〇年ほどの期間に五回国王選挙が行われたが、いずれも前の王とは異なる家門から王が選出されており、これを跳躍選挙と呼んでいる。順番に、ナッサウ家→ハプスブルク家→ルクセンブルク家→二重選挙（ヴィッテルスバッハ家とハプスブルク家）→ルクセンブルク家、となる。ハプスブルク家とルクセンブルク家が二度登場するが、王位が見事に跳躍している。

この大空位時代と跳躍選挙時代に共通しているのは、王位が世襲で継承されていない点である。血統から諸侯による自由選挙に、王位継承の原理が大きく変化した時期と言える。それとともに国王選挙をめぐって、大なり小なりいろいろな問題が生じた。それはもちろん選挙制度そのものに関する問題もあれば、王権さらには国制に関する問題もあった。

選帝侯の誕生

国王選挙の投票権を持つのは、七名の諸侯だった。聖界諸侯では、マインツ、ケルン、トリーアの三名の大司教、世俗諸侯では、ベーメン（ボヘミア）王、プファルツ伯、ザクセン大公とブランデンブルク辺境伯の四名。後述する金印勅書《きんいんちょくしょ》で帝国法的に確定したことはよく知られている。

この七名になった経緯を振り返っておきたい。

国王選挙は、その時々の状況の中で、多数の不特定な諸侯によって行われていた。それが特定の諸侯に限定されるきっかけとなったのが、皇帝ハインリヒ六世の死後、一一九八年に行われた国王選挙と言われている。この時、教皇インノケンティウス三世は、特定の諸侯が国王選挙を行うことを認めている。

さらに、すでに述べた十三世紀前半の法書『ザクセンシュピーゲル』の五七条（ラント法）が、国王選挙を具体的に規定している。ここでは三名の聖界諸侯と三名の世俗諸侯を選帝侯とし、投票の順番は、トリーア大司教→マインツ大司教→ケルン大司教→プファルツ伯→ザクセン大公→ブランデンブルク辺境伯だった。ベーメン王はこの時点ではドイツ人ではないとして選帝侯とはならなかった。

ベーメン王を含めた七名の諸侯が、選帝侯として明確に姿を現すのは、大空位時代にあたる一二五七年の国王選挙だった。同年一月、マインツ大司教、ケルン大司教、プファルツ伯とベーメン王は、イングランド南西のコーンウォール伯リチャード（イングランド王ヘンリー三世の弟）を国王に選出した。しかしその三ヶ月後、トリーア大司教、ザクセン大公、ブランデンブルク辺境伯とベーメン王は、イベリア半島中央部のカスティリア王アルフォンソ十世を国王に選出した。この一二五七年の国王選挙は、分裂選挙であり、そのうえベーメン王が二度投票したことで、両者ともに過半数の四票を獲得し、二重王権となってしまった。

さらに一二六三年、ローマ教皇ウルバヌス四世が、教皇勅書によって、この七名の諸侯を選帝侯と認めている。

このように国王選挙を何回か実施する中で、七名の選帝侯が確定するのだが、そもそもなぜこの七名なのか。オットー一世の即位以来、ラインの三名の大司教は国王戴冠式で重要な役割を果たし、四名の世俗諸侯は国王戴冠式後の祝宴で務める最高宮内職（一八頁参照）を持つ者として、特別な役割を果たしていた。ベーメン王は献酌長官、プファルツ伯は大膳長官、ザクセン大公は侍従長官、ブランデンブルク辺境伯は式部長官である。儀式上の重要な役割が、優位性を生み出した。ハプスブルク家やヴィッテルスバッハ家が選帝侯にならなかったのも、この最高宮内職を持っていないことが影響したと考えられる。実際、十七世紀に選帝侯の数を増やす際には、新たに最高宮内職（内帑《ないど》長官と旗手長官）を創設している。

しかしまだ問題は残っていた。分割相続である。世俗諸侯ではこの分割相続によって、投票権を誰が持つのか、家門内で争いが起きていた。一三一四年の国王選挙がその好例である。マインツ大司教は国王選挙を十月二十日にフランクフルトで実施すると通知したが、前日の十九日、フランクフルトのマイン川対岸のザクセンハウゼンに、プファルツ伯（ケルン大司教の代理を兼ねる）、ザクセン＝ヴィッテンベルク公、ケルンテン公（ベーメン王位要求者）が集まり、ハプスブルク家のフリードリヒ美王を選出した。翌二十日、マインツ大司教、トリーア大司教、ベーメン王、ブランデンブルク辺境伯、ザクセン＝ラウエンブルク公が、ヴィッテルスバッハ家のルートヴィヒ四世（皇帝在位一三二八～四七年）を選出した。この選挙では、ベーメン王も票が割れているが、ザクセン大公の票も相続の問題で二つの家に分割されていた。ザクセン大公領では、一二六〇年以降、分割相続によって投票権の有資格者が複数になり、これより前の国王選挙では事前の話し合いで一本化していたが、この時はそれができなかった。

このように投票権自体が分割相続されることは、国王選挙にとって大きな問題だった。そのため金印勅書は、七章で「俗人の選帝侯が死んだのち、選挙の権利、票と権能は、選帝侯の嫡出の長子である俗人に移譲されなければならない。かかる長子がいない場合には、長子の長子で同じく俗人に移譲されなければならない」と、長子単独相続を規定している。

長子が後継者を残さなかった場合については、「長子が正統な男子相続人なく死んだ場合、父方の年長の兄弟に、そして次からはその長子に移譲される」と規定している。また長子がすでに亡く、その長子の長子が未成年の場合は「亡き長子の次の年長の兄弟が、未成年の長子の後見人」となって権利を行使するが、「未成年の長子が満十八歳になったならば、後見人は権利を引き渡さなければならない」と規定している。

他方、三名の大司教は聖職者として正式な婚姻が許されていない（独身制）ため、相続人がいないので、相続問題はなかった。

レンス判告と帝国法リケット・ユーリス

選帝侯が七名の諸侯に特定される過程で、一一九八年のインノケンティウス三世そして一二六三年のウルバヌス四世のように、教皇が大きな影響を及ぼしていた。国王選挙に対する教皇の影響は、古くからの問題ではあるが、特に大空位時代と跳躍選挙時代には顕著だった。

その典型とも言える事例が、すでに述べた一三一四年の二重選挙だった。フリードリヒ美王とルートヴィヒ四世が国王に選ばれ、最終的に、一三二二年のミュールドルフの戦いでルートヴィヒ四世が勝利して決着した。しかしアヴィニョン（フランス南部）の教皇ヨハンネス二十二世は、教皇の承認のないルートヴィヒ四世の王位は無効であり、空位にある帝国の指導権は教会にあると主張したのだった。

選帝侯はこれに反発し、一三三八年七月、ライン河畔のレンス近郊の果樹園に集まり、

「国王の称号を名乗ることについては、教皇座の指名、認可、承認、権威を必要としない」とし、選帝侯の多数によって選ばれた国王は、教皇の認可を必要としないことなどを決議した。これがレンス判告である。翌八月、フランクフルトの帝国会議は、帝国法「リケット・ユーリス」(帝国法の本文が、リケット・ユーリス〔Licet iuris〕で始まることからこう呼ばれる)を発布し、皇帝の位と権力は神に直接由来すること、選帝侯の選挙によって選ばれた者は、直ちに真のローマ人の王にして皇帝となると定められた。

このレンス判告と帝国法リケット・ユーリスによって、国王選挙に対する教皇の認可権は明確に否定され、皇帝と教皇の関係は大きな転機を迎えた。この路線を明確にしたのが、一三五六年の金印勅書である。

金印勅書

世界史の教科書にも登場する金印勅書。皇帝カール四世(皇帝在位一三五五～七八年)の黄金の印璽を用いて発布されたことからこの名で呼ばれている。全体で二部三一章からなり、一章から二三章の第一部は一三五六年一月のニュルンベルクの帝国会議で、二四章から三一章の第二部は、同年のクリスマスにメッツ(フランス北東部)で開催された帝国会議で発布された。

金印勅書の目的はその序文に示されている。選帝侯は帝国の「七本の燭台《しょくだい》」であり、七名の選帝侯によって帝国は明るく照らされるべきである。そのために選帝侯の一体性を促し、選帝侯による一致した国王選挙を実施するために金印勅書を発布する。要するに、金印勅書の目的は、選帝侯による一致した国王選挙の継続であり、そのためには選帝侯領の永続が何より重要だった。そしてこの国王選挙の継続こそが、帝国の継続を保障すると考えられた。こうした考え方の背後には、カール四世自身も体験した二重選挙（一三四六年にルートヴィヒ四世の対立国王として即位）、さらには大空位時代以降の国王選挙と帝国の混乱があった。

そのために、まずは選帝侯領の長子相続、世襲と不分割を、選帝侯の数を維持するために規定する必要があった。三名の大司教領には相続による分割の危険はないが、世俗の四名の選帝侯領では死活問題だった。すでに述べたように、男系の長子相続が認められ、長子が正統な相続人なく死んだ場合の対応策や十八歳未満の場合の後見も具体的に規定している。その他、裁判の不移管・不上訴特権をはじめ、レガリアと称される金や銀などの鉱業権、塩の採掘権、ユダヤ人税（皇帝の保護民として課された税）、貨幣鋳造権や関税徴収権などが選帝侯に保障されている。

このレガリアは、本来は国王のみが独占的に行使できる国王大権であり、それを与えることにより、選帝侯に国王に匹敵する権利を認めた。

その一方で、選帝侯に一定の義務も課している。選帝侯は年一回、復活祭の四週間後に帝国都市（都市名は記載されていない）に集まり、社会の安寧や平和について協議しなければならなかった。その際、祝宴によって協議が阻害されないように注意している点は興味深い。この年一回の会議は開催されなかったが、帝国会議の中に選帝侯部会を形成する法的根拠となった。

さらに世俗の四名の選帝侯の相続人について、十四歳までにラテン語、イタリア語、チェコ語を習得することを求めている。その他、祝祭や儀式における選帝侯の役割や席次なども具体的に規定している。

他方、教皇との関係は、金印勅書の主たる目的ではなかった。すでにレンス判告で教皇の認可権を明確に否定したため、金印勅書は教皇の認可権に全く触れていない。もう一つの教皇の主張である空位期の代理職要求については、プファルツ選帝侯とザクセン選帝侯を帝国代理職とし、ザクセン選帝侯が北ドイツ（ザクセン法地域）を、プファルツ選帝侯が南ドイツ（フランケン法地域）を担当した。二人の選帝侯を代理職と決めることにより、結果として、教皇の代理職要求を拒否したのだった。

国王選挙の方法

では、どのように国王選挙が行われるのか、金印勅書を見てみよう。

皇帝の死がマインツ大司教から各選帝侯に通知され、死後三ヶ月以内に選挙日時が通知される。選挙場所はフランクフルトにある聖バルトロメウス教会。選帝侯はおのおの二〇〇名の騎兵を随行でき、そのうち武装者は五〇名までとされた。

選挙はまず、聖霊ミサから始まる。選帝侯は、ヨハネ福音書第一章第一節「初めに言《ことば》があった」が開かれた福音書に手を触れて、宣誓を行う。投票は、トリーア大司教→ケルン大司教→ベーメン王→ライン宮中伯→ザクセン大公→ブランデンブルク辺境伯→マインツ大司教の順番で、マインツ大司教が誰に投票するかを口頭で問う形で行われる。最後のマインツ大司教の順番では、他の選帝侯が逆にマインツ大司教の票を問うた。多数決原理が有効とされたので、四票以上で選出となるが、そうなるまで投票が繰り返された。投票において世俗の選帝侯は、自己投票が許されていた。最終的に多数を得た結果は、全会一致とみなされた。

宣誓から三〇日以内に選出できない場合には、選帝侯はパンと水しか口にせず選挙を続けなければならなかった。この点は教皇選挙と同じである。こうして選出された国王が何よりも先に行うべきことは、選帝侯が従来有している全ての特権などの承認だった。

金印勅書は帝国基本法の一つとして、帝国の終焉《しゅうえん》まで国制の基礎となった。一六四八年のウェストファリア条約で八名になるまでの約三〇〇年もの期間、選帝侯が七名で固定されていたこと、それこそが金印勅書の帝国基本法としての力を示している。

金印勅書によって、帝国は国王と選帝侯を柱とする政治体制になった。ゲルマン由来の国王選挙は、ここにおいて選帝侯による自由選挙として法的に確立した。さらに選挙を保障するために、選帝侯に国王に匹敵する権利を認めたが、これを国王権力の弱体化を意図したものと理解すべきではない。金印勅書の内容は現実に即した妥協的な対応の産物とはいえ、同時に帝国のこれからの政治体制を見据えたものだった。

ここに、皇帝と選帝侯・諸侯による二元的国制、あるいは連邦制的国制へと神聖ローマ帝国は大きく舵《かじ》を切ることになる。金印勅書はそれを法的に確定する第一歩だった。しかし帝国の新たな政治体制が確立するには、まだ二〇〇年ほどの期間を必要とした。その間の制度化のプロセスが、帝国改造と呼ばれる十五～十六世紀に断続的に行われた改革だった。

コラム② ハプスブルクの大特許状

十四世紀のハプスブルク家にルードルフ四世という人物がいた。皇帝カール四世の娘婿で、ウィーンのシュテファン大聖堂の改築やウィーン大学の創設に関わり、「建設公」とあだ名されている。二十六歳という若さでこの世を去るが、大特許状と呼ばれる偽書で、歴史に名を残した。

事の始まりは、一三五六年の金印勅書だった。ハプスブルク家が選帝侯になれなかったことに不満を持つルードルフ四世は、選帝侯と同等ないしはそれ以上の権利と格式を認めるよう、義父でもある皇帝カール四世に求めた。その時皇帝に提出したのが、五通の皇帝文書だった。

五通のうちの一つ、皇帝ハインリヒ四世の特許状には、驚くことに、黄色く変色まで加えた羊皮紙に書かれた古代ローマのカエサルと皇帝ネロの手紙が添えられていた。カール四世から鑑定を依頼されたイタリアの人文主義者ペトラルカは、五通の皇帝文書を全て偽書と鑑定し、特に二通の手紙については、未熟な者の手によるものと看破したのだった。

ルードルフ四世がこの五通の皇帝文書で何がしたかったかというと、ハプスブルク家に大公（エルツヘルツォーク）という称号を得ることだった。大公はドイツ語でヘルツォークだが、ルードルフはそこにエルツを重ねた今まで見たこともない称号を創り出した。これは大司教（エルツビショーフ）と司教（ビショーフ）から理解できる。要するに、ハプスブルク家には大公よりも上位のエルツが付いた大公（エルツヘルツォーク）を名乗らせろと要求したのだった。

このエルツヘルツォークは、大司教の例に倣えば、大大公になる。これは何だか変なので、研究書では、以前はエルツヘルツォークを大公、ヘルツォークを太公と書き分けていたが、現在はいずれも大公と表記している。

五通の皇帝文書の中で最も有名なのは、皇帝フリードリヒ一世（バルバロッサ）の偽特許状だった。これには手本とするフリードリヒの本物の特許状（一一五六年、オーストリア辺境伯をオーストリア大公に格上げして、バーベンベルク家のハインリヒ二世に与える、という内容）があった。この本物を小特許状、そしてルードルフ四世の偽書を大特許状と呼んでいる。

大特許状はペトラルカによって偽書と鑑定されたが、約一〇〇年後の一四五三年、皇帝フリードリヒ三世が大特許状を承認し、ハプスブルク家に「大公（エルツヘルツォーク）」の使用も認めた。フリードリヒは、カール四世以後、ハプスブルク家で初めて皇帝になった人物だった。しかもフリードリヒの皇帝戴冠は一四五二年。皇帝になってすぐに大特許状を認めたように見える。

これ以降、ハプスブルク家にとって、まさに悲願達成である。ハプスブルク家は正式にオーストリア大公（エルツヘルツォーク）を名乗るが、身分制社会において称号が持つ力は大きかった。大公（エルツヘルツォーク）はハプスブルク家の権威を高め、さらに「神に選ばれたハプスブルク家」という独特な選良意識を生み出す素地になった。ルードルフ四世は、ハプスブルク家という皇帝家の基礎を作ったのであり、まさに「建設公」だった。

しかしそれにしても、偽書を捏造《ねつぞう》してまで新しい称号を欲するという、ルードルフ四世の執念には脱帽である。

第3章　両ハプスブルク家の黄金期
——帝国国制の制度化の時代（一三五六～一五五五年）

1　ハプスブルク家の登場

既存秩序の動揺

十五世紀は、戦争の世紀とも言われている。主な戦争を取り上げてみると、英仏百年戦争（一三三七～一四五三年）、フス戦争（一四一九～三六年）、バラ戦争（一四五五～八五年）、そして十五世紀以降断続的にヨーロッパへの侵略を繰り返すオスマン帝国との戦いがある。これ以外にも地域的な戦いが数多く起こっており、頻度という点で見ると、十四世紀以前よりも格段に多い。

さらにこうした戦争で際立つのが、その戦術の変化である。十五世紀になると大砲や鉄砲などの火器が使われ、戦場での被害者数も劇的に増大し、戦争に関係しない人々も犠牲になった。火器の使用は、戦費の増大をもたらしただけでない。中世以来の騎乗の騎士による一騎打ち中心の戦法は、火器を持つ歩兵による戦法へと変化した。中世以来の封建的な騎士の存在意義が大きく揺らぎ始めていた。

それでなくても、長年にわたる戦争によって、中下層の貴族たちは経済的に疲弊していた。イングランドやフランスでは、こうした貴族たちの没落に乗じて分散していた権力が集約され、国王を中心とした政治体制が整い始めるのがこの十五世紀だった。封建制による権力分散的な中世の政治秩序が崩れ始め、国王を中心とした中央集権的な秩序へと変わろうとしていた。

こうした変化全般を軍事革命と呼ぶこともある。日本でも戦国時代において、同じような変化が生じており、戦争における火器の使用は、社会に大きな影響を及ぼしたと言えるだろう。

同じ頃、教会の秩序も大きく動揺していた。十四世紀末から始まった教会大分裂（大シスマ）が、何よりの証拠である。ピラミッド状に形成された教会組織にとって、そのトップである教皇は一人でなければならなかった。しかしながら十四世紀初めからのアヴィニョン教皇庁時代の影響もあり、十四世紀末には、三教皇の鼎立《ていりつ》という異常事態に陥った。

三人の中で誰が正統な教皇なのか。それを誰がどのように決めるのか。枢機卿をはじめとする大司教や司教が集まる公会議で正統な教皇を決めるという公会議首位説を主張する一派が現れ、伝統的な教皇首位説、あるいは教皇は決して誤りをしないとする教皇無謬《むびゅう》説と対峙《たいじ》した。最終的には、一四一四年開催のコンスタンツ公会議でこの問題に決着をつけた。

しかしこの混乱によって、教皇を頂点とするカトリック教会の権威は大きく揺らいだ。このことはまたヤン・フス（ベーメンの宗教改革の先駆者）を代表とする異端を生み出した。教会の体制や権威に対する疑問や不満が、社会に充満し始めていた。

公会議首位説は最終的には採用されなかった。しかしながら、会議体が組織の意思決定に与《あずか》るという経験は、教会組織を超えて社会に大きな影響を及ぼした。これ以降、世俗の世界においても、貴族などからなる身分制議会が大きな影響力を発揮することになる。議会主義の始まりである。

アルブレヒト二世

ハプスブルク家。その名前は十一世紀初め、スイス北部に建設された城の名前に由来する。スイスの弱小貴族に過ぎなかったハプスブルク家から、大空位時代のまっただ中の一二七三年、ルードルフ一世が国王に選ばれた。この時ルードルフは五十五歳、当時としては高齢と言える。まずは大空位時代を終わらせるために、選帝侯たちは高齢なルードルフを都合が良いと考えたらしい。

しかしルードルフ一世は老獪《ろうかい》だった。ルードルフの下、ハプスブルク家は急速に勢力を拡

ハプスブルク家略系図①

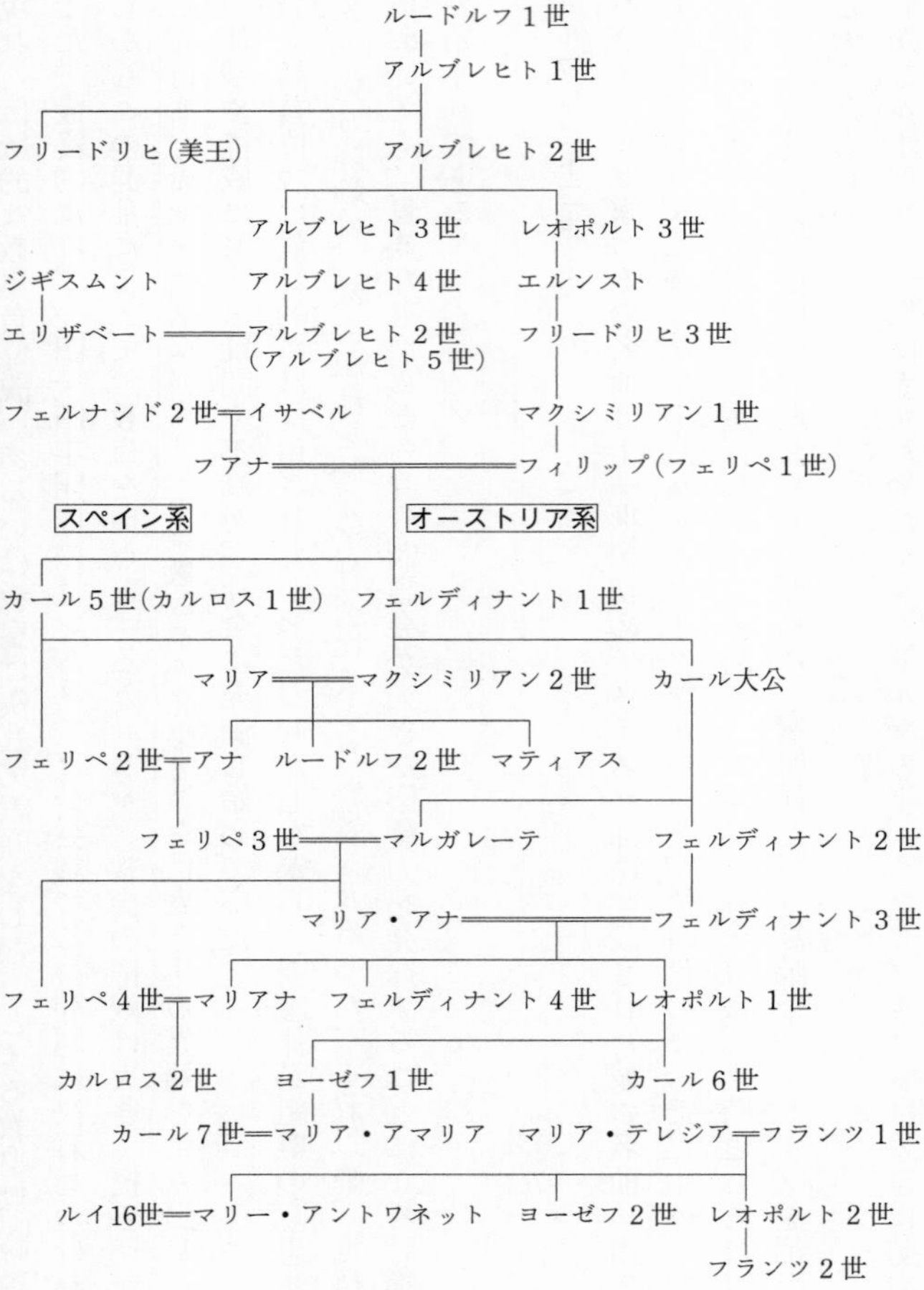
ルードルフ1世
アルブレヒト1世
フリードリヒ(美王)
アルブレヒト2世
アルブレヒト3世
レオポルト3世
ジギスムント
アルブレヒト4世
エルンスト
エリザベート
アルブレヒト2世
(アルブレヒト5世)
フリードリヒ3世
フェルナンド2世
イサベル
マクシミリアン1世
フアナ
フィリップ(フェリペ1世)
スペイン系
オーストリア系
カール5世(カルロス1世)
フェルディナント1世
マリア
マクシミリアン2世
カール大公
フェリペ2世
アナ
ルードルフ2世
マティアス
フェリペ3世
マルガレーテ
フェルディナント2世
マリア・アナ
フェルディナント3世
フェリペ4世
マリアナ
フェルディナント4世
レオポルト1世
カルロス2世
ヨーゼフ1世
カール6世
カール7世
マリア・アマリア
マリア・テレジア
フランツ1世
ルイ16世
マリー・アントワネット
ヨーゼフ2世
レオポルト2世
フランツ2世

大した。その手始めとも言えるのが、一二七八年、ウィーン近郊のマンヒフェルトの戦いでベーメン王オトカールを破り、オーストリアを手に入れたことだった。これによりハプスブルク家とオーストリアの関係が生まれた。

ルードルフ一世から約一六〇年。ハプスブルク家のアルブレヒト二世（オーストリア大公としてはアルブレヒト五世）が一四三八年、国王に選出された。ここから一回の例外を除き、帝国の終焉までハプスブルク家による皇帝位の独占が始まる。ただしこの時の選出は、ハプスブルク家の力ではなく、むしろその妻エリザベートが、皇帝ジギスムント（皇帝在位一四三三～三七年）の一人娘だったことによる。しかしアルブレヒトは、王位に就いた翌年、オスマン帝国との戦いの中で赤痢に罹《かか》って急死してしまう。四十二歳だった。アルブレヒトの死の四ヶ月後に生まれたのが、ラディスラウス・ポストゥムスである（「ポストゥムス」は父の死後に生まれたことを意味している）。

フリードリヒ三世

ラディスラウスが生まれる二〇日前、一四四〇年二月に国王に選出されたのがフリードリヒ三世（皇帝在位一四五二～九三年）だった。アルブレヒト二世の又従弟《またいとこ》で、この時二十四歳。フリードリヒが国王に選出された理由もあまり冴《さ》えたものではなかった。この当時の一番の脅威はオスマン帝国であり、防衛のためには帝国の東部に所領を持ち、なおかつ選帝侯にとって御《ぎょ》しやすい人物が国王に望ましかった。フリードリヒは、オーストリア南部にわずかな所領を持つだけの貧乏貴族であり、臆病《おくびょう》で決断力に欠けていた。まさに選帝侯たちのお眼鏡《めがね》に適《かな》う人物だった。

フリードリヒ三世は一四九三年に七十七歳で死去するが、国王選出から実に五三年と神聖ローマ帝国の中で最長の在位期間となる。選帝侯たちもそこまでは見通すことができなかった。そしてこのフリードリヒの長命が、ハプスブルク家による皇帝位の永続をもたらしたのである。

それにしてもフリードリヒ三世の評判はかんばしくない。同時代のオーストリアで流布したパンフレットは、フリードリヒを「ナイトキャップ」と呼んだ。ナイトキャップには「のろま」の意味が込められている。優柔不断で、帝国に関して何も積極的な対応をとろうとはせず、もっぱらオーストリアなどハプスブルク家の所領を守ることに関心を注いだ。

しかしそのオーストリアでも散々な目に遭っている。一四六二年、三歳年下の弟アルブレヒト六世がウィーンの王宮を包囲し、フリードリヒ三世の妻と子が軟禁されてしまう。フリードリヒは慌ててウィーンに戻るものの王宮に入ることすらできず、約一年後、アルブレヒトの突然の死まで待つしかなかった。さらに一四八五年、ハンガリー王マティアス（マーチャーシュ）によってウィーンが占領され、フリードリヒはウィーンから西一五〇キロメートルにあるリンツへと避難せざるを得なかった。しかしこの時もまた運がフリードリヒに味方した。一四九〇年、マティアスは四十七歳で急逝し、ウィーンは再びフリードリヒの下に戻ったのだった。

一四五二年三月、ローマにおいて教皇ニコラウス五世による皇帝戴冠式が挙行された。ローマで教皇から皇帝冠を受けるのは、ハプスブルク家の皇帝ではこれが最初で最後だった。また戴冠と同時にフリードリヒ三世は、ポルトガル王アルフォンソ五世の妹エレオノーレと結婚した。この当時のポルトガルは、エンリケ航海王子で知られるアフリカ西海岸への遠征により、金《きん》と奴隷の貿易で大きな収益を上げていた。やがてフリードリヒの曽孫カール五世が、ポルトガル王女イサベルと結婚するが、その道筋はここからつけられていた。

この皇帝戴冠の翌年の一四五三年五月、オスマン帝国がコンスタンティノープルを陥落させ、ビザンツ帝国が滅亡した。ビザンツ帝国という大きな防波堤を失い、オスマン帝国が巨大な勢力として神聖ローマ帝国の眼前に現れても、フリードリヒ三世は何も行動しようとはしなかった。オスマン帝国の勢いに抗することができたのは、ハンガリー王マティアスだった。

ハンガリー王とベーメン王の位は、アルブレヒト二世の遺児ラディスラウスが有していた。しかし一四五七年、ラディスラウスが黒死病（ペスト）で死ぬと、一四五八年、ハンガリーの貴族はマティアスを国王に選出した。この時もフリードリヒ三世は特に動かなかったが、一四六三年、マティアスを国王として承認する条件として、相続協定（エーデンブルク協定）を結んだ。マティアスをフリードリヒの養子とし、相続人なくマティアスが死んだ時には、ハンガリー王位をフリードリヒが相続する内容だった。そしてすでに述べたように、一四九〇年、マティアスは相続人なく急逝した。

しかしフリードリヒ三世は、ハンガリー王位を手にすることができなかった。ハンガリーの貴族は、ベーメン王ラディスラウス二世を国王に選出した。この時もまた一四九一年に相続協定（プレスブルク協定）を結び、ラディスラウスの王位を認めた。ラディスラウスが相続人なく死去した時には、フリードリヒの息子マクシミリアンが相続することになった。これはやがてマクシミリアンの孫の代になって、ハプスブルク家に大きな果実をもたらすことになる。

マクシミリアン一世

フリードリヒ三世の跡を継いだのが、息子マクシミリアンである。中世最後の騎士とも称されるマクシミリアン一世（皇帝在位一五〇八～一九年）は、ハプスブルク家の栄華の基礎を築いた皇帝だった。

当時、神聖ローマ帝国の東ではオスマン帝国が、西ではブルゴーニュ公国が勢力を拡大していた。ブルゴーニュ公国は、現在のフランス東部、オランダ、ベルギーからドイツ西部にかけた地域で、英仏百年戦争とも密接に絡みながら、フィリップ善良公とシャルル突進公の下で大きな発展を遂げた。毛織物産業を中心に経済力に富み、華麗な宮廷文化を誇っていた。そしてこの二人のブルゴーニュ公の望みは、公国から王国への昇格、フランス王からの完全な独立であり、さらにその先には皇帝位の獲得が視野にあったと言われている。

そんな野望を抱くシャルル突進公にとって、一人娘で相続権者のマリーをマクシミリアンに嫁がせるのは当然の成り行きだったのかもしれない。そしてこの結婚は、ネーデルラント（現在のオランダ、ベルギー、ルクセンブルクを含む地域）というこの当時の経済的・文化的先進地域をハプスブルク家にもたらした。

マクシミリアン1世　晩年のマクシミリアンを描いた肖像画。デューラー作

マクシミリアンとマリーの間には、フィリップとマルガレーテの一男一女が生まれたが、一四八二年、マリーが狩猟中に落馬し急死してしまう。マクシミリアンとは五年ほどの結婚生活だったが、相思相愛の逸話が数多く残されている。ネーデルラントは息子フィリップに相続されるが、まだ幼いフィリップに代わってマクシミリアンが摂政として統治した。そしてフランスを敵とする点で利害が一致するスペインと急接近することになる。

一四九五年、スペイン王女フアナとマクシミリアンの息子フィリップ、さらに娘マルガレーテとスペイン王子ファン（ファナの弟）の結婚（二重結婚）がスペイン王から提案された。当初、マクシミリアンはこの二重結婚に躊躇《ちゅうちょ》したとも言われているが、最終的にまとまり、一四九六年と九七年、この二組の結婚式が挙行されたのだった。

しかしスペイン王子ファンは、結婚後半年で急逝し、マルガレーテは再びブルゴーニュに戻った。マルガレーテはやがてネーデルラント総督として、兄フィリップの子、カール五世を支えることになる。そのフィリップとスペイン王女ファナとの間には、二人の息子、のちに皇帝となるカール五世とフェルディナント一世と四人の娘が生まれた。

一五〇四年、スペイン女王イサベルが死去し、その遺言に基づいて、娘ファナとその夫フィリップが王位継承者となった。この頃のファナは「狂女」とあだ名されたように精神の異常が進み、一五〇六年、フィリップがフェリペ一世としてスペインの王位に就いた。しかしそのわずか二ヶ月後、フィリップは生水に当たり、二十八歳の生涯を閉じた。スペイン王位継承権は、フィリップの息子カールの手にあった。

一五一五年、マクシミリアンは、孫を使った別の二重結婚をハンガリーのヤゲロー朝と結んでいる。これは晩年のマクシミリアンにとって賭《か》けのような一手だった。ハンガリー王子ラヨシュとフィリップの三女マリア、そしてフィリップの次男フェルディナントとラヨシュの妹アンナである。この結婚の取り決めの一一年後、ハンガリー王ラヨシュ二世が、オスマン帝国とのモハーチの戦いで戦死し、ハンガリー王位がフェルディナントの手にもたらされることになる。

しかし一五一九年に亡くなったマクシミリアンは、この結果を知ることはなかった。

「オーストリアよ。汝は結婚せよ」

「戦《いくさ》は他国にさせておけ。幸いなるオーストリアよ。汝は結婚せよ」。多少の表現に違いはあるにせよ、この言葉を聞いたことがある人も多いのではないだろうか。この言葉は、十七世紀に初めて現れたと言われているが、誰が言い始めたのかは知られていない。ここで言うオーストリアはハプスブルク家を指している。ハプスブルク家はこの言葉をモットーにして、結婚政策によって領土の拡大を図ったと、まことしやかに語られている。

確かにヨーロッパの諸王家の中で、ハプスブルク家ほど結婚政策が功を奏した王家はなかった。しかしこれは結果論であり、たまたま運良く、結婚相手の死で家が断絶し、所領が転がり込んだからに過ぎない。マクシミリアン一世の二つの二重結婚政策もまた然《しか》りで、断絶を予見できる状況にはなかった。そもそも結婚政策は、洋の東西を問わず、家門の存続や発展のための常套《じょうとう》手段だった。幼い頃に婚約が決まる例も多かった。

ちなみに、この時代の死亡率は今よりかなり高い。繰り返される戦争やペストをはじめとするさまざまな病気のため、死の危険は大きく、また幼児死亡率も高く、詳細な家系図を見ると、多くの幼子が死んでいることが分かる。結婚は相手方の死により短期間で終わる場合が多く、再婚も多かった。ハプスブルク家をはじめとして、ドイツの有力貴族の詳細な家系図を見た印象としては、男女問わず一人が数回結婚することが多く、さらに男性の場合には、回数を経るごとに相手の身分が下がる傾向があるように思われる。

話をハプスブルク家に戻すと、先の言葉は、ハプスブルク家がオスマン帝国、のちにはプロイセンとの戦いに敗れたことを揶揄《やゆ》した言葉と理解した方が良いかもしれない。十七世紀以降、戦いで負け続けても広大な領土を持つハプスブルク家を皮肉る気持ちが含まれている。

しかし十五〜十六世紀のハプスブルク家は、結婚政策により領土の飛躍的な拡大に成功した。オーストリアを中心とした所領のほかに、ハンガリーとベーメン、さらにはネーデルラントとスペイン。十一世紀にスイスの弱小貴族だったハプスブルク家は、ヨーロッパを代表する王家へと変貌を遂げたのだった。

2　帝国改造

不安定な政治情勢

金印勅書は、皇帝とともに七名の選帝侯が帝国政治を担う体制を整えた。選帝侯は独自に会議を持つことができ、国王に匹敵するひときわ高い特権を享受し、他の帝国等族とは一線を画していた。しかしこれで帝国政治が安定したわけではなかった。七名の選帝侯以外に、一〇〇名ほどの聖俗諸侯、さらには帝国騎士に代表される小規模な支配領域を持つ者や帝国都市などが数多く存在していた。

そもそも金印勅書が発布された十四世紀半ばは、気候変動や大地震、ペストなどによって、ヨーロッパ全体が経済的・社会的に低迷した時期だった。そしてこののちの人口と経済の回復は、立地の良い都市と豊かで広い地域を支配する諸侯を飛躍させた。当時の乱れた社会秩序の再建に着手できたのは、こうした諸侯であり、また都市だったのだ。都市にあっては、今や遠隔地との貿易を営む商人が大きな力を持ち、都市貴族へと成長した。アウクスブルク市のフッガー家やヴェルザー家がその代表格である。

他方、弱小な貴族らは、こうした力に圧迫されつつあった。自身の安全と平和を確保するために、さまざまな同盟が結成されたが、それがまた新たな不穏の原因になった。

こうした不安定な政治情勢の中、フス処刑後に勃発したフス戦争では、皇帝ジギスムント自ら率いる十字軍が敗北を繰り返し、帝国政治の機能不全が明らかになりつつあった。さらに東方からオスマン帝国が迫っていた。

オスマン帝国は一四〇二年のアンカラの戦いでティムール（ティムール帝国の建国者）に大敗したものの、皇帝（スルタン）ムラト二世の下で再び攻勢に転じ、ムラトの跡を継いだメフメト二世は、一四五三年、コンスタンティノープルを征服しビザンツ帝国を滅ぼした。ここにおいて神聖ローマ帝国は、巨大なイスラーム教帝国と対峙することを運命づけられた。

オスマン帝国は、神聖ローマ帝国の終焉に至るまで、その政治や外交に大きな影響を及ぼすのだった。

帝国会議の整備

こうした不安定な政治情勢の中で、フス派やオスマン帝国に対する戦争の問題をはじめ、さまざまな改革案が協議された場が、帝国会議だった。この帝国会議は、そもそも国王の宮廷会議に由来している。宮廷会議では、国王が滞在している地域の家臣らが招集され、その地域の問題が討議された。ここでは国王本人の出席が必要不可欠であり、誰を招集するかも国王の判断に任されていた。

しかしながら十五世紀初め、フス戦争の戦費調達をめぐる問題、さらには各地で頻発するフェーデ（武力による紛争の解決）への対応などをめぐり、帝国会議が繰り返し開催された。出席者の数も徐々に増加し、帝国会議は帝国レベルの問題を帝国等族が協議する場へと変貌を遂げる。審議の方法や採決の仕方、さらには誰が出席権を持っているのかなど、整備しなければならない問題が山積していた。

帝国会議がどのように会議としての形態を整えていったのか。これについて正確に知ることは、史料的な制約から難しい。出席権については、一四九五年に全ての帝国等族に認められたが、しかし帝国都市の出席権についてはしばしば疑義が唱えられ、正式に承認されたのは、さらに約九〇年ほど後の一五八二年である。

審議にあたって、帝国等族は三つの部会に分かれて審議した。金印勅書でも明らかなように、選帝侯はすでに独自の部会（選帝侯部会）を持ったが、諸侯部会ができたのは一四八〇年。都市部会を含めた三部会制が確定したのは一四八九年だが、都市部会の位置づけは曖昧で、最終的な確定は一六四八年のウェストファリア条約まで待たなければならなかった。

投票権も紆余曲折を経るが、十六世紀後半に投票権は人ではなく土地に固着することになった。帝国直属の所領に投票権が紐付《ひもづ》く形となり、相続や購入などにより投票権が紐付いた所領を獲得すると、票を複数持つことが可能となった。例えば、選帝侯が諸侯位を持つ所領を獲得した場合、諸侯部会でも投票権を持つことができた。十八世紀の事例になるが、ブランデンブルク選帝侯は諸侯部会でも八票を持っていた。しかしこの逆はなかった。金印勅書の規定により、選帝侯領は分割されないので、諸侯が選帝侯部会で票を持つことはなかった。

各部会の中で投票が行われるが、多数決原理が必ずしも認められていたわけではなかった。また諸侯部会では、個人票と集合票の二種類があった。諸侯は個人単位で投票する個人票を持ち、伯と高位聖職者は団体で投票する集合票を持った。

「ドイツ国民の神聖ローマ帝国」

一四八六年、マクシミリアン一世の国王選出後に開催された帝国最終決定の中で、「ドイツ国民の神聖ローマ帝国」という名称が初めて用いられた。このドイツ国民を今の私たちが知っている「国民」という概念で考えると、「ドイツ国民の神聖ローマ帝国」とは実に奇妙な名称である。神聖ローマ帝国とドイツ国民という言葉の結びつきは、一四四〇年代から確認できるが、このドイツ国民とは何を意味しているのだろうか。

三教皇の鼎立という教会大分裂を終わらせるために、コンスタンツ公会議（一四一四～一八年）が開催されたことは先に触れた。この公会議は、フスを異端と断じて火刑に処したことでもよく知られている。この公会議で議事方式として採用されたのが、国民団（natio）方式だった。公会議では、出席者をイギリス、フランス、ドイツ（ベーメン、ハンガリー、ポーランド、北欧を含む）、イタリア、スペインの五つの国民団に分け、各国民団一票で採決が行われた。この国民団方式は、公会議で異論もあったが、国民団という言葉が、これ以降広く知られるようになった。

「ドイツ国民の神聖ローマ帝国」もこの文脈で理解することができる。神聖ローマ帝国の版図の中でドイツ国民が属する部分という限定的な意味で使われたと考えるべきであろう。要するにアルプス以南のイタリアを除く形で、帝国の枠組みを定めたと言える。

この公会議の影響とともに、同時代の別の要因も影響を及ぼした。それは、フス戦争とオスマン帝国との戦いである。繰り返し必要となる莫大《ばくだい》な戦費を誰が負担するのか。それを明確にしなければならなかった。派遣すべき兵員数を記載した帝国台帳が初めて作成されたのは、一四二二年のことだった。つまり「ドイツ国民の神聖ローマ帝国」という名称は、目の前の問題に対応するために必要な区分けだった。ここで言うドイツ国民、すなわち戦費を負担する者は、アルプス以北の帝国等族を指していた。

九六二年にオットー一世が皇帝戴冠してから約五〇〇年、多くの皇帝が目指してきたイタリアが帝国から除かれ、イタリア遠征ももはや行われなかった。一四九三年、フリードリヒ三世の死後、すでに国王に戴冠していたマクシミリアン一世は、ローマでの皇帝戴冠を行うことなく、直ちに「選挙された皇帝」の称号を用いた。のちの一五三〇年、カール五世がイタリア北部のボローニャでローマ教皇より皇帝の冠を受けるが、ローマ教皇による皇帝戴冠はこれが最後となった。

帝国から事実上除かれたイタリアは、こののちは帝国イタリアと呼ばれ、その時々の情勢の中で神聖ローマ帝国との関係が注目されることになる。特に、帝国イタリアの貴族は、後で述べる帝国の二つの最高裁判所を巧みに活用している。

またウィーン宮廷には、多くの帝国イタリア出身の貴族が伺候《しこう》し、皇帝およびハプスブルク家と帝国イタリアの関係は密接だった。さらにドイツと帝国イタリアの間で、有力な貴族家門の婚姻を多く目にすることができる。アルプスを越えて、法的関係だけでなく人的関係や文化的関係は続いたのだった。

改革をめぐるさまざまな議論

十五世紀の不安定な政治情勢の中で、さまざまな改革案が議論された。その中でもモーゼル河畔のぶどう園主の息子で、枢機卿の地位まで昇ったニコラウス・クザーヌスの改革案は壮大な内容だった。

クザーヌスは、改革書『普遍的和合について』において、教会と帝国の並行した改革と全般的な和合を論じている。不和が恒常的な無秩序を生み出し、死の病が帝国を脅かしていると警告を発して調和を追求し、正義と法の維持を課題とした。そのためにクザーヌスは、実現可能な従来のやり方で改革を進める必要があると考え、毎年帝国会議を開催し、聖俗の有力諸侯が皇帝と会って相談すべきと説いた。

ほぼ同時代の一四三九年、バーゼル公会議に参加していた匿名の人物による『皇帝ジギスムントの改革』という改革文書が流布した。皇帝ジギスムントとは関係がない偽書ではあるが、帝国と教会の改革を求め、聖俗諸侯を厳しく弾劾するなど急進的な内容を含んでいた。この文書はのちに印刷されて広く知られるようになり、十六世紀のドイツ農民戦争にも影響を及ぼしたと言われている。

これ以降も帝国会議においてさまざまな改革案が協議されている。焦点となったのは、国内平和の確立とオスマン帝国への対応だった。帝国政治の場としての帝国会議の整備、国内平和の確立のための帝国最高裁判所の設置、さらにオスマン帝国との戦いに必要な戦費のための帝国税。改革の必要性は確かに広く認識されていたが、しかし改革案はいずれも実現しなかった。

一四九五年ヴォルムス帝国議会

一四九五年、ライン左岸の司教都市ヴォルムスにおいて、歴史に残る帝国議会が開催された。マクシミリアン一世が招集した理由は、前年に始まったフランス王シャルル八世とのイタリア戦争（一四九四〜一五五九年）の戦費調達だった。戦費調達のためには、帝国等族の同意を得なければならず、マクシミリアンは最初から妥協を覚悟しなければならなかった。

この帝国議会で最も有名なのが、フェーデを永久に禁じた永久ラント平和令である。フェーデとは自力救済とも私闘とも訳され、中世初期以来、正当な紛争解決の方法とみなされていた。しかしフェーデが認められる限り、平和は望めない。そのため十一世紀から繰り返しラント平和令が出され、フェーデの制限が試みられたが、この一四九五年、初めてフェーデが禁じられた。フェーデの禁止により、紛争解決の手段は裁判に限定された。

そのためには帝国の最高裁判所を新たに設置しなければならない。これが帝国最高法院である。フランクフルトに設置されたこの帝国最高法院は、長官は皇帝が任命するが、裁判官は帝国等族の推薦によって任命された。帝国等族主導の裁判所と言える。そのためマクシミリアン一世は、わずか三年後の一四九八年、ウィーンに帝国宮内法院《くないほういん》を設置した。これにより帝国は二つの最高裁判所を持つことになった。この二つの最高裁判所は、帝国の終焉まで活動を続け、帝国の運営を担う活動を展開したのだった（一九〇頁参照）。

この帝国最高法院の維持費のために帝国一般税が導入された。この帝国一般税は、帝国の住民の財産に応じて徴税する画期的な内容だったが、当初の計画の二％ほどしか徴収できず、計画倒れに終わった。

一四九五年のもう一つ大きな改革は、帝国議会の整備である。全ての帝国等族に出席権が与えられ、三つの部会（選帝侯部会、諸侯部会、都市部会）に分かれて審議を行うようになった。なお、都市部会に正式に議決権が認められるのは、一六四八年のウェストファリア条約である。さらに皇帝は、毎年帝国議会を少なくとも一ヶ月間開催することを約束したが、この毎年開催の約束は守られなかった。しかし帝国議会が、帝国政治を担う主要機関として整備され、これ以降不定期ながら頻繁に開催され、宗教改革をはじめ帝国の重要な問題の処理に当たることになる。本書では、この一四九五年以降の会議を帝国議会と表記する。

帝国統治院

マクシミリアン一世は、結局、一四九五年の帝国議会でイタリア戦争の十分な戦費を調達できず、一五〇〇年、フランス王ルイ十二世によってミラノ公国が侵略されてしまう。これを奪い返すために、同年、マクシミリアンは帝国議会を招集し、帝国等族に再び援助を求めた。またしてもマクシミリアンは、戦費獲得のために妥協を覚悟しなければならなかった。

この帝国議会で設置が決まったのが、帝国統治院である。この統治院は、わずか二年で目立った活動もないまま解散したため、研究史では無視されるか、エピソード的に語られる場合が多い。結果だけ見ると確かにその通りだが、しかしなかなか画期的な発想で作られている。

ニュルンベルクに設置された帝国統治院は、皇帝あるいはその代理人が議長を務め、その他二〇名の帝国等族の代表からなる帝国の最高行政機関だった。皇帝に代わって帝国内外の案件を単独で処理することができ、帝国議会の招集権も持った。これはまさに貴族的共和制であり、帝国等族が皇帝から帝国政治の実権を奪い取るものだった。この体制は帝国等族が望んだのだが、これを動かす力が欠けていた。

しかしこの統治院はもう一度試みられている。一五二一〜三〇年の皇帝カール五世の帝国不在期間（スペインにいた）、帝国統治院が再設置された。これを研究史では第二次帝国統治院と呼んでいるが、この時は宗教改革の大きな渦に巻き込まれ、統治院はほとんど何もできなかった。

皇帝に代わって帝国等族の代表が帝国政治を担うという構想は、現実的ではなかった。統治院の二度にわたる失敗が、何よりの証拠である。

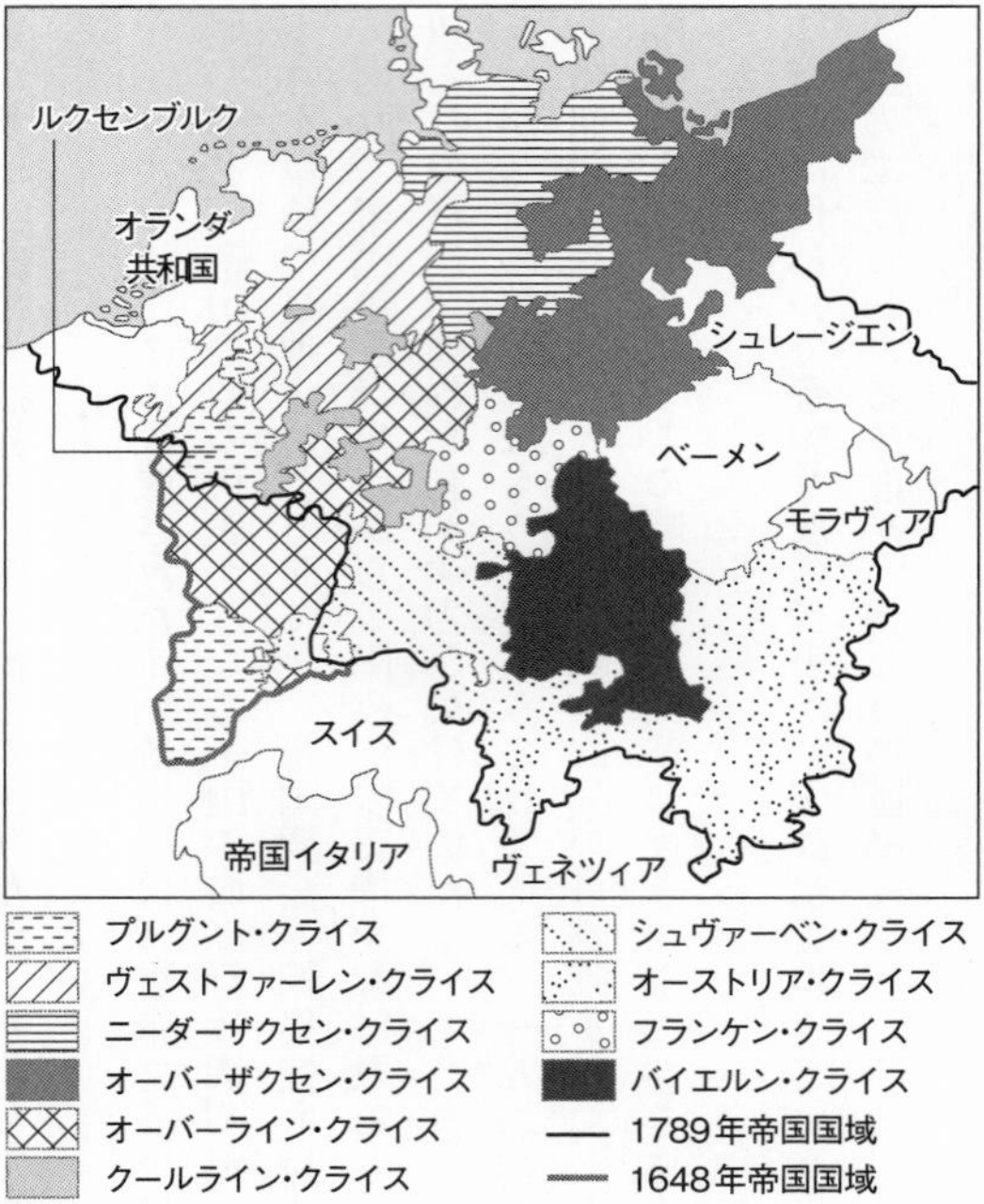

帝国クライス

帝国クライス

その一方で、帝国の終焉まで命脈を保つ組織が、帝国統治院とともに生まれている。帝国クライス（ドイツ語で管区を指す）である。帝国統治院と帝国最高法院の一部のメンバーを選出するために設けられた地方管区で、一五〇〇年に六個、一五一二年に新たに四個のクライスが加わり、計一〇個になった。

こうした地域的な組織は、この一五〇〇年が初めてではない。平和の実現のために、十三世紀以来繰り返し作られていた。そしてこの組織は、たいていは共通の文化圏に即して作られ、クライスもまた同じだった。バイエルン、フランケン、シュヴァーベンなど、中世初期の部族大公に遡る伝統的な地域を基礎としていた。そのためクライスは、地域的な同胞性を帯びた組織でもあった。規模感としては、帝国と領邦の間に位置する中間的な組織と言える。

帝国クライスは、一五〇〇年以降の帝国議会で次々と権限を付与され、十六世紀半ばには、帝国法によって平和の維持と執行の機関と位置づけられる。クライス内では、有力な諸侯が、皇帝や帝国議会との間の通信を担当する公示事項担当諸侯、あるいはクライス長官として、クライスを指導した。一方、クライス所属の帝国等族が出席するクライス会議では、身分に関係なく各自が一票を持ち、弱小な帝国等族も政治的・軍事的発言権を持った。

クライスの活動状況は、確かに地域的な相違がある。中小規模の領邦が多い南西ドイツのクライスが活発だったのに対して、大規模領邦があった北ドイツのクライスは低調だった。しかし帝国統治院と違って、クライスが長く活動した背景には、クライスが帝国の現状に即し、なおかつこうした組織を必要とする帝国の実状があった。

「皇帝と帝国」

一四九五年、帝国議会の出席権によって、全ての帝国等族は帝国政治に参与できるようになった。これ以降、「皇帝と帝国（Kaiser und Reich）」という言葉がしばしば用いられるようになる。ここで言う帝国は帝国等族の総体を意味しており、一般名称の帝国とは意味が異なっている。そのためこの帝国をライヒとカタカナで記すこともある。

「皇帝と帝国」は、帝国等族が皇帝とともに帝国政治に責任を持つ体制を意味しており、このような体制が曲がりなりにもできあがったのが、一四九五年のヴォルムス帝国議会だった。もちろん帝国等族が皇帝と対等に帝国政治に関与できたわけでもなく、また帝国等族と一口に言っても、その内訳は身分や経済状況によって多様で、決して一枚岩の結束があったわけでもない。実際、帝国政治の場で発言し行動できたのは、限られた者たちだけだった。

しかしそれ以外の帝国等族も、帝国議会や帝国クライスなどの帝国機関を通じて、自らの安全と利益を守ろうとした。有力な帝国等族に従うだけではなく、反対意見を表明する場合もあれば、皇帝の側に付いて自分の権利を守る場合もあった。

一四九五年のヴォルムス帝国議会は、帝国の歴史にとって大きな転換点となった。しかしこの帝国改造がどの方向に向かうのか、一四九五年ではまだ未確定な部分が多く残されていた。そこへ現れるのが、皇帝カール五世であり、宗教改革を開始した神学者マルティン・ルターだった。

3 カール五世の苦闘

カール五世の国王選挙

一五一九年六月、フランクフルトで国王選挙が行われ、スペイン王カルロス一世がドイツ王に選出された。すなわちカール五世（皇帝在位一五三〇～五六年）の登場である。同年一月に死去したマクシミリアン一世は、生きている間に、孫のカールの国王選挙を行うことができなかった。ここにのちの混乱の芽があった。候補者として名前が挙がったのは、カルロス一世のほかに、フランス王フランソワ一世、イギリス王ヘンリー八世、さらにザクセン選帝侯フリードリヒ賢侯だった。

しかしカール五世にとって最も手強《てごわ》い対立候補は、フランソワ一世だった。カールが皇帝になると、地政的に、フランスはスペインとドイツに挟まれてしまう。フランソワは自らが皇帝となり、これを阻止しなければならなかった。選帝侯に対する宣伝戦や買収合戦が繰り広げられた結果、カールが選出された。しかしアウクスブルクの豪商フッガー家などに多額の借金が残り、のちにヤーコプ・フッガーはカールに返済を催促する手紙で、「陛下を皇帝にしたのは、ほかならぬこの私です」と書いたのだった。

カールがこの国王選挙の結果を聞いたのは、バルセロナでだった。スペイン国内の事情からドイツに行くことができず、アーヘンで古式ゆかしく戴冠式が行われたのは一五二〇年。そして即位後最初の帝国議会が、後述するルターへの審問で有名な一五二一年のヴォルムス帝国議会だった。

この国王選挙において、選帝侯は選挙協約によってカール五世に政治的な制約を課した。選帝侯は、ハプスブルク家とフランス王家の家門争いに帝国が巻き込まれないように、帝国の法と慣習に従って統治を行うことや帝国等族と協議して政治的な決定を行うことなどをカールに義務づけたのだった。

選挙協約は、このカール五世が初めてであり、これ以降全ての国王選挙において結ばれることになる。

二つのハプスブルク家の始まり

カール五世には三歳下の弟フェルディナントがいた。両親が同じ兄弟だったが、性格はかなり違っていた。兄は寡黙《かもく》で行動はやや鈍重だったのに対して、弟は陽気できわめて機敏だった。また兄はフランドルで生まれ、ブルグントの宮廷で育ったのに対して、弟はスペインで生まれ、祖父のフェルナンド二世（アラゴン王）の下で養育された。

この兄弟の初の対面は一五一七年、カールがスペイン王に即位するために初めてスペインに来た時で、兄は十七歳、弟は十四歳だった。そして対面を果たすとすぐに、今度はフェルディナントがフランドルに送られた。スペイン王としてのカールの体制を万全なものとするためだったが、その見返りとして、カールが相続したオーストリアなどをフェルディナントに与える約束が取り交わされた。一五二一年と二二年の正式な分割協定によって、フェルディナントにオーストリアの支配権が譲渡され、カールがドイツ不在の間、皇帝の代理人となった。

他方、フェルディナントは、カールの子孫が新大陸を含めたスペインとネーデルラントの支配権を持つことを承認した。スペインとオーストリア、二つのハプスブルク家の始まりである。

そして前述のように一五二六年、オスマン帝国軍との会戦モハーチの戦いで、ハンガリー王ラヨシュ二世が戦死した。ラヨシュには子がなかったため、フェルディナントがハンガリーとベーメン両王国を継承することになった。祖父マクシミリアン一世が決めた二重結婚の思いも寄らぬ成果だった。しかしハンガリーの大半はオスマン帝国によって占領されていた。

一五二九年、オスマン帝国のスレイマン一世（大帝）が一〇万を超える大軍を自ら率いてウィーンを包囲した（第一次ウィーン包囲）。この時フェルディナントはリンツに避難したもののの、ウィーン守備軍の奮闘により一ヶ月ほどでオスマン帝国軍は撤退した。オスマン帝国との戦いはその後も続き、一六九九年のカルロヴィッツ条約まで戦いが繰り返されるのである。

一五三一年、フェルディナント一世（皇帝在位一五五六〜六四年）はドイツ王に選出され、アーヘンで国王戴冠式を挙行した。アーヘンでの国王戴冠式はこれが最後となる。フェルディナントは、ドイツ不在が続く兄カールに代わって、宗教改革をはじめとする帝国の諸問題に取り組んだ。そして一五五六年のカールの皇帝退位により皇帝位を引き継いだ。フェルディナントは六四年に死去し、息子のマクシミリアン二世が皇帝になる。ハプスブルク家のオーストリア系である。

一方スペイン王位は、一五五八年のカール五世の死後、その息子フェリペ二世に引き継がれ、ハプスブルク家のスペイン系となる。一七〇〇年、スペイン王カルロス二世の死によってスペイン系が断絶するが、その間、両家では結婚が繰り返されるのである。

一五二一年ヴォルムス帝国議会

一五二一年一月二十七日、ヴォルムスで始まった帝国議会は、世に名高いルター審問の舞台である。それに先立つ同月三日、ローマ教皇はルターに破門状を発布していた。ルターがカール五世の召喚に応じてヴォルムスに到着したのが四月十六日。その翌日の十七日と十八日にカール臨席の下、ルターの審問が行われた。ルターは自説の撤回を拒否し、福音の立場を明確に述べた。これを聞いた会場は騒然となったが、カールはルターを会場の外に連れ出させ、四月二十六日、ルターは無事にヴォルムスから帰路に就いた。

しかしその途上の五月三日、ルターはザクセン選帝侯が手配した騎士によってドイツ中部チューリンゲンにあるヴァルトブルク城に連れ去られ、翌二二年三月までの一〇ヶ月間、人々の前から姿を消したのだった。ルターの誘拐とも言われる事件だが、当時はルターが殺されたという噂《うわさ》が広がり、多くの人々が悲嘆に暮れたという。

一五二一年五月、ルターを異端として帝国追放刑に処すこと、ルターの著書を焼却することなどを定めたヴォルムス勅令が発布された。この帝国追放刑は、帝国内における法による保護を奪う処罰であり、例えば、追放刑に処された者を殺しても殺人罪に問われることはなかった。

ルターはヴァルトブルク城にある塔の最上階の部屋で、聖書のドイツ語訳に取りかかり、新約聖書のドイツ語訳を一五二二年九月に刊行した。旧約聖書のドイツ語訳も三四年に完成しており、いずれもドイツ文化史における記念碑的な業績である。この時使用された机は、今もヴァルトブルク城のルターの部屋に残されている。

ルターの机　ヴァルトブルク城の「ルターの小部屋」に置かれている。この机で新約聖書のドイツ語訳を行った

ルターのことばかりに目が行きがちだが、この帝国議会で作成された帝国台帳は、のちの帝国財政の基礎となった。この帝国台帳が作成された本来の目的は、一五一九年の選挙協約でカール五世にローマでの皇帝戴冠を義務づけたため、このイタリア遠征に随行する騎兵四〇〇〇人と歩兵二万人を帝国等族に割り当てることにあった。そのため台帳には、帝国等族が身分別に並び、各等族が負担すべき騎兵数と歩兵数が記されている。そして金納に対応するために、騎兵一人一二グルデン、歩兵一人四

グルデンとし、台帳全体で一二万八〇〇〇グルデンの規模となった。

この帝国台帳は、すぐにオスマン帝国との戦いなどの戦費調達に活用されるようになる。一五二一年の帝国台帳の兵員数を一単位とみなし、例えば、一五九六年、スルタン自らが陣頭に立って猛威を振るったオスマン帝国との戦争のため、皇帝に六〇単位分（一五二一年の台帳の六〇倍）の貨幣による援助が帝国議会で決定されている。一五二一年の帝国台帳は、このの ち長く帝国財政の基礎として利用された。

宗教改革の展開

一五二一年の帝国議会が終わると、カール五世はスペインに向かい、再びドイツに来るのは一五三〇年。聖画像破壊運動、騎士戦争、農民戦争、さらにはオスマン帝国の攻撃など、ドイツ国内が混乱を極めた時期に、皇帝はドイツにいなかった。弟のフェルディナントが皇帝代理を務めた。前述のように一五二一年、第二次帝国統治院が設置され、フェルディナントはその議長として、皇帝不在期間の統治を委《ゆだ》ねられていた。しかし結果から見ると、何も為《な》す術《すべ》がなかった。

これらの騒擾《そうじょう》を鎮圧したのは、皇帝代理のフェルディナントでも帝国統治院でもなく、ドイツの諸侯たちだった。そしてルターもまた、混乱を収めるためには諸侯の力に頼らざるを得なかった。農民戦争を指揮する宗教改革急進派のトマス・ミュンツァーなどに対して、ルターは「打ち殺し、絞め殺し、刺し殺さねばならない」と訴え、諸侯に徹底的な弾圧を呼びかけたのだった。

ここで明らかになったのは、帝国の諸問題に対して、もはや諸侯の協力なしでは何もできないという現実だった。カール五世がドイツに戻るとともに解散した帝国統治院は、その後再び話題に上ることはなかった。宗教改革を通して力を蓄えた有力諸侯が、ますます帝国政治でも大きな力を発揮するようになった。帝国の目下の問題は、ルターの教えを受け入れる諸侯と、それを混乱の源として弾圧しようとする諸侯の争いにあった。

オスマン帝国の脅威に晒《さら》されている中、一五二六年の帝国議会は、ルター派諸侯に有利な内容を決定している。諸侯に対して、自らの良心に従って領邦の宗教問題に取り組むことを認めたのである。これ以降ルターの教えが広がり、のちの領邦教会制の出発点となった。しかし三年後の一五二九年の帝国議会は、今度は逆にカトリック諸侯が巻き返し、ルターの著書の焼却などを命じた一五二一年のヴォルムス勅令の執行を決定したのだった。これに対して五名のルター派諸侯と一四の帝国都市が抗議を行った。これがプロテスタント（抗議者の意味）の由来である。

一五三〇年、アウクスブルクで帝国議会が開催され、カール五世が九年ぶりにドイツに戻った。カールの要請に応じて、ルター派はアウクスブルク信仰告白を提出し、帝国議会で読み上げることが許された。しかしカールはルター派の信仰を認めず、改めてヴォルムス勅令の厳格な執行を命じた。危機感を抱いた七名のルター派諸侯と一一の都市が、ドイツ中部の街シュマルカルデンに集まり、一五三一年、軍事同盟（シュマルカルデン同盟）を結んだ。これに対してカトリック諸侯は、一五三八年、カトリック諸侯同盟を結成し、軍事的緊張が一気に高まった。

一五四六年二月、ルターが死去し、同年六月にはシュマルカルデン同盟の軍事的指導者、ザクセン公モーリッツが選帝侯位の餌《えさ》に釣られて皇帝側に寝返った。カール五世はこのタイミングでルター派に戦いを挑み、シュマルカルデン同盟の壊滅に成功した（シュマルカルデン戦争）。カールは戦勝の余勢を駆って、多額の戦費と賠償金をルター派に強要するなどの強攻策をとった。さらに息子フェリペを皇帝の継承者とし、スペインとドイツの統合も図った。だが、カトリック諸侯もさすがにこれには強く反発し、一五五二年、カールは諸侯軍に敗れ（諸侯戦争）、イタリアに逃げ落ちた。

深い敗北感にとらわれたカールは、フェルディナント一世に全権を委ね、一五五六年に皇帝を退位し、スペインの修道院に隠遁《いんとん》するのだった。

イタリア戦争

一四九四年、フランス王シャルル八世のイタリア進軍に端を発するイタリア戦争は、さまざまな利害が錯綜《さくそう》しながら戦いが繰り広げられた。その主役はカール五世とフランソワ一世、戦争の舞台の中心はミラノ公国だった。この二人の対決は、一五二一年一月、ヴォルムスで帝国議会が開会された頃、国王選挙に敗れた恨みを晴らすかのように、フランソワがイタリアに進軍した時に始まった。

それから四〇年ほど経過した一五五九年、主役だった二人はすでに世を去ったが、カトー・カンブレジ条約によって、フランスがイタリアにおける権利を放棄して、イタリア戦争は終結する。

四〇年に及ぶイタリア戦争の経過をここで細かく跡づけることはしないが、全体の傾向を言えば、最初はフランスの勢力を北イタリアから駆逐するために、皇帝やローマ教皇などが同盟を結んだが、一五二六年以降形勢は逆転し、ミラノ公国を支配する皇帝に対して、フランスを中心に諸国が戦ったと整理できる。

主役の二人が初めて対面したのは、一五二五年。この年、イタリア北部のパヴィアの戦いでフランソワ一世が敗れ、マドリードに送られた時だった。イタリアのフランス領の割譲と二人の王子を人質にする条件で解放されたフランソワは、深い屈辱を味わったに違いない。フランソワは以後も二回、イタリア侵攻を繰り返す。

このイタリア戦争の戦費を得るために、カール五世は帝国等族に援助を求めなければならなかった。さらに事態を複雑にしたのは、フランスが異教徒であるオスマン帝国と手を結んだことだった。帝国の南と東の防衛のために、帝国等族に繰り返し援助を求めなければならなかった。しかし資金を得るためには、帝国等族の要求に応えなければならない。帝国の政治体制のみならず、宗教改革の問題もこの取り引き材料となったのだった。

一五五五年アウクスブルク帝国議会

カール五世から全権を委ねられたフェルディナント一世は、一五五五年二月、アウクスブルクに帝国議会を招集した。半年ほどの協議ののち、同年九月に帝国最終決定が発布された。この帝国最終決定の一～三〇条が、アウクスブルク宗教平和令と呼ばれている部分である。

この宗教平和令によって、ルター派が宗派として認められ、「一人の支配者のいるところ、一つの宗教」の原則が立てられた。ここではカルヴァン派（スイスの宗教改革者カルヴァンの教えを信じる宗派。同時代においては改革派と呼ばれた）は認められなかった。諸侯が宗派選択権を持ち、カトリックかルター派かのどちらかを選択でき、それがその支配地の宗派となった。領民は領主が選んだ宗派を信仰しなければならず、従えない場合には移住が認められた（移住権）。

また都市も宗派選択権を認められなかった。例えばアウクスブルクのように、すでに二つの宗派が併存している都市では、そのまま二宗派の信仰が認められた。自由を謳歌《おうか》した中世都市の自治は、形骸化《けいがいか》しつつあった。

諸侯に宗派選択権が与えられたが、大司教や司教などの聖界諸侯の扱いは別に定められた。

「聖職者に関する留保」と呼ばれており、聖界諸侯がルター派に改宗した場合、その領地と支配権を失い、カトリックの後継者を新たな聖界諸侯として選出するとされた。あからさまにカトリック優位な規定である。

この宗教平和令によって、宗教改革は次の段階に進む。宗派体制化と呼ばれ、宗派政策を通じて領邦の支配の強化が図られる段階である。この利益を享受したのはルター派の諸侯だけではなく、カトリックの諸侯もまた同じだった。

宗教平和令とともに、この帝国議会のもう一つの大きな成果は、帝国最終決定の三一～一〇三条の帝国執行令である。一五一二年に確定した一〇個の帝国クライスに、平和維持の機能を与えている。平和破壊事件が発生した時、その規模に応じて単独あるいは複数のクライスが共同で対処する方法が具体的に定められた。平和破壊事件にクライスが機敏に対応できるよう、クライス長官やクライス会議などの内部組織を整備し、クライス独自の軍隊（クライス軍）を維持するためのクライス台帳などを規定している。

一四九五年、フェーデを永久に禁止した永久ラント平和令以降、平和を守るためにどのような体制が相応《ふさわ》しいか、皇帝と帝国等族の間で議論が繰り返されてきた。帝国統治院のように、帝国等族の代表からなる中央集権的な体制も試みられたが、最終的に、クライス制度に落ち着いたと言える。領邦が個々に対処するのでもなく、また皇帝あるいは帝国等族の代表が中央集権的に対処するのでもなく、その中間にあるクライスが対処する体制が生み出されたのだった。

この帝国執行令の成立によって、十五世紀以来繰り返されてきた帝国の国制をめぐる改革、帝国改造は終わり、神聖ローマ帝国は新たな段階を迎える。

「プルス・ウルトラ」

「プルス・ウルトラ（もっと先へ）」。カール五世がモットーとした言葉として知られている。激動の宗教改革の時代、皇帝であるカールはドイツ不在が長かったが、このモットーの下で、いったい何を目指したのだろうか。帝国史からやや逸《そ》れるかもしれないが、カール五世の人生も少し追いかけておきたい。

一五二五年のパヴィアの戦いでフランス軍に勝利を収めたカールは、二六年にポルトガル王女イサベルと結婚し、翌年には長男フェリペ（のちのスペイン王フェリペ二世）が誕生している。しかし一五二七年、悪名高い「ローマの略奪（サッコ・ディ・ローマ）」が起きた。パヴィアの戦いで皇帝軍としてイタリアで戦ったドイツ人傭兵によるものだったが、一週間にわたる略奪はすさまじく、永遠の都は廃墟《はいきょ》と化した。スペインに滞在していたカールは、この略奪の報告を受け驚愕《きょうがく》したが、もはやどうすることもできなかった。

一五三〇年、カールはボローニャで皇帝戴冠式を執り行った。皇帝戴冠は本来であればローマで行われるべきだったが、ローマは先の略奪からまだ復興していなかった。この時、カールに加冠したのが、教皇クレメンス七世。彼もローマの略奪で散々な目に遭い、三年前にはカールに悪態の限りを尽くした人物だった。教皇による皇帝戴冠は、これが最後となる。この皇帝戴冠ののち、アルプスを越えてアウクスブルクの帝国議会に出席したカールは再びスペインに戻っている。

一五三五年五月、バルセロナを出航して北アフリカのチュニス（現在のチュニジアの首都）に向かった。オスマン帝国に占領されていたチュニスを解放するための遠征である。翌六月にチュニスに上陸し、激しい戦闘の末、チュニス城内に捕虜となっていた数千人のキリスト教徒の解放に成功した。その後、シチリア島とナポリを経て、一五三六年、ローマに凱旋《がいせん》し、異教徒に対する勝利者として熱狂的な歓迎を受けた。しかし反作用もあった。同年、カールに対抗すべく、フランスとオスマン帝国が同盟を結んだのだった。

北アフリカへの遠征はもう一回、一五四一年、オスマン帝国が支配するアルジェ（現在のアルジェリアの首都）を奪還するために行われた。カールはアルジェに上陸したものの、暴風雨に襲われ戦果を上げることなく引き揚げている。

この五年後の一五四六年、カールはドナウ川からエルベ川流域で行われたシュマルカルデン戦争に出陣し、勝利を収めている。しかしその後の経過は先に記した通りである。

一五五五年、ブリュッセルで行われた退位式において、カールは演説でこれまでを振り返り、ドイツに九回、スペインに六回、フランスに四回、アフリカとイギリスに二回ずつ渡っ

カール5世　カールの依頼を受けて、1548年にティツィアーノが制作した油彩画『カール5世の肖像』。同年、ティツィアーノは『カール5世騎馬像』という油彩画も手がけている

たと述べている。翌五六年一月、盛大な儀式でスペイン王位を息子フェリペに譲り、同年九月、弟フェルディナント一世に皇帝位を譲った。カールはこれらの儀式を終えると、スペイン中部にあるユステ修道院に隣接して建てられた館で過ごし、一五五八年九月に死去した。

　カール五世の風貌は、ティツィアーノ作『カール五世の肖像』（一五四八年）で知られている。これはカールの依頼で描かれた肖像画で、面長で下顎《したあご》が突出したハプスブルク家特有の容貌的特徴をよく伝えている。黒い衣服を着て椅子《いす》に座るカールの姿は、通風に悩む年老いた皇帝の人間的特徴を示していると評される。朝から冷たいビールを飲み、アンチョビ（カタクチイワシの塩漬け）や鰻《うなぎ》のパイを好物としたカールは、確かに通風で悩んでいたが、それ以上に君主として多くの悩みを抱えていたに違いない。約四〇年の統治期間中、驚くほど広範囲を移動している。このことは、カールが数多くの問題に立ち向かったことを物語っている。

　ハプスブルク家の当主として、またスペイン王として、カール五世の前には広大な領土が広がっていた。さらに世俗におけるキリスト教会の最高の守護者たる皇帝として、カトリック教会を死守しようと苦闘したのだった。苦悩しながらカールが築いたハプスブルク家の領土と皇帝位は、次の世代へと引き継がれることになる。

コラム③　郵便の発見

イタリア出身のフランツ・タクシスという人物が、ドイツで初めて郵便事業を始めたのが、一四九〇年である。「郵便の発見」という言葉は、十七世紀の有名な法学者が、一四九二年のコロンブスによるアメリカ大陸の発見とほぼ同時代のフランツ・タクシスの郵便を比較して使ったもので、郵便の発見の方がはるかに重要だったと述べた。

ここでいう郵便は、宿駅《しゅくえき》の間を郵便配達夫が騎乗で手紙などの軽貨物を運ぶシステムを指している。十五世紀末以降、ハプスブルク家は領地を急速に拡大したため、離れた領地との通信をタクシス家に委託した。フランツ・タクシスが現在のオーストリアのインスブルックとベルギーのブリュッセル間に郵便路線を敷設したのは一四九〇年だった。

郵便路線。あまり耳にしない言葉だろう。鉄道をイメージすると分かりやすいかもしれない。列車がレールの上を走るように、郵便配達夫が街道を馬で移動する。レールが郵便路線で、列車が郵便配達夫、そして駅にあたるのが宿駅である。

タクシス家は、郵便路線を計画している街道沿いにある旅籠《はたご》などと宿駅の契約を結ぶ。宿駅は、神聖ローマ帝国の紋章、双頭の鷲《わし》が付いた看板を掲げた。宿駅の間隔は、やがて二ドイツマイル（約一五キロメートル）に整えられる。この二ドイツマイルを郵便配達夫は馬に乗って二時間で移動する。時速にすると七～八キロメートルになる。

郵便配達夫と馬は宿駅で交替するリレー方式で、二四時間体制で配送した。そのため宿駅は、一定数の馬を常に用意し、郵便配達夫に食事と寝床を提供した。

タクシス家とハプスブルク家が結んだ契約では、ハプスブルク家がこの郵便路線の維持費を支払うことになっていたが、ハプスブルク家は経済的な理由から支払えなかった。そのため、タクシス家は郵便をハプスブルク家以外の人々にも開放し、郵便料金で郵便路線を維持することにした。タクシス家は収益を上げるために、次々と路線を敷設した。瞬く間に郵便路線網と呼べるような複数の路線が交差する状況になり、ヨーロッパ中に広がった。

従来の飛脚に比べ、郵便は圧倒的に速かった。人々はこれまでよりはるかに速く情報を送り、情報を得ることができた。重要な情報インフラであり、郵便によってコミュニケーションのスピードが劇的に変化したと言える。これを「コミュニケーション革命」と呼んでいる。このコミュニケーション革命によって、社会の変化のスピードも速まり、人々の日常生活も大きく変わることになった。

コロンブスのアメリカ大陸発見よりも重要だとされた理由が、ここにある。

第4章　宗教対立と三十年戦争
——宗派の時代（一五五五〜一六四八年）

1　十六世紀後半のドイツ社会

宗派をめぐる宥和的な態度

十六世紀後半のドイツは、一六一八年に始まる三十年戦争に向かう印象が強いこともあり、宗派の対立に目が行きがちである。しかしながら実態は必ずしもそうではない。一五五五年のアウクスブルク帝国会議での宗教平和令と帝国執行令以降、少なくとも二〇年ほどの期間は、帝国の政治情勢は、比較的平穏だった。

アウクスブルク帝国議会に出席し、宗教改革で指導的役割を担った選帝侯や諸侯の没年（括弧内）は、次のようになる。年代順に並べると、皇帝フェルディナント一世（一五六四年）、ヘッセン方伯（一五六七年）、ヴュルテンベルク大公（一五六八年）、ブランデンブルク選帝侯（一五七一年）、バイエルン大公（一五七九年）、マインツ大司教（一五八二年）、ザクセン選帝侯（一五八六年）。

このようにシュマルカルデン戦争以降の宗派をめぐる争いを経験した世代が、一五七〇年代あるいは八〇年代までは生きていた。この宗教平和令世代とでも言える帝国諸侯は、宗派をめぐる争いをできるだけ回避し、一五五五年体制を維持しようとする宥和的な態度を示していた。

こうした宥和的な雰囲気に暗雲が漂ったのが、一五八三年のケルン戦争だった。この戦争は、一五七七年にケルン大司教に選出されたゲープハルトが、一五八三年、ルター派に改宗して結婚すると宣言したことに始まる。これは一五五五年のアウクスブルク宗教平和令で定められた聖職者に関する留保に抵触する出来事だった。この聖職者に関する留保とは、聖界諸侯は個人としては宗派選択権を持つが、ルター派に改宗した場合には、その領地と支配権を失い、カトリックの後継者を新たに選ぶという内容だった。

もしこの聖職者に関する留保を適用せず、ケルン大司教の改宗を認めると、七名の選帝侯の過半数をプロテスタントが占めるようになる。こうなると将来、プロテスタントの皇帝の可能性が出てくる。またカトリックとプロテスタントが混在する北西ドイツにおいて、宗派のバランスが崩れる恐れもあった。単に一人の聖界諸侯の改宗という問題ではなく、国制に大きな影響を及ぼす問題だった。

カトリック陣営は、当然のことながら聖職者に関する留保の適用を求めた。一方、プロテスタントの有力諸侯であるザクセン選帝侯などは敢《あ》えて反対せず、中立の立場を貫いた。その結果、ゲープハルトは教皇によって罷免され、聖堂参事会は新しい大司教としてバイエルン大公の息子エルンストを選出した。

一五八三年、ゲープハルトとエルンストの両陣営は直ちに軍備を整え、戦闘態勢に入った。教皇庁から金銭援助を受け、バイエルン大公の後援を受けたエルンスト軍が優勢で、翌八四年、大司教の館のあるボンをエルンストが占領し、勝敗は決した。一五八五年にはザクセンおよびブランデンブルク両選帝侯もエルンストをケルン選帝侯と認めている。

このケルン戦争では、特にザクセン選帝侯が宗派の対立を意識的に避け、宥和的な態度を貫いたことが大きな影響を与えた。宗派間の争いよりも、帝国内の平和を重視する雰囲気がまだ残っていた。

他方、一五四五年から六三年にかけて断続的に開催されたトリエント公会議において、カトリック教会の改革が図られた。その結果、プロテスタントへのカトリックの対向姿勢がはっきりするのは、一五七〇年代になってからだった。イエズス会士たちの活発な活動により、各地では宗派的な対立が起きていた。

しかしながら、この頃はまだ両宗派ともに過激な行動はほとんど起こさなかった。皇帝ルードルフ二世は、オスマン帝国との戦いの援助金を得るために、プロテスタント帝国等族を刺激する行動を控えていた。宗派をめぐる諸問題は曖昧なまま放置され、根本的な解決は先送りされていた。こうしている間に、動乱の火種は大きくなりつつあった。

領邦国家の誕生

プロテスタント領邦では、領邦君主は教会を監督する権利（教会監督権）を手に入れ、さらに領邦内の司教の権力を排除し、司教が執り行ってきた教会裁判権や教会税の徴収権などを引き継ぐことができた。

さらに十六世紀後半には、オスマン帝国との戦いのために帝国援助が繰り返し承認されたが、この帝国援助を領邦の住民に転嫁することができた。一五四三年帝国議会は、帝国援助を直接税として住民に課しても良いとし、さらに一五六六年の帝国議会は、従わない住民に二倍の税額を課し、なおかつ帝国最高法院に訴えるのを禁じている。領邦君主はこれを梃子《てこ》にして、領邦の住民に対する徴税権を強化することができた。

カトリック領邦では、プロテスタントのような体制をとることはできなかった。しかし対抗宗教改革の精神を受け入れた領邦君主は、教会改革を積極的に推進し、似たような状況を創り出した。対抗宗教改革とは、宗教改革によって誘発されたカトリック教会内の改革刷新運動のことである。以前は反宗教改革と呼ばれていた。

このような経緯で領邦君主の統治権力が強化され、中央の官庁組織が整備拡充された領邦を「領邦国家」と呼んでいる。しかし全ての領邦が、領邦国家になったわけではない。南ドイツにある中小規模の領邦の多くは、この国家化の波に乗ることができず、中世的な状態にとどまった。かといって領邦国家に編入されるわけでもなく、帝国の終焉まで、正確にはナポレオンの時代まで生き延びたのだった。領邦国家に成長した領邦と中世的な状態にとどまった領邦が入り交じっている。これが十六世紀後半以降の帝国の内部状況だった。

しかし領邦国家に成長した領邦にも、中世的な状態にとどまった領邦にも、共通点があった。それは帝国あるいは皇帝による保障である。すでに述べた徴税権のように、帝国議会の決定によって領邦君主は新たな権利を手にした。いやむしろ新たな権利と引き替えに、皇帝の要請に応じたと言う方が正しいかもしれない。しかしこの場合であっても、帝国あるいは皇帝のお墨付きが領邦君主の統治権を裏付けたことに変わりはない。皇帝選挙のたびに作成される選挙協約は、この意味において、領邦君主にとってまさに格好の機会だった。

他方、中小領邦にとって、その存在そのものを保障したのが、帝国であり皇帝だった。領邦国家に組み込まれずに生き残る術《すべ》を、帝国や皇帝は提供したのだった。

帝国執行令が残した問題

十五世紀以来の帝国改造を振り返ると、帝国等族は、強力な皇帝政策を嫌い、皇帝からの権限奪取を目指していた。皇帝から奪い取った権限を帝国等族は当初、自分たちの代表からなる常設の統治機関（帝国統治院）で行使しようと試みた。しかしこれは失敗に終わった。統治院の失敗は財政的な問題もあったが、結局は中央集権的な体制を帝国等族が望まなかったからでもある。皇帝であれ、帝国統治院であれ、中央集権的な統治は、帝国等族がこれまで獲得してきた権利を奪うものだった。

結局、帝国等族が選んだのは、自分が持つ伝統的な諸権利を維持し、自分の力では処理できない場合の対処方法を制度化することだった。それを最もよく表しているのが、帝国クライスである。伝統的な地域に基づいて区分けされた帝国クライスは、帝国等族の自発性を重視し、彼らの相互協力を制度化するものだった。

一五五五年の帝国執行令は、まさにこの意味で帝国クライス制度を整えたものだったのだが、この体制は実際に機能したのだろうか。

十六世紀後半には、ヴュルツブルク司教誘拐殺人事件（一五六三〜六六年、グルンバッハ事件ともいう）、ドイツ人傭兵の暴動（一五六八〜七〇年）、オランダ独立戦争とも呼ばれる八十年戦争（一五六八〜一六四八年）による帝国西部の騒擾など、大小さまざまな平和破壊事件が起きている。

しかし帝国クライスは、これらの問題に速やかに対処できなかった。欠けていたのは、クライス内部での迅速な意思決定と行動力、さらには大規模な事件における全体の調整力だった。そのため帝国執行令の修正が繰り返し協議され、大きな変更が加えられた。クライス内部では、クライス長官の権限を強めて迅速な対応を可能とした。さらに大規模事件に対応するために、皇帝に全体を調整する権限を認め、皇帝はクライスに必要な援助を要請できるようになった。

修正が加えられた帝国クライスは、一五九三年以降激化したオスマン帝国との戦い（長期戦争、一五九三～一六〇六年）において、当時トルコ税と呼ばれた大規模な帝国援助を提供する主体として機能したのだった。

ウィーンとマドリッド

ハプスブルク家は、カール五世とフェルディナント一世の兄弟の間で、スペイン系とオーストリア系に分かれたことはすでに述べた。この両ハプスブルク家は、十六世紀後半にはどのような関係にあったのか。ハプスブルク家の歴史を少し辿ってみよう。

フェルディナント一世は、前述した二重結婚政策でハンガリー王女アンナと結婚し、一五人の子供に恵まれた。フェルディナントは、兄カール五世から皇帝位を引き継ぎ、一五六四年に六十一歳で死去した。スペインで生まれ十四歳でスペインを離れたフェルディナントは、結局二度とスペインに戻ることはなかった。フェルディナントは、皇帝位を長男マクシミリアン二世（皇帝在位一五六四～七六年）に継がせ、所領を三人の息子に分割相続し、オーストリア系ハプスブルク家は三系統に分かれた。

マクシミリアン二世は、プロテスタント信仰にかなり傾倒していた。それを心配した伯父《おじ》カール五世は、マクシミリアンをマドリッド総督として、三年ほどスペインに滞在させた。一歳年下でスペイン生まれの従妹《いとこ》マリア（カール五世の娘でスペイン王フェリペ二世の妹）と結婚したのもこの時である。しかしマドリッドの宮廷が肌に合わず、早くウィーンに帰りたいとカールに懇願したと伝えられている。マリアとの間には一六人の子供が生まれた。

フェルディナント一世とマクシミリアン二世、この二代は多産だったが、マクシミリアンの次男で次の皇帝ルードルフ二世（皇帝在位一五七六～一六一二年）は生涯独身で嫡子を残さず、その弟の皇帝マティアス（皇帝在位一六一二～一九年）も従妹のアンナ（父マクシミリアン二世の弟フェルディナントの娘）と結婚したが、嫡子はなかった。そのため彼らの従弟（父マクシミリアン二世の弟カール大公の息子）のフェルディナント二世（皇帝在位一六一九～三七年）が皇帝位を引き継いだ。

三十年戦争までの約六〇年間、オーストリア系は四世代に及んだ一方で、スペイン系は、フェリペ二世とフェリペ三世の二世代だった。フェリペ二世が享年七十一と長寿だったのが大きいが、しかしフェリペ三世からフェリペ四世の頃になると、虚弱な君主が続いた。最終的にはカルロス二世の死によって、一七〇〇年、スペイン系ハプスブルク家は断絶する。やや込み入った話になるが、この間のスペイン系ハプスブルク家の結婚関係を確認しておこう。

フェリペ二世は生涯に四回結婚したが、最初の妻は父方と母方の従妹だった。二番目の妻

ハプスブルク家略系図②

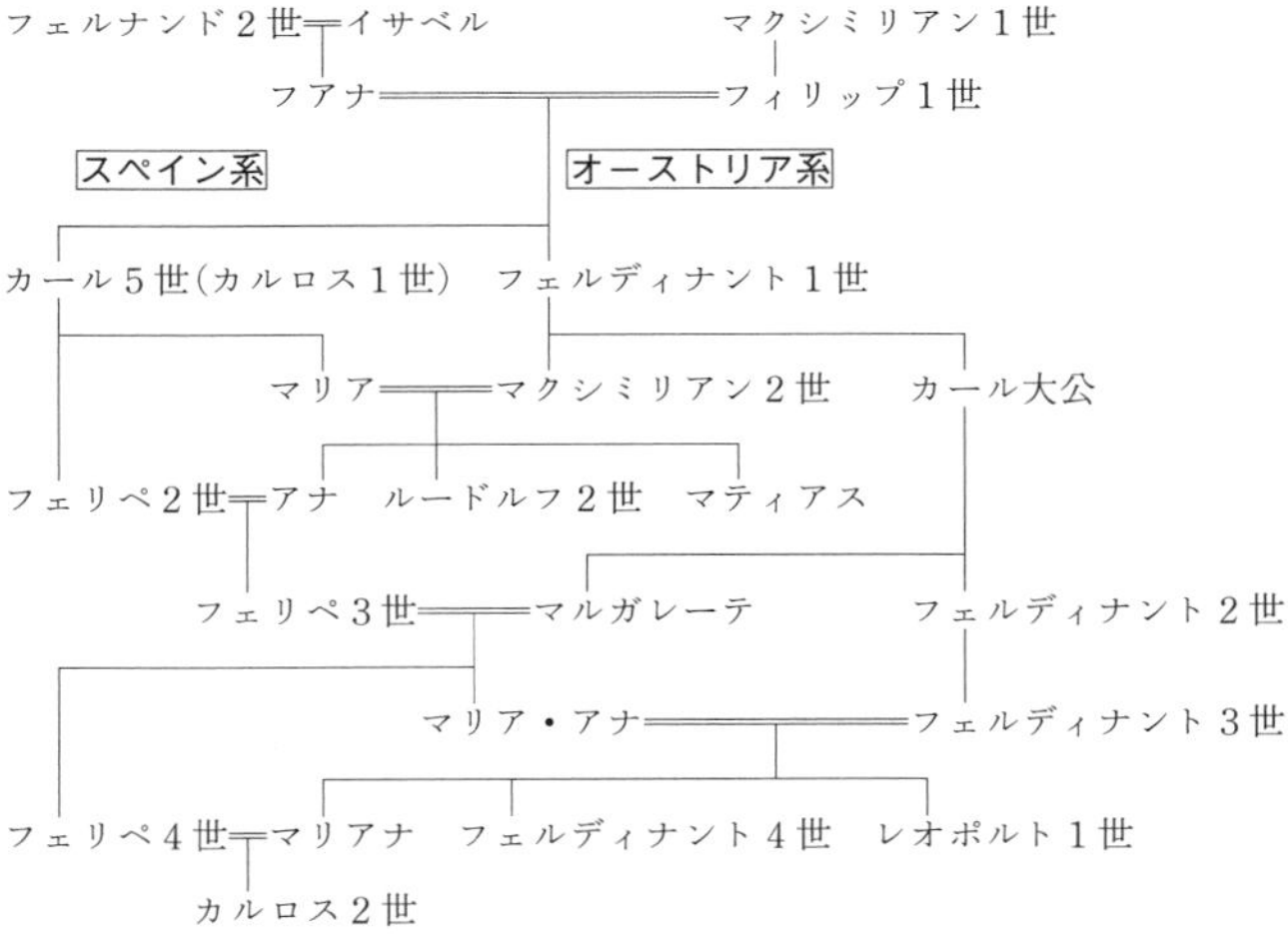

はイングランド女王メアリー一世、三番目はフランス王アンリ二世の娘。この二人とは全く血縁がないわけではないが、やや遠い。四番目の妻アナは、フェリペの妹の娘（皇帝マクシミリアン二世の娘）であり、姪にあたる。さすがにこの結婚は通常では認められず、教皇から特別な許可を得ての結婚だった。

　フェリペ三世はこのアナが産んだ子で、オーストリア系ハプスブルク家のマルガレーテ（皇帝フェルディナント二世の妹）と結婚する。この長男がフェリペ四世、その妹マリア・アナは、皇帝フェルディナント三世の妻となる。

　このフェルディナント三世とマリア・アナの長女マリアナは、伯父であるフェリペ四世の二番目の妻となる。ここでも再び伯父と姪の近親結婚が行われた。そしてこの間に生まれたのが、スペイン系ハプスブルク家最後の君主、カルロス二世だった。

スペイン系ハプスブルク家がこのような結婚を続けた理由として、純血を重んじる伝統や宗教改革によるカトリック王家の減少が指摘されている。確かにその通りなのだが、しかし男系相続人が少なかった点も影響しているように思われる。傍系があれば、結婚相手の選択肢が広がるからである。フェリペ二世からフェリペ四世までの三世代において、子孫を残した男子はそれぞれ直系の一人だけで、スペイン系ハプスブルク家には傍系がなく、結局、カルロス二世で断絶することになった。

他方、オーストリア系の場合、フェルディナント一世が三人の息子に分割相続し、皇帝位を継いだマクシミリアン二世の直系以外に、二つの傍系が生まれた。直系は次の世代で、次男のフェルディナントの系統はその代で断絶したが、三男のカールの系統が残った。このカールも姪（姉のアンナの娘）と近親結婚をしているが、一五人の子供に恵まれ、この系統がマリア・テレジア（一七一七～八〇年）までつながる。

少々余談になるが、両ハプスブルク家の詳細な家系図を眺めていると、女子の比率が代を経るごとに増え、夭折《ようせつ》する子も多い。ハプスブルク家に限らずこの時代の多くの貴族家門でも見られる現象ではあるが、ハプスブルク家の場合、特に男子の夭折が目立つような気がする。

２　三十年戦争とウェストファリア条約

ドナウヴェルト事件

徐々に緊張感が高まっていた社会の中で、一六〇六年、バイエルン大公領のすぐ近くにあるルター派の帝国都市ドナウヴェルトで事件が起きた。人口は約四〇〇〇人、住民の大半はルター派だったこの小さな帝国都市に、修道院が一つだけ残っていた。この修道院（聖十字架修道院）では十六世紀末頃から対抗宗教改革の動きが活発化し、ルター派の住民とさまざまなトラブルを起こしていた。

修道院は、一六〇六年四月二十五日に「聖マルコの日の大祈願祭」の行列を行うと発表した。行列とは、カトリック教会が教会の祝祭日などに行う宗教上の行進の儀式であり、聖遺物を先頭にして旗をなびかせながら、聖職者と俗人信徒が二列縦隊で教会から近くの聖所まで往復する行事である。

行列の当日、日が昇る前から、ドナウヴェルトの街は騒然としていた。都市参事会は改めて修道院に行列をやめるように呼びかけたが、修道院はこれを拒否し、朝六時過ぎに行列が始まった。行列が市門を通って郊外に出て、再び市門を通って都市に戻ってきたその時、騒動が起きた。行列参加者とルター派住民が激突し、棒で殴りかかる者やら石を投げつける者やらで、あたりは騒然となった。行列に参加した人々は、逃げるようにして修道院に戻った。この騒動の報告を受けたアウクスブルク司教は、この件を帝国宮内法院に訴え、宮内法院は修道院に有利な判決を下した。バイエルン大公はこの判決の執行を強引に引き受け、一六〇七年、ドナウヴェルトを占領した。さらに一六〇九年、ドナウヴェルトを併合し、カトリック化したのだった。

こうした過激なバイエルン大公の動きは、プロテスタントに大きな反響を巻き起こした。この問題が起きていた一六〇八年、ルードルフ二世は、オスマン帝国との戦いのために帝国議会を招集した。オスマン帝国との間では、一五九三年から再び戦闘状態が続いていた。しかしこの帝国議会では宗派の対立が激化し、戦費を調達できないまま閉会せざるを得なかった。

帝国議会の閉会後、カルヴァン派のプファルツ選帝侯が南ドイツのプロテスタント帝国等族と「ウニオン」(同盟)を結成した。その後すぐに北ドイツのプロテスタント帝国等族もこれに加わった。これに対してカトリックは、バイエルン大公が中心になって、一六〇九年七月、「リガ」(連盟)を設立した。宗派の武力対立の危険が一気に高まった。

ハプスブルク家の兄弟争い

同じ頃、ハプスブルク家では深刻な内紛が起きていた。ルードルフ二世の偏屈じみた態度に弟マティアスが反抗し、一六〇八年、ハンガリーとベーメンの統治権をルードルフから奪う計画を立てた。これに対してルードルフは翌一六〇九年、ベーメンのプロテスタントの支持を得るために、彼らに勅許状を与え、信仰の自由と特権を与えた。しかし一六一一年、マティアスは有力諸侯の支持を得て、実権の掌握に成功し、ルードルフをプラハ城に軟禁した。ルードルフは、憂悶《ゆうもん》のうちに一六一二年に病死した。

皇帝となったマティアスは、一六一七年、ルードルフが与えた勅許状をめぐって起こったベーメンの紛争を収めるため、従弟のフェルディナント二世にベーメンの統治を委ねた。フェルディナントは、イエズス会の教育を受けた熱心なカトリック信者で、ベーメンのプロテスタントに厳しい弾圧を加えた。

ベーメンのプロテスタントは、ルードルフの勅許状を盾に取って皇帝に訴えたが受け入れられず、一六一八年、彼らはプラハ城に押し入り、訴えを却下した張本人と目された皇帝の代官二人と居合わせた書記一人を窓の外に放り出した。プラハ城窓外放擲《そうがいほうてき》事件と呼ばれる事件である。

プラハ城に行くと、今もこの時の窓が残っている。実際に窓から下をのぞいてみると、思ったほど高くはない。窓から放り出された三人は無事だったが、下に堆肥《たいひ》の山があったからとも言われる。これが一般に三十年戦争の発端とみなされている。

三十年戦争における民衆の苦しみ　ジャック・カロによる版画『戦争の惨禍』（1633年）全18枚のうちの１枚。傭兵たちが農家の中でさまざまな略奪を働く様子を描いている。占領地域ではこのような略奪が行われた

三十年戦争

三〇年という長期に及んだ戦争は、複雑な国際戦争になった。当初は宗教的な要素が強かったが、フランスの介入により、ヨーロッパの権力政治的な要素が強まり、最終的にはウェストファリア条約によって終わった。数々のエピソードや有名な戦いで彩られた戦争ではあるが、また多くの犠牲を出した悲惨な戦争でもある。同時代を生きた画家ジャック・カロの銅版画『戦争の惨禍』は、その悲惨な状況を生々しく伝えている。

以下では、手短に三十年戦争の経過を辿っておこう。

プラハ城窓外放擲事件ののち、一六一九年三月、マティアスが死去し、同年八月、フェルディナント二世が皇帝に即位した。しかしベーメンの等族は、フェルディナントをベーメン王として認めず、プファルツ選帝侯フリードリヒ五世を国王に選んだ。こ

れに対してリガの将軍ティリーは、一六二〇年、プラハ近郊のヴァイセンベルクで勝利を収め（白山《はくさん》の戦い）、ベーメン全域の鎮圧に成功する。ティリーはプファルツ選帝侯領も占領したのち、さらに軍を北上させた。フリードリヒ五世はオランダに亡命し、プファルツの選帝侯位は停止された。

戦場が北ドイツに拡大したために、ルター派のデンマーク王クリスティアン四世が、戦争に介入する。クリスティアンは、帝国諸侯でもあり、ニーダーザクセン・クライスのクライス長官だった。これに対して新たにヴァレンシュタイン（ベーメン出身の傭兵隊長）も加わって戦闘が繰り広げられ、皇帝軍優勢で展開した。

一六二九年五月、リューベック講和条約によって、クリスティアン四世は戦争から完全に撤退した。これに先立つ同年三月、復旧勅令が発令され、一五五二年以降にプロテスタント諸侯によって没収された教会領をカトリックに戻すよう命じられた。皇帝の力が著しく強くなり、皇帝絶対主義的な体制が予感されたのだった。

皇帝権の強化に危険を感じた選帝侯たちは、一六三〇年、選帝侯会議を開催し、皇帝軍の力を削ぐために、ヴァレンシュタインの罷免を要求した。皇帝は、長子フェルディナント三世の国王選挙を実現するために、この要求に応じざるを得なかった。ちょうどこの選帝侯会議が行われている頃、スウェーデン王グスタフ・アドルフがフランスの軍事援助金を得て、三万の軍隊を率いてドイツに上陸したのだった。

グスタフ・アドルフは快進撃を続け、一六三一年九月、ライプツィヒ近郊のブライテンフェルトの会戦で勝利を収め、さらにバイエルンまで南下し、翌三二年四月、レヒ川の戦いでティリー軍に大勝する。この間、皇帝は解任したヴァレンシュタインを再度呼び寄せ、四万の傭兵軍の指揮を任せた。同年十一月、ライプツィヒ南西のリュッツェンの戦いで、スウェーデン軍は勝利したものの、国王グスタフ・アドルフが戦死した。一方、ヴァレンシュタインは独断でスウェーデンと和平を交わすなど、その行動は不可解だった。結局、一六三四年二月、ヴァレンシュタインは皇帝が派遣した軍隊によって暗殺される。

一六三四年九月、ドイツ南部のネルトリンゲンの戦いで、スペインの援軍を得た皇帝軍がスウェーデン軍を破り、皇帝は軍事的に優勢に立った。スウェーデンと協力関係にあったザクセンは、翌三五年五月、皇帝とプラハ和約を結んだ。このプラハ和約は、復旧勅令の断念など、皇帝の一部譲歩もあるが、全体として皇帝の権威を回復する内容だった。

一六三六年、フェルディナント三世（皇帝在位一六三七～五七年）が国王に選出され、翌三七年、父帝の死により皇帝に即位した。

この戦況において、スウェーデンの同盟国であるフランスが、ハプスブルク家に対抗すべく、一六三五年に戦争に直接介入し、三十年戦争は最終段階を迎える。そもそもカトリックのフランスとプロテスタントのスウェーデンが同盟を結ぶこと自体、すでに宗教的な要素は後退し、政治権力的な要素が前面に表れている。この最終局面では、歴史に名を残すような戦闘はなく、フランスとスウェーデン軍が優位な情勢にあった。

戦いが続く一方で、一六四一年、フランスとスウェーデンそれぞれとの講和交渉が決まり、ウェストファリア（ドイツ語でヴェストファーレン）地方の二つの都市で交渉が行われた。カトリック都市ミュンスターにおいてフランスと、プロテスタント都市オスナブリュックにおいてスウェーデンと講和交渉が行われることになった。実際に講和交渉が始まったのは、一六四四年の末。それから約四年、戦闘と同時進行で講和交渉が続き、一六四八年十月、ウェストファリア条約が締結された。

平和を求めて

三十年戦争はこのような経過を辿って終結した。今の私たちは歴史的事実としてこれを知っている。しかし同時代に生きた人々にしてみれば、この戦争がいつまで続くのか、そしていつ終わるのか、知る由もなかった。三十年戦争という名称はもちろん後世に付けられた名前だが、私たちはこの戦争が一六四八年に終わることを前提として、戦争の経過を見てしまう。歴史を振り返る時に、気をつけなければならないのは、ついついその結果から遡って経過を見ることである。三十年戦争においても同様で、一六四八年以前にも戦争を終わらせようとする試みは、何度もあった。

その最初の試みは、一六一九年の初めにあった。ザクセン選帝侯は、皇帝マティアスから全権を得て、蜂起したベーメンのプロテスタントと皇帝の仲介を試みている。これは同年三月の皇帝マティアスの死によっていったん頓挫《とんざ》するが、ザクセン選帝侯はその後も新皇帝フェルディナント二世を支持している。さらにこの時、ベーメンの紛争の早期解決を願い、ウニオンに参加するプロテスタント等族も中立を宣言した。しかし一六二〇年の白山の戦いにより、戦場が北ドイツに拡大し、デンマーク王が戦争に介入した。紛争をベーメンで終わらせようとする試みは失敗に終わった。

次の試みは、一六二九年の復旧勅令にあった。しかし皇帝権の強化によって戦争を一方的に終わらせる試みは、プロテスタントのみならずカトリックの帝国等族にも受け入れられなかった。皇帝フェルディナント二世が望んだ息子フェルディナント三世の国王選挙も、この時は選帝侯によって拒絶されたのだった。

この復旧勅令を取り下げたのが、一六三五年のプラハ和約だった。この時点で戦いが終わる可能性が大きかった。カトリックとプロテスタントの軍事同盟はいずれも解散し、皇帝の指揮権の下で帝国軍が編成され、スウェーデン軍の撤収が期待された。平和希求の機運が高まり、翌三六年十二月、選帝侯はフェルディナント三世を国王に選出した。皇帝と帝国等族の対立は解消し、再び平和が訪れるかと思われた。息子の国王選出が叶ったフェルディナント二世は、その二ヶ月後の三七年二月、戦争が終わり、再びハプスブルク家に栄光が訪れると確信しながらこの世を去ったに違いない。ここで終われば、三十年戦争とは呼ばれなかったはずだった。

しかし窮地に陥ったスウェーデンは、フランスをこの戦争に直接介入させ、戦いは新たな局面を迎えた。

この局面では、戦いと並行して平和に向けた努力が続いたが、その中で講和条約について二つの方法が模索された。一つは、皇帝の指揮の下で、プラハ和約を基礎として、個別交渉により平和を達成する方法。皇帝、スウェーデン女王、フランス王が個別に講和条約を結ぶ、従来のやり方でもあった。もう一つは、大規模な講和会議を開催し、普遍的な平和を達成する方法。これは当時の外交において、全く新しい考え方だった。

平和の使者　版画に描かれた、三十年戦争の終結を知らせる郵便配達夫。馬の下に多くの武器が描かれ、戦闘が終わったことを示している

この二つの方法が並行して検討されたが、皇帝の軍事的劣勢の中で、徐々に大規模な講和会議が具体的に模索されるようになった。一六四一年十二月、ハンブルクにおいて、皇帝、スウェーデンおよびフランスとの間で暫定平和条約が結ばれ、ミュンスターとオスナブリュックにおいてカトリックとプロテスタントが別々に、四二年三月に交渉を開始すると定められた。ウェストファリア講和会議への道が、

ここで初めて示されたのだった。

ウェストファリア講和会議が始まったのは、一年半ほど遅れた一六四三年七月。実際に協議が始まるのは、四四年末以降だった。ミュンスターとオスナブリュックの両都市では、ヨーロッパが今まで経験したことがない初めての大規模な講和会議が始まった。

会議が始まってから五年、紆余曲折を経ながら交渉はようやくまとまり、一六四八年十月二十四日二十一時頃、全ての署名が揃《そろ》った平和条約の文書がミュンスターの司教館に届けられた。この瞬間、市壁では約七〇門の大砲が一斉に祝砲を三回放ち、それを合図に都市内の全ての鐘が鳴り、平和の到来を祝った。翌日には感謝の礼拝が執り行われ、華やかな騎馬行列が行われた。長く続いた戦争がようやく終わったことが、ミュンスターからヨーロッパ中に知らされたのだった。

ウェストファリア条約の歴史的評価

ウェストファリア条約の内容を見る前に、この条約が一六四八年以降、どのように評価されてきたのかを確認しておこう。

ウェストファリア条約は同時代においては、長い間待ち焦がれた平和をもたらすものとして、多くの人々に歓迎され、各地で締結を記念する祝祭が挙行された。十七〜十八世紀の帝国国法学者たちは、ウェストファリア条約を帝国国制の最も重要な文書とみなし、数多くの解説書などが公刊された。

一八〇六年の帝国の滅亡によって、帝国国法学者によるウェストファリア条約の研究は終わった。そして十九世紀の国民運動・国民国家思想の中で、ウェストファリア条約の評価は一変する。ウェストファリア条約は、帝国が国民国家に成長するのを妨げた文書として、ドイツ統一の阻害要因とみなされたのだった。

プロイセンを中心としたプロテスタント的歴史研究にあっては、帝国が分裂し無力化した責任はハプスブルク家にあるとみなし、他方、カトリック的歴史研究では、帝国の分裂の責任は帝国諸侯の帝国理念の欠如にあるとみなした。帝国が政治的に分裂した原因について、両者に理解の違いはあるが、しかしウェストファリア条約を国民的カタストロフ（破局）とする点では一致していた。この傾向は一九四五年まで続いた。

一九四五年以降、ウェストファリア条約を国民主義的に評価する傾向は目立たなくなり、むしろ三十年戦争を終結させヨーロッパに平和をもたらした点を評価する傾向が表れる。この傾向は、一九四八年のウェストファリア条約三〇〇周年の祝祭に顕著に表れている。この祝祭では、平和を記念した一六四八年のメダルに刻まれた「平和は全ての中で最高なもの（Pax optima rerum）」（もともとはローマ帝政期の政治家シリウス・イタリクスの言葉）をスローガンに掲げ、ウェストファリア条約をヨーロッパ的な観点で評価した。

一九五九年、ディックマンは『ウェストファリア条約』を公刊した。この大著はこれ以降、ウェストファリア条約の重要な基本文献の一つとなるが、ディックマンはこの中でウェストファリア条約の意義を三点指摘している。一つ目は、ヨーロッパの新しい国際社会の基礎を築き、主権と同権による新たな国際社会が作られたこと。二つ目は、諸侯の領邦の統治権（領邦高権）が確立し、帝国統治への参加が承認されるとともに、同盟権によって諸侯が国際法の主体になったこと（ただしこれはドイツの国民的な不幸と帝国の死病の始まりであり、一六四八年はドイツ史の大きなカタストロフであった）。三つ目は、宗派の平等を確立し、近代的な寛容思想への決定的な一歩を踏み出したこと。

ディックマンはウェストファリア条約を体系的に叙述したが、しかし二つ目の評価は、十九世紀以来の評価を継承するものだった。このディックマンの著作から三年経った一九六二年、ウェストファリア条約に関する史料の刊行が始まった。

一九九〇年の東西ドイツの統合、東欧諸国の変化や欧州連合（EU）の拡大など、ヨーロッパの政治情勢は大きく変化した。ウェストファリア条約の評価もその影響を受けていると言える。全般的な傾向としては、国民国家に規定された十九世紀以来の評価から離れ、十七～十八世紀の帝国国法学者たちの解釈に近づきつつある。

一九九八年、ドイツでは、ウェストファリア条約締結三五〇年の記念年に「戦争と平和」をテーマにした展覧会が開催され、多くの人々の関心を集めた。研究面でもこの記念年前後に、数多くの論文などが発表された。これらの新しい研究を利用しながら、ウェストファリア条約を見ていくことにしよう。

ウェストファリア条約は二つの条約の総称である。皇帝とスウェーデン女王が結んだ条約がオスナブリュック条約、皇帝とフランス王が結んだ条約がミュンスター条約である。オスナブリュック条約は全一七条で項目総数二二五、一方ミュンスター条約は一二〇条からなるが、内容の多くはオスナブリュック条約と重複しており、ミュンスター条約独自の条文は全体の四分の一程度に過ぎない。

以下ではまずオスナブリュック条約の内容を四点（平和秩序、復旧と補償の問題、宗派問題、帝国国制）に整理して紹介しよう。

オスナブリュック条約①――平和秩序

オスナブリュック条約は、三〇年に及んだ戦争を終結させ、平和の再建を目指した。平和というものをどのように考え、そしてどのような方法で再建しようとしたのだろうか。

まず平和については、前文が「不可侵にして不可分の三位一体《さんみいったい》の御名《みな》において、アーメン」で始まることから想像できるように、キリスト教的な平和が希求された。条文にある表現を用いれば、「キリスト教的な普遍的かつ永遠の平和、真実にして誠実な友愛」である。

三十年戦争が、カトリックとプロテスタントの宗派対立から始まったことを考えると、やや意外な感じがするかもしれない。しかし宗派に分裂しているとはいえ、キリスト教世界であることに変わりはなかった。「神の栄光とキリスト教世界の安寧のために、相互の平和と友愛のために、以下に続く内容に合意した」で、前文が終わっている。

では、この平和をどのように再建しようとしたのか。そのキーワードは四つ。永遠の忘却、赦し、友好的妥協、裁判である。

三〇年もの長くて惨《むご》い戦争体験を前にして、あらゆる憎しみを永遠の忘却で消し去り、戦争によって奪われたあらゆる権利を赦しによって回復して、平和を再建する。そして今後争いが生じた場合には、武力によってではなく、友好的妥協と裁判によって解決を図り、キリスト教的な平和と友愛の実現を目指す。

これはウェストファリア条約の基本理念とも言えるが、この実現が難しいことを、後世に生きる私たちはよく知っている。

オスナブリュック条約②——復旧と補償の問題

四条が具体的に復旧を規定している。条文を引用しながら見てみよう。

まず「若干の者たちの求めに応じて、重要ないくつかの問題について以下で特別に言及する」と四条の趣旨を説明したのち、最初に取り上げた復旧問題が、プファルツ選帝侯位の問題だった。プファルツの選帝侯位は、一六二三年にバイエルン大公に移されていた。このプファルツ選帝侯位を引き続きバイエルン大公が持つのを認めたうえで、「皇帝は帝国等族とともに、公共の平穏のために、本条約の効力により、八番目の選帝侯位を創設することで一致した。この八番目の選帝侯位をライン宮中伯であるカール・ルートヴィヒとその相続人、全てのルードルフ系（プファルツ系ヴィッテルスバッハ家の始祖、ルードルフ一世の系統）の男子が、金印勅書の相続規定に基づいて今後保持すべきである」とし、プファルツ家に新たに八番目の選帝侯位を与えている。

一三五六年の金印勅書からおよそ三〇〇年間維持されてきた七名という選帝侯の数が、初めて変更された。四条はこのほかに、五七項にわたって個々の帝国等族の復旧を具体的に規定している。

他方、一〇条がスウェーデンに対する補償問題を扱っている。まず最初に「皇帝は、選帝侯と諸侯、特に利害関係のある帝国等族の同意の下で、この条約の効力によって、スウェーデン女王に、永久かつ直属の帝国レーンとして以下の支配権を譲渡する」と述べ、スウェーデン女王に帝国レーンとして与える具体的な地域を挙げている。そのうえで、帝国議会における席次、所属する帝国クライス、帝国代表者会議への出席権を規定している。この結果、スウェーデン女王および後継の国王は、今後は他の帝国等族と同じように、帝国諸侯として皇帝に対して誠実宣誓を行うことになった。

スウェーデンに対する補償内容を一〇条で規定したのち、続く一一～一五条において、これに関係する他の帝国等族（主に北ドイツ地域）の補償問題を規定している。ここで言う補償とは、スウェーデンに与えた地域をこれまで保持していた帝国等族への補償である。

さらに一六条は、まだドイツ内に駐留していた約一〇万人のスウェーデン軍の撤退のために、七つの帝国クライスの帝国等族が、五〇〇万帝国ターラーの補償金をスウェーデンに支払うことを規定している。

この当時の帝国ターラーは、約二六グラムの銀を含む硬貨である。現在の銀の価格で試算すると、五〇〇万帝国ターラーは、一五〇億円程度になる。

これらの条文により、主に北ドイツにおいて支配領域が大きく変更され、一八〇三年の大規模な領土変更まで維持されることになる。

オスナブリュック条約③――宗派問題

五条が五八項にわたって、宗派体制を詳細に規定している。

五条の冒頭で「両宗派の選帝侯、諸侯、帝国等族の間にあった苦情が、この戦争の大きな原因であり動機であったので、それらの苦情に関して以下のように協約し調停する」と述べ、「あらゆる事柄について、両宗派の全ての選帝侯、諸侯、等族は、帝国国制と帝国法において、完全にかつ相互に同権でなければならない。一方に対して公正であることは他方に対しても公正であり、あらゆる侵害と暴力は、どこであれ、両宗派の間で永久に禁止される」と両宗派同権を規定する。

続いて、一六二四年一月一日現在の宗派の状態を基準とし、これ以降の宗派に関するあらゆる変更を認めない方針を示した。この一六二四年という基準年そのものに、特に意味はない。プロテスタントは戦争前の一六一八年を、カトリックは復旧勅令の出た一六二九年を主張したが、交渉の結果、機械的に両者の中間点である一六二四年になったに過ぎない。

この基準年という考え方は、オスナブリュック条約で初めて導入されたが、一六二四年時点の宗派で固定となると、帝国等族に認められている宗派選択権とはどのような関係になるのだろうか。五条がこの点を規定している。

帝国等族はこれまで通り宗派選択権を持ち、その権利は妨げられてはならないと規定したうえで、カトリックの帝国等族の支配領域の中で、基準年でルター派だった者はその信仰が守られ、同じく、ルター派の帝国等族の支配領域の中でカトリックだった者もその信仰が守られると規定している。基準年の原則の方が、宗派選択権よりも上位にあると理解できる。

一六四八年以降の実際の運用を見ると、帝国等族が宗派を変更する場合、その領民の宗派を基準年のままとすることで、帝国法的に問題ないと判断されている。この場合、領主と領民の宗派が異なる状態になる。宗派選択権が、帝国等族の支配を支える重要な権利から個人的な権利に変わったように見える。

両宗派同権とこの基準年を原則として、条文では個別の事例を詳細に規定している。将来の宗派問題を防ぐために、可能な限りの目配りがなされており、宗派問題がいかに現実的で重大であったかが分かる。

この五条以外では、七条で「カトリック派とアウクスブルク信仰告白派（ルター派）の等族と領民に与えられた全ての権利あるいは恩典が、改革派（カルヴァン派）と呼ばれている者にも認められなければならない」と規定し、カルヴァン派にも同権が与えられた。ただし条文ではルター派とカルヴァン派をプロテスタントと呼び、「プロテスタントが二つの宗派に分かれている」と表記している。とはいえ、一五五五年のアウクスブルク宗教平和令では認められなかったカルヴァン派が、正式な宗派として認められた。

さらに「宗教平和令もしくは本条約に関して何らかの問題が生じた場合には、帝国議会あるいは他の帝国集会において、両宗派の等族の間で友好的な方法によって和解する」と規定している。この規定は、帝国国制にとって重要である。宗派問題は、領邦ではなく帝国の諸機関が解決すべきものとなった。そのため、帝国代表者会議と帝国議会、帝国最高法院と帝国宮内法院の宗派構成の問題を詳細に規定し直した。

オスナブリュック条約④——帝国国制

まずは皇帝について。

一六条において、皇帝は勅令によって、オスナブリュック条約で定められた復旧の実施を帝国全体に命令すると規定している。この復旧のために皇帝委任官が必要な場合には、皇帝は速やかに皇帝委任官を派遣しなければならない。この皇帝委任官は、復旧する側とされる側双方から各一名指名された者とし、指名がない場合には皇帝が指名することができる。その際には宗派同数に配慮しなければならなかった。

個々の復旧を仲介する人物を皇帝委任官と位置づける点、皇帝が勅令で講和条約の履行を命じる点からみて、皇帝がこの講和条約の最高責任者、すなわち平和と友愛の実現の最高責任者と位置づけられていたと言える。オスナブリュック条約において皇帝の権利に関する規定は少なく、条約の履行《りこう》以外に新しい権限は付与されなかったが、逆に従来の権利を奪う規定もない。

では帝国等族の権利についてはどのような規定があるのだろうか。この問題に該当するのは八条である。最初に、帝国等族の従前の権利を保障したうえで、開戦の決定、講和条約および同盟の締結、法の制定、課税や軍隊の徴募などは、帝国議会において帝国等族の同意によらなければならないと規定している。

「しかし特に、帝国等族自身の保護と安全のために、彼らの間で、さらに外国との間で同盟を結ぶ権利は、個々の等族に永久に保障されるべきである。ただし、このような同盟が皇帝と帝国、そして帝国の平和、また特に本条約に反してはならず、個々の帝国等族が皇帝と帝国に義務づけられている誓約は、あらゆる点で守られなければならない」

これは同盟権と呼ばれる部分だが、ここで帝国等族に認められた同盟権は、帝国等族が無制限に行使できるのではなく、帝国の枠組みの中に限定された権利だった。

最後に帝国諸機関について。

帝国議会については、すでに述べたように、開戦と講和の同意権などが与えられた点は重要である。さらに八条は、条約批准後六ヶ月以内に帝国議会を開催し、審議すべき問題を具体的に規定している。原文の通りに書くと、「ローマ王の選挙の実施、皇帝の永久選挙協約の作成、帝国追放刑の方法と手順、クライスの再編、帝国台帳の更新、帝国税の修正と免除、ポリツァイ（公共の秩序の維持）と司法の改革、帝国最高法院の裁判費用の改革、帝国代表者会議の再編、帝国議会の部会の議長の職務、講和会議で解決できなかった案件」となる。ここで列挙された問題は、未解決な問題あるいは帝国議会移管事項などと呼ばれている。

さらに「帝国の集会において、帝国自由都市にその他の帝国等族と等しい議決権が帰属する」と規定し、都市部会が帝国議会の中で初めて正式に他の二つの部会と等しい議決権を認められた。

また宗派問題の中で五条は「ルター派の等族に関する案件の場合にはルター派の者たちだけが、カトリック派に関わる案件の場合にはカトリック派の者たちだけが、特別委員に指名される。両宗派に関係する案件の場合には、両宗派同数の特別委員が指名される」と規定し、宗派に関する案件の処理方法を定めている。この宗派別会議が、カトリック派会議と福音派会議である。カトリックの方はマインツ選帝侯、福音派の方はザクセン選帝侯が議長となった。なお、ここでの福音派は、ルター派とカルヴァン派を総称する表現である。

宗派問題において、カトリックとルター派の等族で意見が一致しない場合には、多数決ではなく友好的妥協によって解決すると規定されている。この友好的妥協という解決方法は、カトリックが数的に有利な帝国議会において、宗派問題の一方的な解決を防止するための方策でもある。宗派問題の再燃を防止し、武力による紛争の解決を忌避しようとするウェストファリア条約の基本姿勢を如実に示す部分である。

ミュンスター条約

ミュンスター条約は、皇帝とフランス王との間で締結された条約である。条文の多くはオスナブリュック条約と重なるが、六九条からの条文では、皇帝、オーストリア家とフランス王との間での領地および権利の委譲を具体的に規定している。

皇帝とフランス王の平和と友愛のために、選帝侯、諸侯および帝国等族の同意を得て、フランスに対する補償を決めるという一般規定（六九条）の後、七〇条以下で主にアルザス地方の移譲について具体的に規定している。

七〇条は、メッツ、トゥール、ヴェルダンの司教領と同名の都市が、「これまでローマ帝国に属していたのと同じ方法で、今後は永久にかつ取り消されることなく、フランス王に帰属し、編入される」と規定する。同じように、七二条は、北イタリアのサヴォァア公領の近く

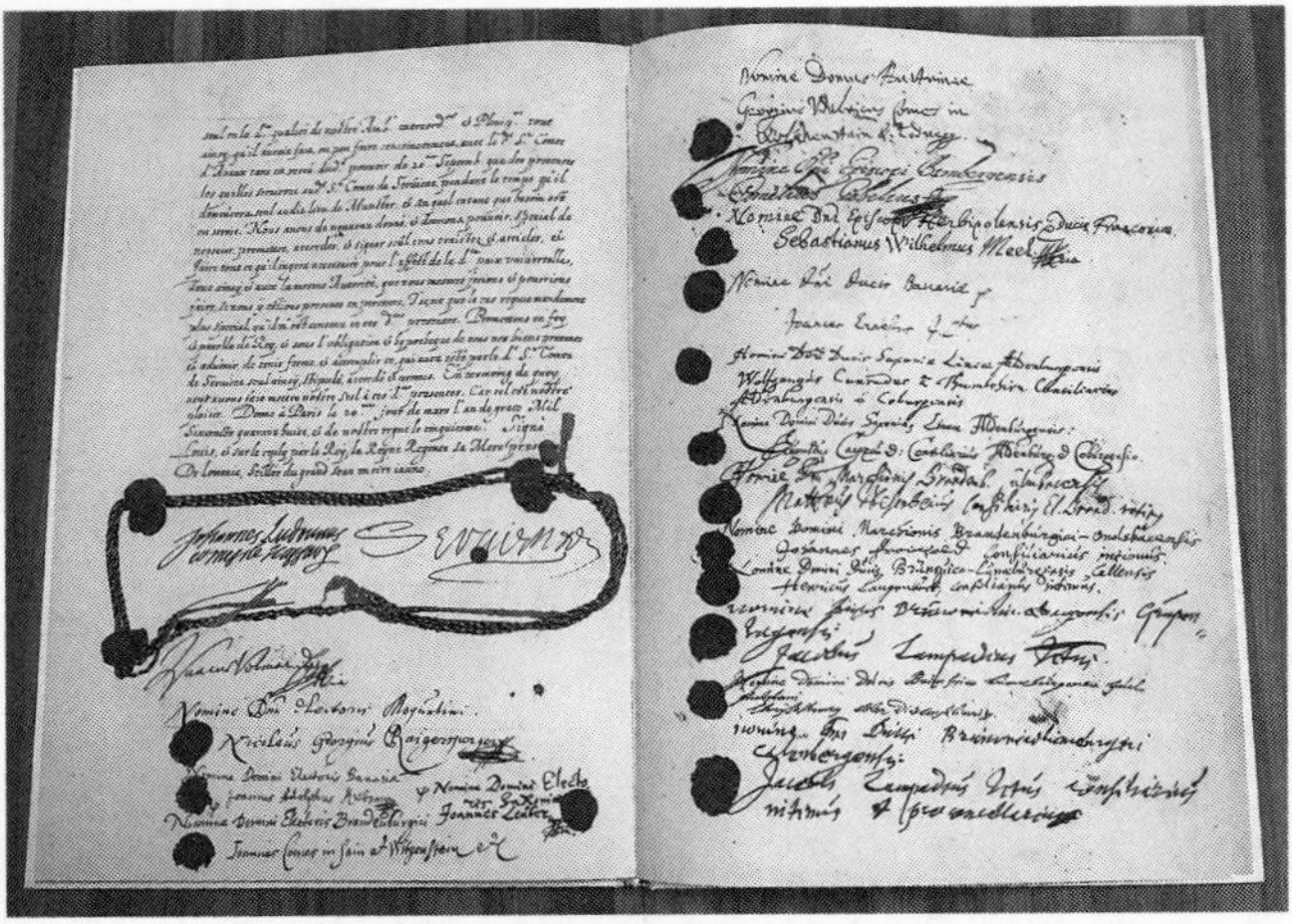

ウェストファリア条約（ミュンスター条約） 1648年10月24日に作成されたミュンスター条約の複製。左頁の紐で囲まれた部分に皇帝とフランス王の全権使節の署名がある（左側が皇帝、右側がフランス王の全権使節）。その下に選帝侯などの全権使節の署名と指輪の印（蠟に指輪の印を押す）がある

にある都市ピネローロ、さらに七三条は、ブライザッハ市、上下アルザス方伯領とアルザスにある一〇の帝国都市の移譲を規定している。

このように、帝国領や帝国都市を帝国から切り離す形でフランス王に移譲している。そのためフランス王は、帝国等族の資格を得ることはなかった。

オスナブリュック条約のスウェーデン女王のように、帝国レーンとして与えられれば、帝国諸侯として帝国議会に出席し、帝国政治への参画が可能になる。しかしその一方で、これは皇帝の封臣になることでもあった。どちらの形が良いのか。皇帝とフランス王それぞれで検討された

が、最終的には皇帝の希望を入れて、この形になったと考えられている。これにより該当地域の帝国等族は、皇帝および帝国との紐帯《ちゅうたい》が断たれ、フランス王の支配下に置かれることになった。

しかし八七条は不可思議なことを規定している。フランス王に移譲したストラスブール市や上下アルザスの帝国直属の等族について、「これまで享受してきた自由とローマ帝国に対する直属性」を承認することをフランス王に義務づけたのである。

さらに八七条は「フランス王はその者たちに対して、今後、王のいかなる高権も主張してはならず、オーストリア家に属していて、本講和条約によってフランス王に譲られた権利で満足するものとする。ただし、現在のこの宣言によって認められた全ての上級支配権について、何も減じられないとみなされる」とも規定している。

いったいこれは何を規定しているのだろうか。フランス王に移譲した地域の帝国等族の帝国直属性を保障する一方で、フランス王に与えた権利は認めるという、一見すると、矛盾に満ちた内容のように思われる。その背景には、アルザスの複雑に入り組んだ権利関係があるが、同時に、近代的な主権に相当する支配権とそれとは異なる帝国国制に根付いた支配権の矛盾が、ここに露呈している。

結局、アルザス地方の支配権はミュンスター条約だけでは不明確であり、これ以降、この地域の帝国等族とフランス王の対立が続く。やがてルイ十四世の拡張政策の中で、この地域は武力によってフランスに編入された。しかし一七八九年のフランス革命によって、フランス国民議会がアルザスにおけるフランスの主権を宣言した時、アルザスの帝国等族はこれを帝国法違反として、帝国議会に訴えている。

その後も第二次世界大戦に至るまで、ここアルザスは、ドイツとフランスの係争の地となるのだった。

ウェストファリア講和会議

講和会議が開催されたミュンスターとオスナブリュックの状況を確認しておこう。この時代のミュンスターの住民は一万人程度、オスナブリュックは六〇〇〇人程度だった。両都市とも、これまで帝国議会などの会議を開催した経験がなく、大勢の使節を受け入れるための宿舎が十分ではなかった。大身の使節は、富裕な商人の家や貴族の館を利用したが、それ以外の使節は賃貸契約を結んで、市民の家に居住した。使節の中には、家族を呼び寄せた者もいた。

交渉は、使節の宿舎で行われる場合もあったが、ミュンスターでは司教館、オスナブリュックでは市庁舎が使われることが多かった。オスナブリュックではこのために市庁舎を改修したほどだった。交渉以外にもバレエの公演や豪華な祝祭など、さまざまな催しが行われている。

使節の文書を見ると、道路のぬかるみや悪臭について不平を並べている。この当時、道路はまだ舗装されておらず、家畜も都市内で飼育されていた。そのためかオスナブリュックでは、新たにごみ処理方法を決め、毎土曜日に道路からごみの山を除去するとした。また多くの使節が、雨がちで冷涼な天気を嘆き、憂鬱《ゆううつ》な気分を書き残している。しかしその一方で、都市参事会が都市内の秩序維持に積極的に努めた結果、都市の住民とのトラブルはあまりなかった。

ウェストファリア講和会議は、研究上では、ヨーロッパ最大級の会議と評されている。しかし講和会議に出席した使節の人数を正確に特定するのは難しい。会議の状況はめまぐるしく変化し、それに応じて使節の数も増減した。出席する使節の数が最も多かったのは、一六四六年一月から七月と考えられているが、その時の使節の人数は一〇九名。この一〇九名の使節が、一六のヨーロッパ諸国と一四〇名の帝国等族、その他の三八の勢力を代表した。ヨーロッパ諸国でこの時参加していないのは、激しい内戦が行われていたイギリスだけだった。

フランスの全権使節は六〇〇名ほどの従者を伴っており、最大級の使節団だった。皇帝の全権使節は、トラウトマンスドルフ伯。彼こそが、ウェストファリア講和会議の主役であり、平和の創始者と評される人物だった。皇帝ルードルフ二世以来、皇帝宮廷において外交官として数々の経験を積んだトラウトマンスドルフ伯は、その巧みな交渉術を駆使するだけでなく、両宗派の多くの使節から信頼を得ていた。トラウトマンスドルフ伯が作成した講和構想

ミュンスター市庁舎の「平和の間」 ウェストファリア条約の締結の一場面

が、ウェストファリア条約の基礎となったのだった。

ウェストファリア条約が締結されたミュンスターの市庁舎の「平和の間《ま》」には、今もウェストファリア講和会議で活躍した使節の肖像画が飾られている。講和会議に出席した使節は同時代においても高く評価され、それぞれの宮廷で高い官職や顕彰を得ている。平和の創始者トラウトマンスドルフ伯は、すでに講和会議期間中に、金羊毛《きんようもう》騎士団（一四三〇年に創設された世俗騎士団で、ヨーロッパで最も権威のある騎士団）に迎え入れられた。

こうして五年ほどの期間、ヨーロッパの主要国と帝国等族の使節たちが講和交渉を行ったことは、のちのヨーロッパ政治の方法を大きく変えた。専門知識と経験を積んだ外交官たちが、さまざまな講和会議の舞台で活躍することになる。ドイツ国内においても、帝国等族本人ではなく、専門知識を持った代理人や使節たちが協議を行うようになった。皇帝や帝国等族が顔を合わせて協議を行う政治の段階から、高度な法学的知識と外交術を身につけた専門官僚による政治の段階へと変化したのだった。

コラム④　社会の新しい秩序

宗教改革というと、信仰そのものの問題とともに、皇帝と諸侯の対立や農民戦争、聖像画破壊運動などの社会騒擾が強調されがちだが、人々の日常生活にも大きな影響を及ぼした。

ルターは、信仰を個人の内面の問題に還元し、信仰と世俗権力とを切り離した。この結果、教会がこれまで行ってきた、初等教育、貧者や病人の救済、家族や結婚の問題は、世俗の領邦君主の下で扱われるようになった。領邦君主にすれば、これらの諸問題への施策を通して自らの権力を強め、領邦内の体制の整備が可能になった。

このような状態を「宗派化」（あるいは「宗派体制化」）と呼んでいる。宗派化は、ドイツ語の Konfessionalisierung の訳語だが、政治・外交・社会制度・文化・習俗を「宗派的にすること」という意味で使われている。社会全般が宗派に裏打ちされた共通の価値観や秩序を共有する傾向を指している。それに伴い、人々はこれまでとは異なった秩序や価値観の下で、それに合わせて生活するように求められた。このような傾向を「社会的規律化」(Sozialdisziplinierung)と呼んでいる。

この宗派化と社会的規律化は、同時代に使われていた言葉ではなく、研究の中で使われている用語(概念)である。いずれも宗教改革後の社会の基本的な傾向を的確に示す言葉として、研究ではよく使われている。

こうした新しい秩序は、イメージとしては上から、つまり領邦領主から一方的に強いられたように理解されがちだが、必ずしもそうではなかった。人口の増加に伴い、都市や農村では正規の住民ではない居留民が増え、犯罪も増える傾向にあった。また宗派をめぐる日常的な諍《いさか》いも頻発していた。そのため人々は、安心して生活するために、犯罪の取り締まりや規律の強化を領主に要請することもあった。

新たな秩序は、上からも下からも必要とされていた。そしてこのような傾向は、カトリックとプロテスタントの区別なく、広く帝国全体で進展した。人々は新しい秩序を受け入れ、これまでとは根本的に異なる価値観を共有しなければならなかった。宗教改革は、信仰の問題にとどまらない、人々の日常生活に大きな社会変化をもたらしたのだった。

第5章　ウェストファリア体制
——皇帝権の復興の時代（一六四八〜一七四〇年）

1　ウェストファリア条約のその後

講和条約の批准

三〇年という長期に及んだ悲惨な戦争は、一六四八年のウェストファリア条約で確かに終結した。しかしこの講和条約は、実際に履行されたのだろうか。ウェストファリア条約は、広く知られている条約だが、この講和条約がその後どうなったのか。このことは意外に知られていない。ウェストファリア条約のその後を少し辿っておこう。

まずはこの講和条約はどのように批准されたのだろうか。

オスナブリュック条約は、署名の日から八週間以内に正式な批准書を交わすと規定していた。実際には、皇帝は一六四八年十一月七日付、スウェーデン女王は同月十八日付で批准書を作成し、翌四九年二月十八日に批准書を交換した。条約の署名日は十月二十四日だったので、八週間以内とはならなかった。

他方、帝国等族も批准書を提出する必要があり、スウェーデン女王と皇帝に対して、それぞれ批准書が提出されている。皇帝とスウェーデンの両当事者の署名によって、講和条約は締結されたが、最終的には両当事者と帝国等族の批准によって、講和条約が確認され、実質的な効力を持つことになった。

さらに帝国においては、この講和条約を帝国法として承認する作業が必要だった。オスナブリュック条約は、帝国議会において講和条約を帝国基本法として承認することを規定している。この帝国議会を批准後六ヶ月以内に開催するとされたが、実際にはかなり遅れ、批准から四年半ほど経った一六五三年六月に帝国議会が招集され、翌五四年に作成された帝国最終決定において、オスナブリュック条約とミュンスター条約が、帝国の基本法として承認された。

ちなみにこの一六五四年の帝国最終決定は、「最後の帝国最終決定」と呼ばれている。こののち一六六三年開催の帝国議会は閉会することなく会期が続いたため（永久帝国議会。後述）、帝国議会の審議のまとめである帝国最終決定はもはや作成されなかった。一六五四年が最後の帝国最終決定と呼ばれる所以《ゆえん》である。

平和の達成

では、「キリスト教的な普遍的かつ永遠の平和」は、達成されたのだろうか。こののちの歴史を見る限り、それは否定せざるを得ない。なぜなら、十八世紀の初め頃まで、ウェストファリア条約の当事者であるフランスとスウェーデンが関係する戦争が多発しているからである。例えば、フランスとスペインの戦いは、ウェストファリア条約から一一年経過した一六五九年のピレネー条約で終結し、その後フランスが関係した戦争としては、オランダ戦争（一六七二～七八年）、プファルツ継承戦争（一六八八～九七年）、さらにスペイン継承戦争（一七〇一～一三年）などがある。

一方、東欧や北欧において、スウェーデンが関係する戦争が、十七世紀後半に多く起きている。主な相手国は、ポーランド、ブランデンブルクとデンマークである。

こうしたヨーロッパ規模で生じた多くの戦争に、皇帝や帝国もさまざまな形で関係していた。帝国議会において「帝国戦争」の宣言を行い、多くの戦争に帝国軍を派遣している。またスウェーデン・ブランデンブルク戦争（一六七四～七九年）をはじめ、オーストリア継承戦争（一七四〇～四八年）や七年戦争（一七五六～六三年）のように、帝国の内部が戦場となる戦争も多かった。

これらの数多くの戦争を見ると、ウェストファリア条約が謳《うた》った「平和と友愛」が、ウェストファリア条約の当事者の間で実現したとは考えにくい。オスナブリュック条約一七条は、条約締結者であるフランス王、スウェーデン女王と皇帝に、条約の擁護を義務づけている。これはスウェーデンとフランスをウェストファリア条約の保障国とする根拠の部分である。しかし平和を擁護する義務を負った保障国であるフランスとスウェーデンが、相次いで戦争を引き起こしたため、十七世紀後半以降、皇帝が平和の擁護者としてクローズアップされることになる。

ウェストファリア条約以降の講和条約との関係では、ナイメーヘンの講和条約（一六七八〜七九年）からリュネヴィルの和約（一八〇一年）に至るまで、ヨーロッパの多くの講和条約において、ウェストファリア条約が平和の基礎として言及されている。一六四八年以降も戦争は数多く起きたが、それらの講和条約の中で、ウェストファリア条約は、ヨーロッパの平和の基礎を示す文書と位置づけられたのだった。

補償金の支払い

一六四八年時点で、ドイツ内に駐留していた約一〇万人のスウェーデン軍撤退のために支払うとされた補償金は、どうなったのだろうか。

この五〇〇万帝国ターラーの補償金は、七つの帝国クライスが三回（一八〇万、一二〇万、二〇〇万）に分けて支払うと定められていた。

まず批准書の交換後、直ちに最初の一八〇万帝国ターラー（現金）と二回目の一二〇万帝国ターラー（為替《かわせ》）の支払いが、スウェーデン軍の撤退および占領地の明け渡しと同時に行われる。三回目の二〇〇万帝国ターラーについては、まず一〇〇万を撤退が行われた時点から起算した翌年末までに、残りの一〇〇万をその翌年末に支払うとされた。

ただし「軍の撤退と土地の復旧は、軍の総司令官の間で合意された秩序と方法で行われることとする」という規定により、まずは軍の撤退方法について話し合いが行われなければならなかった。

一六四八年十一月末から翌四九年一月にかけて、プラハで皇帝とスウェーデンの両代表による会議が開催された。しかしこのプラハ会議は、ベーメンからのスウェーデン軍の撤退について合意に達しただけだった。

そのため一六四九年五月から翌五〇年十一月、ニュルンベルクで執行会議が開催された。このニュルンベルク執行会議には多くの帝国等族が出席して協議が行われ、皇帝とスウェーデンの合意文書、平和執行主要協定（全六九条）が作成された。

この合意に基づいて補償金が支払われ、一六五四年五月に完了した。支払い総額は、約五二〇〇万帝国ターラーだった。

宗派紛争の防止

宗派紛争を防止しようとするオスナブリュック条約の規定は、成果を収めたと評価できるだろう。ハプスブルク家がハンガリーにおいて再カトリック化を徹底的に遂行するなど、宗派的な緊張は確かにまだ残っていた。さらに、一六九七年のライスワイク条約とプファルツ選帝侯によるプロテスタント弾圧が、大きな問題となった。しかし一六四八年以降、帝国においては、宗派問題を原因とする大規模な紛争は生じなかった。このライスワイク条約については、改めて述べることにしよう。

しかし宗派の問題が、帝国政治に全く影響しなかったわけではない。プロイセンはオーストリアに対抗するために、帝国議会において宗派的な不安を煽《あお》り、プロテスタント等族の支持を集めている。

帝国の宗派的な情勢としては、カトリックに改宗する諸侯が相次ぎ、全体として、カトリックの再生が図られたと言える。しかし同時に、宗派問題の世俗化と言える現象が目に付く。一例を挙げてみよう。一六九七年、ザクセン選帝侯フリードリヒ・アウグスト一世はカトリックに改宗した。その理由は、ポーランドの国王選挙に出馬するためだった。この改宗はルター派領民に大きな不安と動揺を与えたが、選帝侯は領内のルター派信仰をそのまま認めたので、領主と領民の宗派が異なる結果になった。さらに顕著なのは、帝国議会における福音派会議の議長である。ザクセン選帝侯はカトリック改宗後も引き続き議長を務めている。福音派会議の議長が、なんとカトリックなのだった。

2　新たな帝国政治の形

レオポルト一世の国王選挙

皇帝フェルディナント三世は、一六五二年十二月、壮麗な行列を調えてドナウ河畔の古都レーゲンスブルクに入った。翌五三年五月、長男のフェルディナント四世の国王選挙が行われた。皇帝存命中の国王選挙を急いだ訳は、帝国への干渉を強めるフランスの圧力の下で、皇帝位をハプスブルク家に確保する必要があったからだ。

同年六月、父フェルディナント三世臨席の下、レーゲンスブルクにおいて国王戴冠式が華々しく挙行された。目的を達成し、フェルディナント三世も安心したに違いなかった。しかしわずか一年後の一六五四年七月、フェルディナント四世は天然痘に罹《かか》り、ウィーンで死去した。二十歳の若さだった。

フェルディナント四世には七歳下の弟、レオポルトがいた。しかしこの時まだ十四歳、すぐに国王選挙を行うことはできなかった。結局、フェルディナント三世は次男のレオポルトの国王選挙ができぬまま、一六五七年に死去する。皇帝空位という事態が発生したのだった。

この時フランスには二つの選択肢があった。一つはフランス王ルイ十四世自身が選挙に出馬すること。ルイ十四世はこの時十八歳、しかしまだ宰相マザランの執政下にあり、スペインとも交戦中で実現は難しかった。

もう一つは、代理候補を立てること。この代理にはバイエルン選帝侯フェルディナント・マリアの名前が挙がったが、他の選帝侯の支持を得られなかった。フェルディナント・マリアは、レオポルトの四歳年上の従兄（母親は皇帝フェルディナント二世の娘）である。従兄といえば、ルイ十四世もレオポルトの母方（スペイン系ハプスブルク家）の二歳年上の従兄だった。

およそ一年の皇帝空位ののち、一六五八年七月、フランクフルトで国王選挙が行われた。レオポルト一世（皇帝在位一六五八～一七〇五）が選出され、翌月に戴冠式を挙行している。この時レオポルトは十八歳。約五〇年に及ぶレオポルトの統治が始まる。

ライン同盟

このレオポルト一世の選挙からわずか一ヶ月後に成立したのが、ライン同盟だった。ライン同盟というと、一八〇六年にナポレオンを保護者として南西ドイツの一六邦が結成した同盟と混同するかもしれない。確かにドイツ語ではどちらも同じ **Rheinbund** なので、第一次ライン同盟、第二次ライン同盟と表記することもあるが、現在のドイツ史研究では一八〇六年の方をライン連盟と表記して区別することが多い（二六一頁参照）。

一六五八年のライン同盟は、マインツ選帝侯の提案によって、ケルンとトリーアのライン地域の選帝侯のほかに、ドイツ西部と南部の中小領邦が、帝国の平和の維持のために結成した同盟だった。しかしフランスが加盟したことで、フランスの傀儡《かいらい》同盟とみなされがちである。

そうした面があるのは確かだが、このライン地域では三十年戦争の終結後、防衛や平和のためにさまざまな同盟が結成されていた。ウェストファリア条約は締結されたものの、まだスペインとフランスの戦争は続いていた。特にライン上流や中流域は、両軍の動きによっては直接的な被害も想定された。さらに皇帝がスペインを支援するならば、再びドイツが戦場となる危険もあった。戦争の不安がまだまだ色濃く残っていた。

こうした情勢に加え、皇帝空位という異常事態の中で、帝国等族は「ドイツの自由」を守るために、ハプスブルク家とフランスの間で揺れ動いた。皇帝選挙では、フランスではなくハプスブルク家の継続を選んだものの、皇帝が強くなりスペインと結びつくのは避けねばならなかった。一方フランスは、皇帝選挙の不首尾を補うためにも、帝国等族と結びつく必要があった。これがライン同盟結成の背景だった。

ライン同盟は、一六六三〜六四年のオスマン帝国との戦いに同盟軍を派遣し活躍するが、一六六七年、ルイ十四世がスペイン領ネーデルラントに軍事侵攻すると（フランドル戦争）、解消された。ネーデルラントで攻勢を強めるフランスと同盟関係にあることは、帝国等族にとって危険だった。

永久帝国議会　1663年の帝国議会の開会式の場面。会場奥壁の中央に皇帝の全権代理人、その左右に選帝侯の使節たちが座っている。左壁側には世俗諸侯、右壁側には聖界諸侯の使節、手前のベンチには帝国都市の使節たちが座っている。身分によって座る位置だけでなく、椅子の形状も異なっていた

永久帝国議会

トランシルヴァニア（現在のルーマニア北西部）をめぐる抗争から生じたオスマン帝国との戦いの戦費を協議するために、一六六三年、レーゲンスブルクで帝国議会が開催された。帝国議会では、最後に帝国最終決定と呼ばれる議会決議を文書にまとめて閉会するのが常だった。しかしこの一六六三年の帝国議会は、帝国最終決定を作成できず、また議会を閉会することもできなかった。その結果、帝国議会が形式上、開催され続ける形になり、これを永久帝国議会と呼んでいる。

こののち一八〇六年の帝国滅亡まで、レーゲンスブルク（皇帝カール七世期に一時的にフランクフルト）に永久帝国議会が置かれることになる。その期間は約一五〇年に及んだ。帝国議会は常設議会となり、皇帝をはじめ帝国等族はレーゲンスブルクに代理人として使節を常

駐させた。

この使節たちが席次争いに没頭したこと、重大な政治問題に対して何の具体的な決定も下せなかったことなど、永久帝国議会は同時代においても物笑いの種になっていた。皇帝謁見に際して、皇帝の赤い絨毯《じゅうたん》の上に選帝侯の使節は椅子を置けて、諸侯の使節の椅子は前脚しか置けないなど、確かに物笑いになるようなエピソードには事欠かない。

しかしながら、常設議会という点は積極的に評価しても良いかもしれない。帝国内の問題は、レーゲンスブルクにおいて常に協議することができ、実際、比較的早く協議が行われていた。確かに、従来の研究が指摘するように、こうした協議は具体的な成果をなかなか上げられなかった。しかし、さまざまな問題を協議する場があったことは重要である。

永久帝国議会における協議の内容は、直ちに印刷され、使節から帝国等族に送られた。また、帝国等族から使節への指示の多くも印刷され、それぞれの使節は、帝国等族にさまざまな情報を伝えていた。永久帝国議会の開催地レーゲンスブルクは、いわばこの当時の政治情報の集積地でもありまた発信地でもあった。さらにフランスをはじめヨーロッパ主要国の使節もレーゲンスブルクに常駐しており、広くヨーロッパ全体の情報がレーゲンスブルクに集まった。

皇帝の全権代理人とウィーン宮廷の間で交わされた文書が残されているが、さまざまな情報がレーゲンスブルクからウィーンに送られ、さまざまな指示が皇帝から代理人に送られていたことが分かる。

この永久帝国議会に出席する使節は、法学の知識を持つ専門家が多かった。ウェストファリア講和会議以降、専門知識を持つ外交官が活躍する時代になっていた。彼ら専門官僚の活動歴を見ると、ヨーロッパ各地で開催された講和会議などに繰り返し出席している。さらに彼らのほとんどが永久帝国議会の使節を経験していた。約一五〇年間の永久帝国議会に出席した使節の人数は約六〇〇人。この当時の帝国およびヨーロッパ政治の実務を担ったのは、こうした専門官僚だった。

これらの使節は、レーゲンスブルクに常駐し、日常的にさまざまな交流が行われていた。多くの使節が住んでいた通りは、使節通りと呼ばれた。使節の中には、親子代々で務めた者や、使節間での婚姻関係も確認できる。また、一人の使節が複数の帝国等族の使節を兼務することも多かった。最大で一六人の帝国等族の使節を兼務していた例が知られている。

彼らの活動は政治的な部分に限られていたわけではなく、祝祭、儀式や舞踏会などが、年に二〇〇日ほど行われていた。祝祭や儀礼などの場で、さらには日常的な生活空間で、さまざまな情報交換が行われていたのだった。

帝国軍制

一六八一〜八二年の帝国議会で協議されたのが、帝国軍制である。永久帝国議会の数少ない具体的な成果と評価され、また帝国における最後の大改革とも言われている。内容としては、帝国の防衛体制の構築である。

帝国内の平和の維持については、一五五五年の帝国執行令がクライスを基にした体制を整備し、ウェストファリア条約でも執行令の有効性が確認された。他方、帝国防衛については、事実上、クライスが活用されていたものの、十七世紀後半にあっても法的には未確定な状態だった。帝国東部でのオスマン帝国の脅威に加え、帝国西部ではフランスの軍事的脅威が大きくなっていた。

一六五三〜五四年の帝国議会は、帝国クライスに基づく帝国防衛構想を協議したが、結論には至らなかった。一六六三年に始まった帝国議会でもこの問題が協議されたが、議論は紛糾した。この問題を継続的に協議するために、皇帝は帝国議会を閉会しようとしなかったとも言われている。永久帝国議会のきっかけの一つが、この帝国防衛の問題だった。

一六六七年、フランスがスペイン領ネーデルラントに侵攻した。フランドル戦争とか帰属戦争と呼ばれる戦いである。フランスの脅威を前にして、帝国議会は三万人規模の帝国軍の派遣を決定し、この三万人の兵の徴募をクライスに割り当てている。これが帝国軍制の雛形《ひながた》となった。

一六八一年一月の皇帝の提案から、帝国軍制の具体的な協議が始まった。帝国の西部ではフランスの、東部ではオスマン帝国の脅威が高まっていた。また同年九月、アルザスの中心都市ストラスブールがフランスに占領されている。

こうした軍事的脅威に晒されながら断続的に協議が行われ、一六八二年、最終案がまとまった。帝国防衛における帝国軍の規模は四万人、これを一〇個の帝国クライスに割り当てている。このクライス割当量をどのように負担するかは、それぞれのクライスに委ねられた。

一〇個のクライスの中で最も多い割当量は、オーストリア・クライスで八〇二九人。このオーストリア・クライスは、ほとんどハプスブルク家の所領から構成され、同じことはブルグント・クライスにも当てはまる。ブルグントの割当量は、四〇二八人。ハプスブルク家関係の二つのクライスで、全体の三〇%を占めている。逆に最も少ないのは、バイエルン・クライスで二二九四人だった。

一〇個の帝国クライスが設置されたのは、一五一二年。すでに一七〇年の歳月が経っている。この間、数多くの紛争や戦争に際してクライス単位で行動し、帝国国制を支える重要な制度として十分に定着していた。クライスは独自にクライス軍を組織し、複数のクライスが合同で対応する事例も度々あった。クライスを基礎単位とした帝国防衛体制は、この当時の帝国の状況を考えると、非常に現実的で、多くの帝国等族にとって受け入れやすいものだった。ただ、課題もあった。ブランデンブルクのような大領邦は、所領が複数のクライスにまたがっているうえに、すでに独自の常備軍を持っていた。クライス軍とどのように折り合いをつけるのか、難しい課題だった。

対外的な脅威が高まる中で、大領邦のように、帝国も常備軍を持つべきだという意見もあった。しかし帝国軍制は常備軍の創設ではなく、伝統的なクライス制度の枠組みの中で、帝国軍の招集メカニズムを整備した。この帝国軍制が実際に役立つのかどうかは、未知数だった。

第二次ウィーン包囲

一六八三年七月、ウィーンはオスマン帝国軍に包囲された。約一五〇年前（一五二九年）と区別し、これを第二次ウィーン包囲と呼んでいる。

オスマン帝国の大宰相カラ・ムスタファ・パシャ率いる一〇万～一五万の大軍が、ベオグラードに集結し、ウィーン攻略を目指した。この急報に接したレオポルト一世は、ウィーンが包囲される五日前、ドナウ河畔の司教都市パッサウに脱出した。シュタルヘムベルク将軍の下、ウィーンの守備隊がオスマン帝国軍の攻撃を何とか防いでいる間、皇帝はヨーロッパの多くの諸侯に、キリスト教世界であるヨーロッパの危機だと訴え、支援を呼びかけた。

この呼びかけに応じて、ヨーロッパやドイツ各地から多くの援軍がウィーンに向かった。ポーランド王ソビエスキは、ポーランド軍と各地からの援軍、総勢六万五〇〇〇の連合軍を率いて、一六八三年九月、オスマン帝国軍を急襲、ウィーンの解放に成功した。オスマン帝国軍は散り散りになって敗走し、カラ・ムスタファ・パシャは何とかベオグラードまで逃げ

第2次ウィーン包囲　ウィーンを守ろうと戦う住民の姿が描かれている

延びたものの、同年十二月、責任を問われ処刑されている。

この時集まった連合軍の多くは、ドイツ各地からの援軍だった。バイエルンとザクセンの選帝侯のほかに、バーデン辺境伯ルートヴィヒ・ヴィルヘルムは、シュヴァーベンとフランケンのクライス軍を率いて参戦している。

このルートヴィヒ・ヴィルヘルムの母方の従弟にあたるのが、プリンツ・オイゲンだった。レオポルト一世以下三代の皇帝に仕え、天下にその名を馳《は》せた将軍プリンツ・オイゲンは、サヴォア家の血を引くフランス生まれの貴族だが、この時、フランス王の禁止にもかかわらずフランスから参戦し、レオポルト一世に仕えた。今もウィーンに残る壮麗な宮殿、ベルヴェデーレ宮殿は、プリンツ・オイゲンの夏の離宮だった。

このウィーン包囲ののち、オスマン帝国との戦いは一六年もの長きに及ぶ。一六八四年、皇帝、教皇、ヴェネツィアとポーランドが神聖連合を結成し、ハンガリーの征服を目指した。

一六八七年、ハンガリーの貴族はハプスブルク家に世襲王位継承権を認め、レオポルト一世の子ヨーゼフ（のちの皇帝ヨーゼフ一世）がハンガリー王となった。一六九七年、プリンツ・オイゲン指揮下の帝国軍は、ゼンタの戦い（現在のセルビア）でオスマン帝国に大勝した。この時、オスマン帝国は軍団の八分の一を失う壊滅的な敗北を喫し、一六九九年、カルロヴィッツ条約により戦争は終結した。

このカルロヴィッツ条約によって、ハプスブルク家はトランシルヴァニアを含むハンガリーの大半を手に入れ、さらに東のカルパチア山脈までの広大な所領を獲得した。ハプスブルク君主国は、帝国の版図の外に広大な所領を獲得し、ヨーロッパの大国としての地位を手に入れたのだった。

ハプスブルク君主国とは、ハプスブルク家が神聖ローマ帝国内外の地域を同君連合で支配する君主国を指している。研究上、マリア・テレジア以降に用いられることが多い。一般にはハプスブルク帝国とも呼ばれるが、本書では神聖ローマ帝国との混同を避けるために、ハプスブルク君主国を用いている。

フランスの拡張政策

フランスのアルザス領有は、ウェストファリア条約で認められた。しかし複雑な権利関係と条約の解釈の違いもあり、アルザスのフランス化は思うように進んではいなかった。そのためフランスは、ルイ十四世の下でスペイン領ネーデルラントへの侵攻（一六六七〜六八年）後、一六七三年にアルザスの十帝国都市を一方的に併合した。さらに一六七九年、まだ残っているアルザス地域のフランス領化を進めた。これは再統合と呼ばれている。アルザスが本来フランス領であることを、メロヴィング朝（フランク王国の最初の王朝、四八一〜七五一年）まで遡って主張し、フランスの領有を正当化したのだった。こうした歴史的捏造《ねつぞう》はこれまでも繰り返し行われてきた常套手段ではあるが、はなはだ一方的な行為と言わざるを得ない。

しかしこうしたフランスの行為に対して、オスマン帝国との戦いのために皇帝は動けず、一六八四年、皇帝はフランスと二〇年間の休戦条約を結び、再統合を事実上認めざるを得なかった。

こうしたフランスの拡張政策とオスマン帝国の動きは、もちろん連動していた。フランスとオスマン帝国は、ハプスブルク家に対して西と東からの両面戦争を仕掛けていた。ウィーン包囲後、ハンガリーにおいてオスマン帝国との戦いが続いている中、一六八八年、フランスはプファルツとケルンに侵攻した。侵攻の理由は、プファルツ選帝侯とケルン選帝侯の継承問題だった。

プファルツ選帝侯の方は、一六八五年に選帝侯カール二世が嫡子を残さぬまま死去したことに端を発する。カール二世の妹が、ルイ十四世の弟オルレアン公フィリップと結婚していた。ルイ十四世はこの義妹の継承権を主張するが、すでにプファルツ選帝侯家の別の家系（プファルツ＝ノイブルク家）への相続が決まっていた。

もう一つのケルン選帝侯の方は、選帝侯だったマクシミリアン・ハインリヒが一六八八年に死去し、その後継者としてルイ十四世が推す候補者と皇帝が推す候補者との間で決着がつかない状態にあった。ケルン選帝侯は大司教なので、聖堂参事会の選挙で後継の大司教を決めることになる。だが、フランスの候補者を、皇帝は拒否した（一九三頁参照）。

このフランスの侵攻は、プファルツ継承戦争、九年戦争、アウクスブルク連合戦争などいくつかの呼称があるが、同じ一六八八年にイギリスで起きた名誉革命とも密接に結びついて展開した。

レオポルト一世は、オランダ、スペイン、スウェーデンさらにはプファルツとバイエルンなどの帝国等族とともにアウクスブルク連合を結成して、フランスに対峙した。名誉革命でイギリス王となったウィリアム三世は、即位後すぐにこのアウクスブルク連合に参加している。さらに一六八九年、帝国議会は帝国戦争を宣言し、フランスを帝国の敵国とした。またこの宣言により、皇帝は帝国等族に軍の招集を命じることができた。

最終的には一六九七年のライスワイク条約により、フランスはプファルツの継承権を放棄し、戦争中に占領したライン右岸の都市などを返還したが、この戦争の被害は甚大だった。プファルツを戦略的拠点として使えないようにするため、フランスはプファルツを徹底的に破壊した（プファルツの焦土化）。特にハイデルベルクは、フランスによる二度の占領によって、その市街地は灰燼《かいじん》に帰したのだった。

スペイン継承戦争

一七〇〇年十一月、スペイン系ハプスブルク家最後の国王カルロス二世が死去した。カルロスはもともと病弱だったために、一六六五年に即位したその時から、家系の断絶は既定の事実だった。最も有力な継承者候補は、バイエルン選帝侯マクシミリアン二世エマヌエルの子、ヨーゼフ・フェルディナントだった。祖母がカルロスの姉（皇帝レオポルト一世の妃）で、カルロスにとって最も血縁が近い男子だった。カルロスは、このヨーゼフ・フェルディナントを正式な王位継承者と定めたが、一六九九年二月、わずか六歳で早世した。誰がスペイン王を継承するかは、この当時の最大の外交問題だった。

継承権を主張できる立場にあったのは、スペイン系ハプスブルク家と姻戚《いんせき》関係にあるルイ十四世と皇帝レオポルト一世だった。しかしスペインがフランスあるいはオーストリアの手に渡ることは、いずれにしてもヨーロッパの勢力関係を根本的に変える可能性があった。そのためスペインを分割する交渉や秘密協定が結ばれるなど、状況は混沌《こんとん》としていた。

レオポルト一世は、長男ヨーゼフが皇帝位を継ぎ、次男のカールがスペイン王となることを目論《もくろ》んでいた。しかしカルロス二世はその死の直前に書いた遺言書において、スペインの分割を認めず、ルイ十四世の孫、アンジュー公フィリップを後継者に指名した。そのうえさらに、ルイ十四世がフィリップのフランス王の継承権に言及したため、フランスとスペインが一人の君主の下に置かれる危険が浮上した。

フィリップは、カルロスの死から二ヶ月後の一七〇一年一月、マドリッドに入った。これに対して皇帝は、イギリスとオランダと同盟（ハーグ大同盟）を結び、翌〇二年五月、フランスとスペインに宣戦を布告した。同年九月には帝国戦争が宣言され、バイエルン選帝侯とケルン選帝侯以外の帝国等族は皇帝の側について戦った。ヨーロッパは再び大規模な国際戦争に見舞われた。プリンツ・オイゲン率いる皇帝軍とマールバラ公ジョン・チャーチル率いるイギリス軍の活躍など、戦争の経過は紆余曲折するが、一七一三年のユトレヒト条約、翌一四年のラシュタット条約により戦争は終結した。

スペインとフランスの王家の分離を条件にして、フィリップがスペイン王（フェリペ五世）として承認された。オーストリアはスペイン領ネーデルラント（現在のベルギー）とミラノ、ナポリ、マントヴァ、サルディニアなどのスペイン領イタリアを獲得した。

このスペイン継承戦争の推移に大きな影響を及ぼしたのが、皇帝の代替わりだった。戦争中の一七〇五年、レオポルト一世は六十四歳で死去し、長男ヨーゼフが帝位を継いだ（ヨーゼフ一世、皇帝在位一七〇五〜一一年）。しかしヨーゼフ一世が男子を残さぬまま天然痘で死去し、ハプスブルク家に残った男子は、ヨーゼフ一世の弟カールだけとなった。

カール（カール六世、皇帝在位一七一一〜四〇年）の皇位継承は滞りなく行われたが、カールはスペイン王継承の候補者だったため、中東欧にまたがるオーストリアの広大な領土とスペインが、再びハプスブルク家の下に置かれる危険が迫った。イギリスやオランダはこれを嫌い、戦争は急速に終結に向かった。勢力均衡の考えがヨーロッパの平和維持の基本理念として生きていた。

また、この戦争においてブランデンブルク選帝侯を皇帝側に付けるために、プロイセン公国を王国に昇格させることに皇帝は同意し、一七〇一年一月、プロイセン公国の首都ケーニヒスベルクにおいて、ブランデンブルク選帝侯フリードリヒ三世は、プロイセン国王フリードリヒ一世として即位したのだった。

3　皇帝権の復興

平和の守護者

十七世紀後半、フランスの拡張政策によって、帝国内では反仏感情が高まっていた。フランスを後ろ盾としてハプスブルク家に対抗姿勢を示していた諸侯の親仏的な態度は、ライン同盟の瓦解とともに消え去り、オランダ戦争（一六七二〜七八年）では、ライン同盟に参加していた帝国等族も皇帝とともにフランスと戦った。帝国の守護者、そして平和の守護者として、皇帝に対する期待感が高まっていた。

こうした心情の変化にはいくつかの伏線があった。すでに述べたように、オスナブリュック条約一七条は、フランス王、スウェーデン女王と皇帝に条約の擁護を義務づけていた。これは保障国の根拠となる部分だが、本来は、フランスとスウェーデンに帝国の平和を保障する役割を与えるものだった。フランスがライン同盟に参加したのも保障国としての参加だった。しかしスウェーデンもフランスも次々と戦争を引き起こし、帝国等族にとって、平和の保障国とはなり得なかった。他方、皇帝はプファルツ継承戦争に見られたように、フランスの侵攻を繰り返し撃退した。帝国等族とともに帝国のために戦う皇帝の姿は、まさに平和の守護者だった。

さらに帝国西部と東部で繰り返された戦いは、帝国愛国主義的な雰囲気を醸成した。オスマン帝国との戦いで活躍したプリンツ・オイゲン、フランスとの戦いで「帝国の盾」と称えられたバーデン辺境伯ルートヴィヒ・ヴィルヘルム、さらには帝国軍の司令官として縦横無尽に活躍したロートリンゲン公カールやバイエルン選帝侯マクシミリアン二世エマヌエルなど、帝国のために戦う諸侯の姿は、帝国に新たな一体感をもたらした。

このロートリンゲン公カールは、皇帝フェルディナント三世の娘（皇帝レオポルト一世の妹）と結婚する。その孫が、マリア・テレジアと結婚し、やがて皇帝になるフランツ・シュテファン（フランツ一世）である。

もう一つの要素は、ヨーロッパ諸国との関係だった。反オスマン帝国そして反フランスの旗の下で、皇帝は他のヨーロッパ諸国との連携に成功した。特にイギリスとの連携は非常に重要だった。植民地をめぐってフランスと対抗しているイギリスにとっても、この連携は望ましいものだった。

帝国最高裁判所

帝国最高裁判所としては、帝国最高法院と帝国宮内法院があった。帝国最高法院は、帝国等族の要求により、一四九五年に設置された裁判所である。設置当時はフランクフルトに置かれたが、一五二七年以降はライン河畔の司教都市シュパイヤーに、そして一六八九年以降はドイツ中西部の帝国都市ヴェツラーに置かれた。皇帝の宮廷でもなく、またハプスブルク家の所領とも関係ない都市に置かれたことからも分かるように、帝国等族の強い影響の下で運営された裁判所だった。

一方、帝国宮内法院は、文字通り皇帝の宮廷に一四九八年に設置された。当初は皇帝の助言機関という性格が強かったが、十六世紀半ばから裁判機関の性格を強く持ち始め、最終的には一六五四年の帝国宮内法院令によって帝国最高裁判所としての機能が整備された。

この二つの最高裁判所は、帝国の最上位の上訴裁判所だった。しかしこの最高裁判所の並立は、当初から矛盾をはらんでいた。その代表例が、選帝侯をはじめ主要な諸侯に与えられていた不上訴特権である。この特権は、領邦の臣民が帝国最高裁判所に訴える（上訴）のを禁じるものだが、例えば、領邦裁判所で裁判が拒絶された場合などは、帝国最高裁判所に上訴することができた。そもそもこの特権を享受するためには、諸侯は領邦内に帝国最高裁判所に代わる上訴法廷を設置しなければならず、実際、この条件をクリアできた領邦はほとんどなかった。

　さらに、帝国最高裁判所の訴訟期間が数十年あるいは一〇〇年を超える例が引き合いに出され、裁判所として否定的なイメージが強調されている。しかしこれは必ずしも正しくない。裁判が一〇〇年以上に長期化した事例は確かにあるものの、途中で審理が止まり、結果的に長期間かかっているように見える、あるいは判決自体は早めに出ているが、その執行に関する記録が一〇〇年以上経っているなど、特殊な事例と言える。

ヴェツラーの帝国最高法院　1750年の帝国最高法院の法廷における皇帝（フランツ1世）謁見の場面

　また、帝国最高法院は帝国等族的でプロテスタント寄り、帝国宮内法院は反帝国等族的でカトリック寄り、という印象が持たれがちである。しかしながら訴訟の実態を見ると、必ずしもそうではない。原告が、どちらの裁判所に訴えた方が有利なのか、さまざまな情報に基づいて判断している姿が浮かび上がってくる。また帝国最高裁判所は、帝国等族だけではなく、農民や寡婦なども多く利用している。裁判所の活動は、多くの人々に広く知られていた。

帝国最高裁判所は、裁判を通じて原告と被告双方が協議する場を提供していた。いわゆる刑事事件においても審理を通じて両者が協議し、何らかの解決が図られるならば、裁判はそこで終了した。和解あるいは調停は、この当時の裁判所では非常に重要な位置を占めていた。

また、これらの帝国最高裁判所、特に帝国宮内法院は、一般的な傾向として、領邦君主の絶対主義的な支配の傾向を妨げる役割を果たした。領邦君主の家臣である領邦等族が、自らの君主を帝国宮内法院に訴え、君主の絶対主義化にある程度ブレーキをかけることもできた。

この二つの帝国最高裁判所の活動によって、帝国内のさまざまな争いが裁判によって解決されるようになった。これを帝国の司法化と呼ぶ場合もある。暴力ではなく裁判によって争いを解決することが好まれ、帝国法に示された規範が広く受け入れられた。また歴代の皇帝は、帝国法の規範を遵守《じゅんしゅ》する最高君主として法的手続きを注意深く守った。これは皇帝の威信を高め、皇帝権の復興を支えたのだった。

皇帝使節

もう一つ、皇帝権の復興を支えたのが皇帝使節である。皇帝使節にもいろいろあるが、この時期に特に重要だったのは、聖界諸侯（大司教、司教）の選挙に派遣した選挙使節である。

皇帝の選挙使節は古くから派遣されていたが、全ての聖界諸侯の選挙に皇帝使節を派遣するようになったのは、レオポルト一世の時であり、これ以降派遣が続いた。聖界諸侯の選挙には、世俗諸侯も選挙使節を派遣していたが、この頃から皇帝の選挙使節は特別な待遇を求めるようになった。皇帝の選挙使節の教会入場式の挙行、教会内での特別な座席の位置、椅子の下に緋色《ひいろ》の絨毯を敷くこと、選挙開始前に皇帝名代として挨拶《あいさつ》を述べさせることなど。

この法的根拠となったのが、一一二二年のヴォルムス協約で規定されていた皇帝の司教選挙臨席権だった。きっかけとなったのは、一六八八年のケルン大司教の選挙である。この時、皇帝の選挙使節はヴォルムス協約を引き合いに出して、皇帝が望まない者が選出された場合、レガリア（本来は皇帝のみが行使できる大権）の授与を拒否すると聖堂参事会に伝えている。そして実際に拒否権は発動された。皇帝は、フランス王が推す大司教候補者を拒否し、別の人物の擁立を図った。この結果、一六八八年九月、ルイ十四世はアルザスに侵攻し、プファルツ継承戦争が勃発した。ちなみに、ケルン大司教には、皇帝が推したヨーゼフ・クレメンスが就任した。

十七世紀の帝国国法学者たちが、司教選挙に対する皇帝の権利の法的根拠を探す中で、実に五〇〇年以上前のヴォルムス協約を発見したのだった。まさにヴォルムス協約の再発見なのだが、私たちが知っているヴォルムス協約の歴史的意義とは全く異なった使われ方であり、驚くばかりである。

司教選挙に派遣された皇帝使節の多くは、ウィーン宮廷からクライスに派遣されていた使節だった。クライス使節は、司教選挙に関してウィーンからの指示書に基づいて活動し、選挙の詳細な情報をウィーンに報告している。クライス使節は、この他にもクライス内のいろいろな出来事について報告書を送っている。クライス使節を通じて、ウィーン宮廷は帝国内のさまざまな情報を得ていた。

これらの皇帝使節の多くは、ハプスブルク家の所領内の貴族だった。彼らは幼い頃から厳しい教育を受け、多くの言語とさまざまな学問を学び、やがてウィーン宮廷に勤務した。そこにはある種のエリートコースがあり、自らの能力と運次第でその階段を上り得た。クライス使節は、このエリートコースの比較的初期に経験するポストだった。

皇帝使節はこれ以外にも、外国君主や帝国諸侯への個別の派遣から、講和会議などの国際会議への派遣まで、その重要度に応じてさまざまな目的で派遣されている。中には、皇帝の信頼の厚い帝国諸侯が皇帝使節になることもあった。

皇帝使節の報告書は、重要なものは自ら運んだが、多くの場合は郵便でウィーンに届けられた。郵便網はヨーロッパ中に広がり、十七世紀後半には、主要な街道の舗装が進んで、郵便馬車も運行するようになった（「コラム③　郵便の発見」参照）。以前より早く移動することができ、情報伝達のスピードも早くなった。それとともに社会の変化もどんどん加速した。

ウィーン宮廷

皇帝の威信が高まるとともに、ウィーン宮廷が皇帝と帝国等族の多様な人的ネットワークの中心として重要性を増していた。そのため帝国等族はウィーンに使節を派遣するか、あるいはウィーンに現在の大使館のような施設を設け、大使などを常置させていた。帝国等族の大使などは、ウィーン宮廷のさまざまな情報を本国に送り、宮廷の高官や皇帝周辺の人々との良好な人間関係の構築に努めていた。

政治的判断にあたり、正確な情報を速く入手することが重要だった。そのためには日頃から宮廷関係者とさまざまなつながりを持つ必要があった。こうした非公式な人的関係の重要性は容易に想像できるが、史料に即して、その具体例を挙げるのはなかなか難しい。ただ、その片鱗《へんりん》が窺えるものとして、帝国都市ハンブルクの例を挙げておこう。ハンブルクの会計簿とウィーン駐在の使節との書簡から、ウィーンで行っていた贈与の一端を知ることができるからである。

ハンブルクは、宮廷内の特定の人物に、定期的な贈り物のほか、結婚祝いや誕生祝いなど不定期の贈り物を繰り返し行っていた。その中には、宮廷の有力者に孫が生まれた時、ハンブルクが都市として洗礼親になっている事例もあった。また、こうした贈与の関係を取り結ぶために、ウィーン駐在のハンブルクの使節は、宮廷の人間関係に通じた人物、今で言うところのエージェントと契約を結んでいた。

ハンブルクの都市参事会は、今まで付き合いのない宮廷の有力者に贈り物をするように使節に指示書を送り、使節は契約しているエージェントにこれを依頼した。しかしエージェントはその人物にアクセスできず、再三の催促にのらりくらり言い訳をしていた。業を煮やした使節は、そのエージェントの契約を解除し、別のエージェントを探して当該人物にアクセスし、指示通りの贈り物をしている。こうしたエージェントが宮廷に数多くいて、いろいろな使節と契約を結んでその便宜を図っていたと思われる。

こうした贈与は、現在では賄賂《わいろ》という言葉で不正な行為と見られがちである。しかし近世ヨーロッパ社会では、むしろ正当な行為として、非常に重要な役割を果たしていた。帝国都市ハンブルクは、皇帝宮廷の情報を正確に早く取得するために、さまざまな角度から有力者への接近を図り、その関係を贈与で維持しようとした。正確で迅速な情報と宮廷の信頼を得るために、多額の経費はやむを得なかったのである。

神に選ばれたハプスブルク家

ハプスブルク家は三十年戦争中から領内の再カトリック化を精力的に推進していた。この再カトリック化政策は、暴力的に行われ、数十万人もの人々が追放されたと言われるが、十七世紀の末頃には領内の再カトリック化はほぼ達成された。

この宗教政策は、ハプスブルク家がもともと抱いていた意識、すなわち「神の恩寵によって特別に選ばれ、キリスト教世界を保護する任務を与えられている」という意識と強く結びついていた。ハプスブルク家のこの選良意識は、この時期に「ピエタス・アウストリアカ（オーストリアの敬虔）」と呼ばれる独特な信仰理念を生み出すことになった。

皇帝をはじめハプスブルク家の人々は、敬虔、寛容、正義、平等の徳目を尊重して生活を律するとともに、教会で執り行われるさまざまな宗教儀式に熱心に参加し、率先して人々に範を示した。この理念の特徴は、カトリック信仰をハプスブルク家への忠誠心に結びつけたことである。

ペスト記念柱　ペスト禍の終息を願い、レオポルト１世がウィーンの中心街に立てた。当初は木材で造られ、のち大理石造りとなった

今もウィーンの中心街、グラーベン通りにペスト記念柱《きねんちゅう》がそびえ立っている。これは十七世紀末、皇帝レオポルト一世が立てたもので、三位一体記念柱とも呼ばれている。三位一体は、特に「ピエタス・アウストリアカ」で強調されたテーマの一つでもある。本来は、父と子と聖霊だが、この記念柱では、父がハプスブルク世襲領、子がハンガリー、そして聖霊がベーメンを指し、これらが一体と表現されている。

カトリック信仰とハプスブルク家への忠誠心の独特な重なりは、父なる神、皇帝、ハプスブルク家の三者を絶対的な権威と説くカトリック的・家父長制的な秩序観念を生み出した。十七世紀に上演が始まったオペラにおいて、神と君主の栄光を賛美する作品が繰り返し上演され、皇帝自身もしばしば舞台に上がっている。

レオポルト一世は作曲家としても知られ、数多くの曲を残している。また、劇場的な演出を好み、自らの結婚を祝うために、壮麗な結婚式とともに、騎馬行列や花火大会などの催し物、オペラの上演を繰り広げ、ウィーン中が催し物や見世物に熱狂したと伝えられている。そこではハプスブルク家の歴史と栄光が巧みな演出によって示されていた。

皇帝の栄光や権威を示すものはほかにもあった。この当時ドイツ各地で建設されたバロック式の宮殿には皇帝の間《ま》が設けられた。皇帝の間は、中世以来使われている言葉で、本来は皇帝が実際に訪れた部屋を指していた。しかしこのバロック期には、皇帝の訪問とは関係なく、ウィーンの宮廷を模した豪華な部屋がそう呼ばれた。そこには皇帝やハプスブルク家を称揚する装飾が施されていた。帝国等族は、こうした部屋を好んで作り、さまざまな使節との謁見および家臣や臣民との交渉などを行った。多くの人々がこうした皇帝の間で、皇帝の権威と栄光に触れたのである。

スペイン継承戦争によって、ハプスブルク家の領土はその歴史上、最大となった。歳入も増大し、三十年戦争終了後の約五倍になった。近世ヨーロッパの国家の性格を的確に示す言葉として財政軍事国家がある。戦争の遂行を通じて、国王が国内の行財政を強化した段階を示している。これはまさにこの時期のハプスブルク君主国にも当てはまる。十八世紀初めには中央銀行にあたるウィーン市銀行が設立され、一連の財政改革が実施された。

この当時、ハプスブルク君主国の政治を担ったのは、ハプスブルク世襲領の貴族だけではなく、チェコやハンガリーさらには北イタリアなど、広大な版図出身の貴族たちだった。ウィーンはさながら国際都市と化し、さまざまな言語や文化が入り交じった。また有力な貴族間の婚姻が、彼ら貴族同士の結びつきをいっそう強めることにもなった。彼らは、ハプスブルク君主国の政治エリートとして、皇帝の政治を支えたのだった。

カールス教会　ウィーン市街に所在するバロック建築の傑作。大きなドームとその両端の巨大な円柱が特徴的である

この体制の下で、カール六世の時代、バロック文化が最盛期を迎えた。今も残る多くのバロック建築がこの時期に建造された。その代表と言えるのがカールス教会（一七三七年竣工《しゅんこう》）だろう。大きなドー

ム型屋根が特徴的なこの教会は、ペスト撲滅を祈願して建てられた。重厚な大理石の柱と金による豪奢《ごうしゃ》な装飾。帝国様式とも言われる数々の名建築を残した建築家フィッシャー・フォン・エルラハの作である。広大な領土から上がる莫大な財力とつかの間の平和、皇帝の都ウィーンは繁栄を謳歌していた。ベルヴェデーレ宮殿、シェーンブルン宮殿、リヒテンシュタイン宮殿、メルク修道院、宮廷図書館（プルンクザール）など、当時の皇帝の権勢を今に伝えている。

4 領邦国家

さまざまな帝国等族

帝国等族は、十三世紀以降、徐々に自立的な支配を実現した。帝国等族が自立的に支配する領地をドイツ史では領邦と呼び、これが国家化したものを領邦国家と呼んでいる。帝国等族の数は、一五二一年の帝国台帳ではおよそ三〇〇名。この中には八五の帝国都市が含まれるので、それを除くと、領邦の数はおよそ二二〇になる。

この領邦の支配者は領邦君主だが、同時に帝国等族でもある。帝国等族は、皇帝との封建関係に基づいて、帝国議会への出席などの帝国レベルの政治的権利を得ていたが、領邦においても似たような構造になっている。

帝国等族は、領邦君主として家臣（領邦等族）を持ち、領邦議会などによって彼らと領邦政治を展開した。帝国レベルでは、皇帝の権力の強化に反対する傾向を示したが、領邦レベルでは、領邦等族の弱体化を目指していた。帝国においては中央集権的体制を拒絶しておきながら、領邦においては中央集権的な体制を目指す、二律背反とも言える立場にあった。

しかしこの二二〇ほどの領邦全てが同じであったわけではない。ブランデンブルクのような大領邦がある一方で、ほんのわずかな領地しか持たない小領邦もたくさんあった。さらに国家化という点においても、ヨーロッパの他の君主国と同じレベルで活動できる力を持つことができた領邦もあれば、中世的な支配構造がそのまま維持された領邦もあった。

さらにこの領邦は、一つにまとまった領域とは限らない。分割相続が一般的だったドイツにおいては、所領は散在する傾向にあった。十五世紀以降、長子単独相続制の導入、領地の購入あるいは交換などによって、一つにまとめようと努めたが、所領の散在は続いた。この当時を表す歴史地図はモザイク状にかなり分裂しているように見えるが、実際はそれ以上に複雑に入り組んでいたのだった。

聖界領邦

聖界諸侯の数は、一六四八年以降に限定すれば、聖界選帝侯が三名、大司教と司教が二二名、修道院長が八名、騎士団総長が二名の合計三五名だが、時期によって若干の変化もある。

またこれ以外に諸侯位にはない高位聖職者が約四〇名で、彼らは帝国議会では二票の集合票を持った。これらの聖界諸侯が支配する聖界領邦の合計面積は、約九万五〇〇〇平方キロメートル、現在のドイツの面積の二六%ほどにあたる。人口は約三〇〇万人、当時の帝国の人口の一三%ほどである。

聖界領邦の中で面積が大きいのは、ザルツブルク大司教、ミュンスター司教、マインツ大司教、小さいのはコンスタンツ司教、ヴォルムス司教、レーゲンスブルク司教だった。

聖界領邦の最大の特色は、君主が選挙によって選ばれることである。選挙権を持ったのは、聖堂参事会だった。聖堂参事会による選挙は、一四四八年のウィーン協約によって帝国法的に認められた。このウィーン協約は、司教の選出に対する教皇の権利（留保権）を規定しているが、宗教改革以降この権利はもはやほとんど行使されなかった。

しかし教皇の留保権に代わって、十七世紀後半以降、すでに述べたように、皇帝は選挙使節を派遣し、その面前で選挙が行われることを求めた。さらに十七世紀後半から十八世紀初めの一時期、皇帝はさらに一歩進み、推薦権および拒否権を主張したのだった。

この選挙によって、実際にどのような身分の人が司教になったのだろうか。一五〇〇年から一八〇三年の司教の総数は三四七名で、貴族出身者が三三二名、平民は一〇名、外国人が五名。圧倒的に貴族出身者が多い。この当時の帝国教会は、「貴族の家」とも言われ、まさに貴族家門の子弟たちの有力な就職先だった。

司教選挙では伝統的に、聖堂参事会と選出された司教との間で選挙協約が結ばれる慣行があった。この選挙協約は、主に聖堂参事会の伝統的な権利を保障するもので、司教の君主としての行動を制約する傾向にあった。そのため一六九二年、教皇インノケンティウス十二世は、選挙協約の締結を禁止した。これ以降、聖界領邦においても絶対主義化の可能性が開かれるようになった。

司教と貴族

このように選挙で司教は選ばれたが、一人の人物が複数の司教位を兼任することがあった。これを教会用語で「集積」と呼んでいる。集積された聖界領邦は、いわば同君連合になる。教皇庁は教会法上、このような集積は認めない立場にあったが、特別な申請によってしばしばこれを許可している。教皇庁がこのような政策をとった理由は、カトリック教会の守護と帝国内の有力なカトリック貴族家門の保護にあった。集積が最も多かったのは、プロテスタント領邦と聖界領邦が混在している北西ドイツだった。プロテスタント勢力の拡大を阻止するためにも、カトリック貴族家門の次男以下を優遇することが重要と考えられた。

一方、聖堂参事会は、なぜこうした集積を認めたのだろうか。教皇庁からの要請によって、しぶしぶ認める場合もあったが、積極的に応じる場合もあった。多くの聖界領邦は財政難にあり、有力な貴族家門と結びつくことで、財政難の改善を図った。この典型例が、ケルン大司教とバイエルン大公（選帝侯）家である。一五八三年から一七六一年までの約一八〇年間、五代にわたってバイエルン家からケルン大司教が選出された。さらにケルン大司教として、北西ドイツの三つから五つの司教位を兼任している。

もう一つの特色は、後継権付きの輔佐司教《ほさしきょう》である。この後継権付き輔佐司教というのは、在職中の司教の死後、選挙を経ずに司教になれるポストで、次期司教と言える。輔佐司教自体は以前からあり、司教が高齢あるいは病気などの場合、司教に代わるポストだった。

しかし特に十七世紀の後半以降、後継権が付いた輔佐司教を選挙で選出するようになった。この輔佐司教の選出にあたっては、事前に教皇庁と皇帝に承認を得なければならず、それなりの出費を伴った。しかし輔佐司教のポストには魅力があった。司教の死という偶発性に左右されずに、司教位を確保できるからである。

貴族にとって、集積と輔佐司教は、どちらも家門の利害に結びつく重要な手段だった。家門の利害をより安定させる効果があったのは、おそらく輔佐司教だろう。集積は確かに一時的に多くの聖界領邦を手に入れられるが、集積している当人が死ぬと、それは一瞬にして失われる危険があった。その点、輔佐司教には安定感がある。家門内に多くの男子がいる場合には、輔佐司教によって、多くの司教位を獲得して、家門の長期的な安定を図った。一方、男子が少ない場合には、集積を活用する方が得策だった。

このように聖界領邦は、対プロテスタントという観点において、教皇庁の特別な庇護《ひご》の下にあった。さらに皇帝は、帝国国制の安定の観点から、一六四八年の体制を維持するために も、聖界領邦の維持に特別な関心を寄せていた。聖界諸侯は、皇帝の宮廷における勤務、あるいは皇帝の使節などに就く場合も多く、皇帝の帝国政治を人的に支える重要な集団の一つでもあった。

こうした聖界領邦の中で特に注目すべきは、マインツ大司教、ミュンスター司教、バンベルク司教、ヴュルツブルク司教であろう。十七世紀後半のミュンスター司教ガレンは「大砲司教」のあだ名で呼ばれ、文字通り大砲を好み、規模の大きな軍隊を維持していた。十八世紀前半、ヴュルツブルク司教シェーンボルンが建造したレジデンツ（司教の宮殿）は、当時の司教の権勢を今に伝えている。このレジデンツは、ヨーロッパ屈指のバロック建築の一つであり、建築家バルタザール・ノイマンの作である。

十八世紀半ば以降の啓蒙《けいもう》主義の中で、これらの聖界領邦では、国内改革が推進され、教育や福祉政策の面で見るべきところがあった。一例を挙げると、十八世紀後半のマインツ大司教エルタールは、刑法典の改訂、貧民救済や孤児の養育など、幅広い国内改革を断行している。

世俗領邦

十八世紀末において、帝国議会の諸侯部会が持った票数は一〇〇票、世俗諸侯の票数は六三票だった。この中には、伯の四票の集合票が含まれている。

世俗領邦といってもさまざまで、絶対主義的な方向へ進んだ領邦もあれば、中世の政治体制をそのまま維持した領邦、あるいは都市民が領邦議会で優勢を占め、市民的体制を取った領邦もあった。また中には、過酷な税の取り立てに対して、領邦の住民が君主を帝国宮内法院に訴え、領邦君主が支配権を剝奪されて追放された事例もあった。

大領邦はヨーロッパ国際政治での活躍を目指して、国内の絶対主義化・中央集権化を進めるとともに、帝国外での王位の獲得に躍起になった。その最も早い例は、ザクセン選帝侯のポーランド王選出（一六九七年）である。次は、ブランデンブルク選帝侯のプロイセン王昇格（一七〇一年）。さらには婚姻関係から王位を獲得した例としては、プファルツ＝クレーブルク公のスウェーデン王（一六五四年）、ハノーファー選帝侯のイギリス王（一七一四年）、ヘッセン方伯のスウェーデン王（一七二〇年）がある。

ハノーファー選帝侯ゲオルク・ルートヴィヒは、イギリス王ジョージ一世となりハノーヴァー朝（一七一四〜一九〇一年）を創始する。このハノーファー選帝侯家は、ハインリヒ獅子公で有名なヴェルフェン家の系譜だが、所領があった地名からブラウンシュヴァイク大公家と呼ばれていた。同家は分割相続を繰り返し、かなり複雑な分家関係になっている。詳細な家系図で追いかけてもなかなか理解が難しい。十七世紀後半について大雑把に言うと、ヴォルフェンビュッテル系とリューネブルク系の二つの分家に整理でき、リューネブルク系が新たな選帝侯位を獲得し、ハノーファー選帝侯と呼ばれた。

選帝侯位獲得に向けた努力を一六七〇年代から確認できる。ブラウンシュヴァイク大公は、第二次ウィーン包囲、オスマン帝国との戦い、さらにはプファルツ継承戦争において、一貫して皇帝レオポルト一世を支え、高額な戦費を負担している。ハノーファー選帝侯の誕生の理由として、選帝侯の中でのプロテスタントの補強が指摘される。プファルツ継承戦争の結果、プファルツ選帝侯がカトリックに改宗し、プロテスタントはブランデルブルク選帝侯だけだった。確かに補強といえば補強で間違いないが、皇帝による意図的な身分昇格という側面も否定できない。

一六九二年、ハノーファー選帝侯に賛成したのは、マインツ、バイエルン、ザクセン、ブランデンブルクの四選帝侯だった。そこからハノーファー選帝侯が選帝侯部会で席次と投票権を正式に認められたのは、ヨーゼフ一世の時代の一七〇八年。実に一六年ほどの年数がかかった。ハノーファー選帝侯をめぐっては賛否両論いろいろな意見があり、当時の新聞や雑誌でも大きく取り上げられた。

中小領邦は確かに減少傾向にはあったが、なくなることはなかった。中小領邦が存続した理由としては、帝国クライスに代表されるような帝国の制度のほかに、皇帝とのパトロン関係を考えることができる。中小貴族家門の子弟は、司教などの聖職を得て、諸侯の地位に接近することができた。全ての聖界領邦が、いくつかの有力なカトリック貴族家門によって独占されていたわけではなく、中小貴族が聖界領邦に入り込む余地は残っていた。プロテスタントの中小貴族が、十七世紀末以降、カトリックに宗派を変更する例が多くあるが、この理由の一つが、聖界諸侯のポストであり、皇帝の宮廷のポストだった。

さらに皇帝は、身分を昇格させる権利を持っていた。騎士が伯に、あるいは伯が諸侯に上昇する道がここにあった。この身分昇格政策は、一六四一年以降、帝国議会の承認を義務づけられ、制約を受けた。しかし皇帝はこれを巧みに活用し続けたのだった。

帝国都市

帝国都市は、一五二一年の帝国台帳によれば八五あったが、十八世紀末には五一に減り、最後は六つになる。帝国議会では、独自に都市部会を構成したが、正式に票が与えられたのは一六四八年、二票の集合票が与えられている。帝国政治での発言力という点では見劣りすると言わざるを得ない。帝国都市は、常に近隣の有力領邦による臣民化の危険に晒されていた。帝国都市はこのような圧力に対抗するために、特に皇帝の庇護を必要としていた。

帝国都市の多くは、自由都市として中世以来の歴史を持つが、近世においては、その自治的機能は低下し、都市貴族による門閥政治、寡頭制的な政治体制になる傾向が強く表れた。

十七世紀の後半以降の帝国政治において、帝国都市はもはや大きな役割を果たすことはなかった。しかし経済活動の拠点である点は変わりなかった。十六世紀以来、ヨーロッパ全体の交易ルートが地中海から大西洋に移り、ドイツが交易のメインルートから外れたとはいえ、帝国全体の物流を考えると、帝国都市の存在意義は大きい。そのため近隣の有力領邦にとって、帝国都市は魅力的であり、支配下に置こうとする動きは常に見られたのである。

コラム⑤　気候と歴史

歴史上のいろいろな出来事は、気候と関係している。例えば、浅間山《あさまやま》が一七八三年(天明《てんめい》三年)に大噴火し、フランス革命(一七八九年)の遠因になったという話は有名である。この時はアイスランドの火山も大噴火し、火山灰の影響により地球規模で天候不順になり、日本では天明の大飢饉《だいききん》(一七八二〜八八年)が起きた。

近年、過去の気候を科学的に探索する研究も進み、過去二〇〇〇年の気温変化を一年単位で再現できる状況にある。その研究成果によると、九〇〇年から一三〇〇年頃は中世温暖期と呼ばれ、ヨーロッパでは夏の平均気温は現在よりもおよそ一度高かったと考えられている。「中世の産業革命」と呼ばれる、水力(水車)を用いた生産活動が活発化したのもこの時期である。その経済力を背景にして、ヨーロッパの各地で教会(ロマネスク建築やゴシック建築）が建築されたのだった。

十四世紀半ばから十九世紀半ばまで続いたのが、小氷期と呼ばれる時代である。ヨーロッパでは、一三一五年から続いた不順な気候がその始まりである。一三一五〜一六年は激しい雨と寒い夏、そして飢饉だった。そしてこの寒い夏が終わると再び豪雨に襲われ、一三二〇年と二二年、ヨーロッパの多くの地域で大洪水が起きている。人々は旧約聖書にある大洪水とノアの方舟の伝説を連想した。豪雨が終わると、今度は急に雨が降らない乾燥した暑い夏が訪れた。ヨーロッパは、十四世紀になると不順な天候が続いたのである。

年代記の記述もこれに符合している。一三二〇年のパリでは夏に雨が降り続き、セーヌ川が氾濫《はんらん》して全ての橋が流されたとある。この当時のパリはシテ島を中心とした街で、そのほとんどが水に浸《つ》かった様子が記述されている。

こうした不順な天候が繰り返されながら、徐々に気温は低下し、十六世紀半ば以降、アルプスの氷河が前進し始め、周囲の村を飲み込み始めた。十六世紀半ばから十八世紀にかけて、氷河はゆっくり前進し、麓《ふもと》の村々に大きな影響を与えた。洪水のように一気に押し寄せるわけではなく、少しずつ前進し、教会や家々を飲み込んでいった。

この十六世紀半ばの厳しい寒さは、さまざまな芸術作品からも知ることができる。ピーテル・ブリューゲルの油彩画『雪中《せっちゅう》の狩人《かりゅうど》』は、小氷河時代の最初の大寒波が襲った一五六五年の冬に制作された。雪の降り積もった村を背景に、三人の狩人が犬を連れている様子と、近くの池でスケートをしている村人が描かれている。ブリューゲルはさらに、東方の三博士が幼子イエスの下を訪ねる絵にも厳しい冬景色を描き込み、三博士が吹雪《ふぶき》の中を重い足取りで歩く姿を描いた。

また十七世紀、オランダ出身の画家エイブラハム・ホンディウスが凍ったテムズ川（ロンドン）で狐狩《きつねが》りをする人々やスケートをする人々などを描いている。日本でも江戸時代の多くの浮世絵に雪景色が描かれている。

こうした気温の低下は、十七世紀から十八世紀においてその頂点に達する。この第5章が対象とする時代は、かなり気温の低い時期だったのだ。

第6章　帝国の終焉
——多極化の時代（一七四〇〜一八〇六年）

1　女帝マリア・テレジア

一七四〇年、二人の主役の登場

歴史上には、時として節目となる瞬間が訪れる。一七四〇年という年が、神聖ローマ帝国の歴史にとって大きな転換点であることは間違いない。

皇帝カール六世の死によって、ハプスブルク家の男系男子が断絶し、ハプスブルク家は同時に皇帝位も失う。一四三八年から三〇〇年間、絶えることなく継承してきた皇帝位を失ったのだ。そしてハプスブルク家の相続人として登場したのが、女帝とも称されるマリア・テレジアだった。

もう一人の主役はプロイセン王フリードリヒ二世。フリードリヒ大王とも呼ばれる。一七四〇年五月、父フリードリヒ・ヴィルヘルム一世の死去により、プロイセン王とブランデンブルク選帝侯を引き継いだ。

この二人が初めて砲火を交えたのが、オーストリア継承戦争だった。しかしそれに先立って、マリア・テレジアが登場する前のハプスブルク家の状況を確認しておこう。

ハプスブルク家の男系男子の断絶

皇帝カール六世のウィーンは、バロック文化の全盛期にあった。しかしハプスブルク家で

マリア・テレジア　1752年頃制作された35歳頃の肖像画。左側には、ハンガリー、ベーメンとオーストリアを支配していることを示す王冠が置かれている

フリードリヒ２世　1740年代に制作された肖像画。国王に即位した頃の若々しい姿が描かれている

は、カール六世が皇帝に即位する半世紀ほど前から、男系男子の少なさが目立つようになった（九〇頁の系図参照）。

皇帝フェルディナント三世は、三回結婚し子供は一一人。うち男子は六人だったが、成人に達して結婚したのはレオポルト一世だけだった。長男のフェルディナント四世は国王に即位したが、未婚のまま二十歳で早世している。

レオポルト一世も三回結婚し、子供は一六人だったが、男子は五人。男子の数がやや減り、そのうえ、のちに皇帝となるヨーゼフ一世とカール六世以外の三人は早世している。女子一一人では、結婚したのが二人、終生独身が二人、他の七人はいずれも早世している。

次の皇帝ヨーゼフ一世は、結婚一回で子供は三人。男子は一人だが早世し、二人の娘はそれぞれザクセン選帝侯とバイエルン選帝侯と結婚するが、やがて相続をめぐって騒動が巻き起こる。このヨーゼフは天然痘に罹《かか》って三十二歳で死去するが、これはハプスブルク家にとって大きな痛手となった。

ハプスブルク家の相続については、一七〇三年、スペイン継承戦争の際に相続協定が結ばれた。この協定は、ヨーゼフ一世がオーストリア系ハプスブルク家を継承し、弟のカールがスペイン王位を継承することを前提にしていた。双方で男系相続を認め、一方の男系男子が断絶の場合には、もう一方の男系男子が継ぎ、双方の男系男子が断絶した場合は男系女子が相続すると定めていた。この協定に基づいて、一七一一年、弟のカールがヨーゼフの跡を継いだのだった。

カール六世は、すでに一七〇八年に結婚していたがまだ子供がなく、さまざまな治療が試みられていたが、なかなか子供に恵まれなかった。この状況において、一七一三年、カールは国事詔書を公布し、長子単独相続を明確に示すとともに、一七〇三年の相続協定を改め、男系女子が相続する場合、兄ヨーゼフ一世の系統より自分の系統の女子を優先すると定めた。

この時点で、ヨーゼフ一世の遺児に娘二人（十四歳と十二歳）がおり、カール六世にはまだ子供がなかった。さらにヨーゼフとカール双方の系統の女子が絶えた場合、国事詔書に拠れば、カールの姉か妹が相続するとされた。ヨーゼフの二人の娘がいるので、ここまでは必要ないような気もするが、二人ともこの時未婚だったことが関係したのかもしれない。

カールの姉には、バイエルン選帝侯と結婚したマリア・アントニアがいる。マリア・アントニアは三人子供を産んだが、三人とも早世し、彼女自身もすでにこの時点で死去している。可能性として残っているのは、ポルトガル王と結婚した妹のマリア・アンナだけで、ここには男子が誕生する。のちのポルトガル王ジョゼ一世である。

話をカール六世に戻そう。国事詔書から三年後の一七一六年、長男レオポルト・ヨハンが誕生した。男子誕生にウィーン宮廷は喜びに満ちたが、わずか七ヶ月で亡くなった。そしてこの翌年の一七一七年に長女マリア・テレジア、一八年に次女マリア・アンナ、そして二四年に三女マリア・アマーリアが生まれるが、この三女は六歳で早世した。成人した子供は結局、娘二人だけだった。

国事詔書に従ってマリア・テレジアが相続人となり、十一世紀まで遡るハプスブルク家の男系男子の断絶が、少しずつ現実味を増した。それとともに内外における国事詔書の承認が、ハプスブルク家の最大の課題となった。さまざまな代償を払い、ハプスブルク君主国や帝国諸侯、さらにはスペイン、ロシア、イギリスそしてフランスの各王からは承認を得ることができた。しかしヨーゼフ一世の娘婿バイエルン選帝侯カール・アルブレヒト（のちの皇帝カール七世）は、この承認を拒んだ。

一七三六年、マリア・テレジアはロートリンゲン公フランツ・シュテファンと結婚した。その四年後の一七四〇年十月、カール六世は狩猟中に体調を崩して急逝する。五十六歳、ハプスブルク家最後の男系男子だった。この時、すでに三人の娘を産んでいたマリア・テレジアは、四人目を懐妊していた。翌四一年三月に生まれるのちの皇帝ヨーゼフ二世である。

オーストリア継承戦争

国事詔書に基づいて、一七四〇年、マリア・テレジアがハプスブルク君主国を相続した。マリア・テレジアは二十三歳。この時のハプスブルク君主国は、一七三七年から続いていたオスマン帝国との戦いに敗れ、パッサロヴィッツ条約（一七一八年）で得たバルカン地域の領土を失い、全体として軍事的退潮期にあった。

この相続に対して、ヨーゼフ一世の二人の娘を妃としているバイエルン選帝侯とザクセン選帝侯（ポーランド王）が異論を唱えた。ここまではある程度想定内と言えるが、一七四〇年十二月、プロイセン王フリードリヒ二世のシュレージエン侵攻が、事態を急変させた。オーストリア継承戦争の勃発である。シュレージエン（英語ではシレジア）は、プロイセンとオーストリアの間に位置し、地下資源に富み、産業も盛んで、やせた土地で「帝国の砂箱」と言われるブランデンブルクに比べると、はるかに豊かな地域だった。

一七四一年四月、モルヴィッツの会戦でプロイセン軍が勝利を収めると、フランスは伝統的な反ハプスブルクの立場から、プロイセンとバイエルンの支援を表明した。オーストリアの継承問題は一気に国際化した。フランスの支援を受けたバイエルン軍は、南からベーメンを目指して進軍し、同年十一月、プラハを占拠した。またザクセン軍も北からやはりベーメンを目指していた。

苦境に立たされたマリア・テレジアは、一七四一年九月、生後わずか半年のヨーゼフを抱きながら、ハンガリー議会で熱弁を振るい、ハンガリー貴族の支援を得ることに成功した。さらにイギリスの仲介で、状況を打開するためにやむなくプロイセンにシュレージエンを譲渡して講和を結び、反撃に転じる。

オーストリア軍は、ベーメンを奪還すると、一七四二年二月、バイエルン選帝侯領の都ミュンヘンを占領した。歴史の偶然なのか、ミュンヘンが占領されたその日、フランクフルトではミュンヘンの主《あるじ》、カール七世が皇帝戴冠式を行っていた。このカール七世については後述する。

こうした情勢の中、シュレージエンの確保に不安を抱いたプロイセンは、一七四二年六月、再びイギリスの仲介で、オーストリアと講和を結んだ（ブレスラウの講和）。これによってオーストリア軍は勢いを増して、バイエルン全土を占領、マリア・テレジアはプラハでベーメン王として戴冠式を挙行した。さらにイギリス軍とともに、ライン右岸で優位に戦闘を進め、フランス国内に攻め込む態勢を整えた。

これに対してフランスは、一七四四年六月、プロイセンと改めて同盟を結んだ。同年八月、プロイセンは再びプラハに侵攻。プロイセンは、シュレージエンがオーストリアに取り戻されるのを避けねばならなかった。ザクセン選帝侯は、今回はオーストリアとともにプロイセンと戦った。

プロイセンは一七四四年九月にプラハを占領したものの、ザクセンとオーストリアの猛攻に遭い、徐々に後退を余儀なくされ、シュレージエンの一部を失うほどだった。さらに翌四五年一月八日、オーストリアはイギリス、オランダ、ザクセンと同盟を結び、プロイセンを包囲して攻撃する準備を整えた。

この一二日後の一月二十日、皇帝カール七世が死去し、四月、バイエルンは全ての相続権を放棄してオーストリアと講和した。さらに同年九月の皇帝選挙において、マリア・テレジアの夫フランツ・シュテファンが皇帝に選出された（フランツ一世）。この間、プロイセンは苦境に立たされたが、軍の奮闘によって持ちこたえ、一七四五年十二月、ドレスデンの講和によって、シュレージエンの領有が認められた。

一七四八年、オーストリア継承戦争はアーヘンの和約で終結し、プロイセンによるシュレージエンの領有が正式に認められた。

カール七世の皇帝選出

カール七世（バイエルン選帝侯カール・アルブレヒト、皇帝在位一七四二〜四五年）は、一四三七年以降で、唯一ハプスブルク家以外から皇帝になった人物である。ヴィッテルスバッハ家出身の皇帝としては、十四世紀前半のルートヴィヒ四世以来、約四〇〇年ぶりだった。

一七四二年一月、フランクフルトで皇帝に選挙され、翌二月に皇帝戴冠式が挙行された。しかしまさに皇帝戴冠式が挙行された日、バイエルンの都ミュンヘンがオーストリア軍によって占領され、カール七世はフランクフルト滞在を余儀なくされた。二年後の一七四四年にミュンヘン帰還を果たすが、三ヶ月後の一七四五年一月に死去した。四十七歳、在位は三年にも満たなかった。

こうした経緯から、歴史的には「哀れな皇帝」などと表現され、三〇〇年来の唯一の非ハプスブルク家の皇帝という点だけが指摘されるに過ぎない。さらにバイエルンは、三十年戦争以来、親フランス的な態度に終始しており、カール七世の場合もフランスの傀儡《かいらい》と見られがちである。

しかしなぜカール七世が皇帝となることができたのか。なぜ一代限りだったのか。そしてカールが皇帝になったことをどのように評価できるのか。少し考えてみたい。

カール七世は、バイエルン選帝侯マクシミリアン二世エマヌエルとポーランド王女テレーゼ・クニグンデの間に生まれた。妻は、皇帝ヨーゼフ一世の娘である。父の姉マリア・アンナは、フランス王ルイ十四世の長男ルイ（ルイ・ド・フランス）と結婚している。ルイとマリア・アンナの次男フェリペ五世は、スペイン継承戦争によってスペイン・ブルボン朝の最初の国王となる。フェリペ五世は、カールから見ると、一四歳年上の従兄にあたる。

皇帝が死去した場合、本来であれば、速やかに選挙が行われるべきだった。ハプスブルク君主国は、国事詔書によってマリア・テレジアが相続できた。しかし皇帝はサリカ法典（ゲルマン部族法典の一つ）に基づいて、女性がなることはできなかった。そのためマリア・テレジアの夫フランツ・シュテファンが最有力候補だったが、ブランデンブルク選帝侯でもあるプロイセン王フリードリヒ二世が、これに異論を唱えた。

フリードリヒ二世からすると、ロートリンゲン家から新たな皇帝が選ばれ、ハプスブルク君主国の全ての財産を引き継ぐことは望ましくなかった。しかしフリードリヒ自身はプロテスタントであり、カトリックが多数を占める選帝侯会議で過半数の票を得る見込みはなかった。フリードリヒがそこで目を付けたのが、かねてから皇帝位に野心を示していたバイエルン選帝侯カール・アルブレヒトだった。

皇帝選挙の票読みとしては、カール六世との契約でフランツ・シュテファンに投票すると約束していたのは、マインツ選帝侯とトリーア選帝侯の二人、ハノーファー選帝侯はイギリス王という立場からハプスブルク家に投票する可能性が高かった。

しかし残りの六人はカール・アルブレヒトへの投票が確実だった。ケルン選帝侯はカール・アルブレヒトの実弟クレメンス・アウグスト。プファルツ選帝侯は同じヴィッテルスバッハ家であり、そのうえ一七二四年、同盟と相続に関して家門契約が結ばれていた。ブランデンブルク選帝侯はフリードリヒ二世であり、バイエルン選帝侯とベーメン王はカール・アルブレヒト、ザクセン選帝侯とは同盟関係にあった。

さらに一七四一年、モルヴィッツの会戦でプロイセンが勝利し、帝国内の形勢はプロイセンに傾き、翌四二年一月の皇帝選挙で、カール・アルブレヒトが選出された（カール七世）。戦争の状況からベーメンの票は除外されたが、ハノーファー選帝侯はザクセンとプロイセンからの攻撃を恐れ、カール・アルブレヒトに投票した。翌二月、フランクフルトで弟のケルン大司教によって華やかな戴冠式が挙行されたが、帰るべき首都ミュンヘンはオーストリア軍に占領され、フランクフルトに滞在せざるを得なかった。

戦況の好転により、一七四三年春に数ヶ月、カール七世はミュンヘンに帰ることができたが、戦況悪化で再びフランクフルトに避難しなければならなかった。翌四四年五月、皇帝への援助と帝国国制の維持、さらにはバイエルン解放を目指して、皇帝、プロイセン、フランス、プファルツとヘッセンがフランクフルト連合を結成し、他の帝国諸侯にも参加を呼びかけた。戦況は再び好転し、カールは一七四四年十月、街中の鐘が鳴り響く中、住民の歓呼を受けてミュンヘンに帰還したが、翌四五年一月、長年患っていた心臓の病気によって死去した。

皇帝を援助し帝国を支えるというプロイセンとフランスの戦争の大義は、カール七世の死によって潰《つい》えた。カールの長男マクシミリアン三世ヨーゼフは、この時まだ十七歳。皇帝ヨーゼフ一世の孫にあたるが、次の皇帝に推すには若すぎた。

一七四五年九月、皇帝選挙が行われ、マリア・テレジアの夫フランツ・シュテファンが皇帝に選出され、十月に戴冠式が挙行された（フランツ一世）。その約半年前の四四年四月、バイエルンはハプスブルク君主国に対する全ての相続権の放棄とフランツ・シュテファンへの投票を約束して、オーストリアと講和し、バイエルン選帝侯家の存続が保障されていた。

カール七世の限界

バイエルンからオーストリア軍を追い出すために、カール七世は皇帝として帝国諸侯に援助を要請したが、ほとんど反響はなく、フランスとプロイセンの支援に頼らざるを得なかった。

　バイエルン選帝侯領の面積は、ハプスブルク君主国の七％程度しかなく、財力も乏しかった。これを打開する方法として、聖界諸侯領を接収（世俗化）し、帝国都市を陪臣化《ばいしんか》する計画が、プロイセンとイギリスから提案された。この計画は、カールの死によって頓挫したが、帝国の政治的土台を大きく切り崩す危険を秘めた案だった。実際、これから約六〇年後、世俗化と陪臣化が実行され、帝国は滅亡に至る。

　カール七世は帝国議会をレーゲンスブルクからフランクフルトに一時的に移すことはできたが、帝国書記局などの帝国諸官庁の人員を揃えられず、またマリア・テレジアに帝国文書の引き渡しを拒否され、皇帝として帝国を統治できる状況にはなかった。またカールは、バイエルンを王国に昇格させたいと考えていたが、病気がちで、財力もなく、領土も乏しいカールには難しかった。カールの夢だったバイエルン王国は、皮肉にも帝国の滅亡後に現実となる。

　カール七世の事例から分かるのは、皇帝位を維持するためには、帝国の諸機関を動かすための莫大な費用が不可欠だということだった。この条件を満たせるのは、ハプスブルク家しかなかった。この現実をヴィッテルスバッハ家はもちろん、他の選帝侯や諸侯も思い知ったのだった。

フランツ一世

皇帝フランツ一世（皇帝在位一七四五～六五年）、ロートリンゲン公としてはフランツ・シュテファン。父方の曽祖父は皇帝フェルディナント三世。このフェルディナント三世は、マリア・テレジアの曽祖父なので、二人は又従兄妹《またいとこ》の関係にある。この当時の王侯たちは、少し遡れば、いろいろな王家とつながる例が多い。フランツ・シュテファンも例外ではなく、母方を辿ればルイ十四世やプファルツ選帝侯家につながる。血縁関係ではブルボン家の方が近い。

しかしロートリンゲン家は、スペイン継承戦争の時にルイ十四世によって所領が占領され、オーストリアに亡命している。フランツ・シュテファンの父レオポルト・ヨーゼフは、インスブルックで生まれ、ウィーンで軍人となるべく教育を受けたのだった。

一七四五年九月、フランツ・シュテファンが皇帝に選出され、翌十月、マリア・テレジアも参列して盛大な戴冠式がフランクフルトで挙行された。家系的にはロートリンゲン家なので、ハプスブルク家の皇帝とみなすかどうかは微妙だが、マリア・テレジアの夫であり、ハプスブルク＝ロートリンゲン家の皇帝の誕生だった。

カール七世の死後、フランツ一世以外に皇帝となり得る候補者はいなかった。しかし選挙結果は満票ではなく、全九票のうち七票を得ての選出だった。フランツに票を入れなかったのは、ブランデンブルク選帝侯とプファルツ選帝侯だった。ブランデンブルク選帝侯はプロイセン王フリードリヒ二世であり、この頃はまだシュレージエンをめぐって戦っていたので分かるとして、プファルツ選帝侯はどのような事情だろうか。

この時のプファルツ選帝侯はテオドール・カール。のちにバイエルン系ヴィッテルスバッハ家の断絶により、バイエルン選帝侯になる人物だが、この時まだライン川流域にフランス軍が駐留する状況にあり、プロイセンとの同盟を重視して歩調を合わせたと考えられる。

ハプスブルク家は皇帝位を再び獲得できた。しかしハプスブルク家が皇帝位を失ったこの五年間で、帝国にとってもまたハプスブルク家にとっても、皇帝位の意義は大きく変化した。新皇帝の即位においては、封建関係を更新し、皇帝との人的誠実関係を結ぶために、諸侯自らあるいは代理人が皇帝の面前に跪《ひざまず》き、忠誠を誓うのが伝統的な儀礼だった。しかしカール七世がこの儀式をフリードリヒ二世に免除したことから、他の諸侯もこれに倣《なら》い、フランクフルトに来る諸侯はほとんどいなかった。そしてこの状況は、フランツ一世即位の時も変わらなかった。皇帝と帝国等族の人的関係の弛緩《しかん》は明らかだった。

そのハプスブルク家でも皇帝位に対する考え方は大きく変わった。国事詔書に従ってマリア・テレジアがハプスブルク君主国を相続し、そして夫フランツ・シュテファンが皇帝に即位するという計画が、フリードリヒ二世のシュレージエン攻撃という暴力によって完全に狂った。そして軍事的苦境に立たされたハプスブルク家から、長い間維持してきた皇帝位さえも、いとも簡単にヴィッテルスバッハ家に移ったのだった。ハプスブルク家を守るために重要なのは、何よりも軍事力とそれを支える財力であると、マリア・テレジアは痛感せざるを得なかった。

ハプスブルク君主国の改革

ハプスブルク家にしてみれば、プロイセンよりはるかに広大な領土を持ち、代々皇帝位を担ってきたにもかかわらず、豊かなシュレージエンをプロイセンに奪われたことは、大きな衝撃だった。プロイセンのように、中央集権的な体制を整え、財政を豊かにして軍事力を強化しなければならなかった。

そのための行政改革を主に担ったのが、シュレージエン出身貴族ハウクヴィッツだった。国政の最高機関としてウィーンに監理府を設置し、諸邦に邦政庁、さらにその下に郡庁を置き、中央集権的体制を整えた。しかしハプスブルク君主国の場合、諸邦の伝統が強く、この集権的体制がそのまま機能したわけでは決してない。この体制を築くためには、多くの対立と妥協を繰り返さなければならなかった。

他方、外交面では有名な外交革命が断行された。これを担ったのが、アーヘンの和約の講和会議で頭角を現した宰相カウニッツだった。まず一七五〇年にロシアと同盟を結び、一七五六年五月、三〇〇年来の不倶戴天《ふぐたいてん》の敵、フランスと同盟を結んだ。この外交革命として有名な同盟は、極秘裏に進められたカウニッツの交渉の成果でもあるが、同年一月、イギリスとプロイセンが締結したウェストミュンスター協定の影響が大きかった。フランスはこれを長年の同盟関係に対するプロイセンの背信行為と受け止め、オーストリアとの同盟に踏み切ったのだった。この外交革命によって、ヨーロッパの勢力関係図は大きく塗り替えられた。

マリア・テレジアと一六人の子供たち

行財政改革とともに、マリア・テレジアにはもう一つやらなければならないことがあった。ハプスブルク家の相続の安定化である。

近世ヨーロッパの特色の一つが、君主家門の継承をめぐる戦争である。継承戦争という名前が付いた戦争が、この時期に多発している。国王を中心とした政治体制において、国王の死は一つの政治的危機でもあった。そのうえ、国王の家門に相応しい相続人がいない場合、国家存亡の危機に陥る可能性もあった。周辺諸国は、分割に関するさまざまな秘密協定を結び、虎視眈々《こしたんたん》と所領拡大の好機を待っていた。マリア・テレジアは、これを目の前でまざまざと見せつけられたのだった。

このような国家の危機を防ぐためには、何よりも相続を安定させる必要があった。そのためにマリア・テレジアは、たくさんの子供を産まなければならなかった。そしてマリア・テレジアはこれをやり遂げた。長女マリア・エリザベートの出産から一九年間で一六人の子供を産んだのだった。しかも精力的に国政改革に取り組みながらである。このうち三歳にならら

マリア・テレジアとその家族　フランツ1世（左端）、マリア・テレジア（右から3人目）夫妻と、11人の子供たちが描かれている。左から5人目がマリー・アントワネットで、2人おいて長男ヨーゼフ2世、右端が三男レオポルト2世

ずに早世したのは三人だけで、これはマリア・テレジアが医療・衛生制度の改善を図った結果でもある。幼児と出産後の女性の死亡率が、オーストリアではこの頃から劇的に低下している。

ハプスブルク家の安泰を図るために、マリア・テレジアはさらにもう一つ、新たな結婚政策を行っている。子供の多くが、フランス王家であるブルボン家とその縁戚と結婚している。外交革命によるフランスとの同盟関係を結婚政策によって支えようとした。長男の皇帝ヨーゼフ二世の最初の妻は、イタリア北部のパルマ公フィリッポ一世の長女。フィリッポ一世は、スペイン・ブルボン家の最初の国王フェリペ五世の息子である。さらに一六番目の末娘マリー・アントワネットは、よく知られているように、フランス王ルイ十六世と結婚し、フランス革命によって処刑される運命を辿る。

マリア・テレジアの夫、皇帝フランツ一世は、一七六五年八月、劇場で心臓発作を起こして急逝した。この時四十八歳のマリア・テレジアは、以後一五年間、最後の息を引き取るまで、五十六歳だった。喪服を脱ぐことはなかったと言われている。

このフランツ一世の後は、長男ヨーゼフが皇帝(ヨーゼフ二世、皇帝在位一七六五~九〇年)となったが、子供は娘二人でいずれも早世したため、ヨーゼフの後は、三男レオポルトが皇帝(レオポルト二世、皇帝在位一七九〇~九二年)となる。次男カール・ヨーゼフは十五歳で死去している。このレオポルト二世の長男が、神聖ローマ帝国最後の皇帝となるフランツ二世である。

七年戦争

シュレージエンを奪われたマリア・テレジアは、国内の政治体制の整備を急ぐとともに、フランスと同盟を結び、ロシアとともにプロイセンを包囲する外交戦略をとった。プロイセンの置かれた状況は悪かったが、フリードリヒ二世は、一七五六年八月、戦争宣言もせずにいきなりザクセンに侵攻した(七年戦争の勃発)。攻撃される前に侵略する、機先を制した攻撃だった。帝国議会はプロイセンに対して、帝国戦争を宣言してプロイセンを帝国の敵とみなし、スウェーデンもプロイセンに宣戦布告した。

プロイセンは緒戦では優勢だったものの、その後は不利な状況が続いた。シュレージエンがオーストリア軍に、東プロイセンがロシア軍に、ポメルンがスウェーデン軍に、ザクセンとハノーファーがフランス軍に奪われ、プロイセンは今や、袋の鼠《ねずみ》と化した。

しかし一七六二年一月、ロシア女帝エリザベータの死によって事態は急転する。その後継者は、エリザベータの甥で熱烈なフリードリヒ支持者、ピョートル三世。彼はすぐにプロイセンと講和を結び、そのうえ同盟も結んだのだった。しかしピョートルは即位後わずか半年の同年七月、妃エカチェリーナを支持するクーデターによって殺害される。啓蒙専制君主として知られるエカチェリーナ二世の登場で、エカチェリーナはプロイセンとの同盟を解消したが、講和はそのまま維持した。

このロシアの政変を契機として、一七六二年十二月、講和会議が始まり、翌六三年二月にフベルトゥスブルク講和条約が締結された。この講和条約によって、プロイセンはシュレージエンの領有をそのまま認められ、オーストリアはマリア・テレジアの長男ヨーゼフの皇帝選挙の支持の約束をプロイセンから得たのだった。

マリア・テレジアは宿願のシュレージエン奪還は果たせなかったが、フリードリヒ二世相手に戦い抜き、オーストリアの国力を内外に示すことができた。同時に、帝国の政治情勢も大きく変化し、皇帝位を持つオーストリアとともに、今やプロイセンがそれに対抗し得る一大勢力として台頭した。プロイセン・オーストリアの二元主義である。

2　十八世紀の帝国

ホーエンツォレルン家とブランデンブルク辺境伯

十九世紀においてドイツ帝国の皇帝家となるホーエンツォレルン家は、もともとは南西ドイツの小領主で、その発祥の地には、今もホーエンツォレルン城が残っている。この南西ドイツの小領主は、十二世紀にフランケン地方に進出し、ニュルンベルク城伯となり、都市ニュルンベルク周辺の領地の支配権を獲得した。この頃のホーエンツォレルン家は、皇帝に忠実に仕え、特に十五世紀初め、ルクセンブルク家のジギスムントの国王選出（一四一〇年）に大いに貢献し、その報賞としてブランデンブルク辺境伯に封じられた。ここからホーエンツォレルン家のブランデンブルク辺境伯としての歴史が始まる。

このブランデンブルク辺境伯は、一一五七年に設置されたが、十五世紀に至るまで伯家は転々としている。最初はアスカーニア家だったが、一三二〇年に同家が断絶すると、当時国王だったルートヴィヒ四世（ヴィッテルスバッハ家）が獲得した。その後一三七三年、皇帝カール四世（ルクセンブルク家）に移り、ルクセンブルク家で所持したが、先に述べたように、ジギスムントがホーエンツォレルン家のフリードリヒ六世（ブランデンブルク辺境伯としてはフリードリヒ一世）に与えたのだった。ブランデンブルク辺境伯は選帝侯の一人であり、ブランデンブルク選帝侯と呼ばれる。

　このブランデンブルク選帝侯領の東側、ポメルンを挟んだバルト海沿いに、広大なドイツ騎士団の所領が広がっていた。一五一一年、このドイツ騎士団総長にホーエンツォレルン家の分家アンスバハ系のアルブレヒトが選出された。アルブレヒトは一五二三年、ルター派に改宗し、ドイツ騎士団領は、一五二五年、ポーランド王を宗主とするプロイセン公国となった。このためプロイセンは、神聖ローマ帝国の版図には属さない公国として位置づけられる。

　一五六八年、アルブレヒトが死去し、その子アルブレヒト・フリードリヒが跡を継いだが、まだ十四歳だったために、従兄にあたるアンスバハ系のブランデンブルク辺境伯が摂政となった。その後、アルブレヒト・フリードリヒは精神を患ったために、引き続き、歴代のブランデンブルク選帝侯がプロイセン公国の摂政を兼ねた。

　プロイセン公として五〇年、アルブレヒト・フリードリヒは一六一八年に死去し、ブランデンブルク選帝侯が、プロイセン公国を相続した。ブランデンブルク選帝侯の所領は約二倍になった。ブランデンブルク＝プロイセンの誕生である。

ブランデンブルク＝プロイセンの所領の拡大

　このプロイセン公国の相続は、必ずしも最初から計画されたものではなかった。アルブレヒトがドイツ騎士団総長に選出されたのは、母親がポーランド王女だったためで、騎士団がポーランド王との血縁関係を重視した結果に過ぎない。またアルブレヒトがルター派に改宗したのも、彼個人の考えだった。本家であるブランデンブルク選帝侯家は、この時点ではまだカトリックで、当時の選帝侯ヨアヒム一世は宗教改革の反対者の一人だった。宗教改革の引き金となった免罪符販売で悪名高いマインツ大司教アルブレヒトは、ヨアヒムの六歳下の弟である。

しかし次の選帝侯ヨアヒム二世以降は、プロイセン公国を相続するために計画的に取り組んだ。まずヨアヒムはルター派に改宗し、その後はいわゆる結婚政策を実施し、自分の息子たちをプロイセン公アルブレヒト・フリードリヒの三人の娘と結婚させた。

一六〇九年、ユーリヒ大公の死去により、ユーリヒ＝クレーヴェ継承戦争が起きた。ユーリヒ大公には子供がなく、精神を病んでいたため、早くからライン下流、ネーデルラントとの国境付近にあるユーリヒ大公領の相続が関心を集めていた。また三十年戦争前夜の宗派対立も影を落としていた。最終的には一六一四年のクサンテン条約によって、ブランデンブルク選帝侯ヨハン・ジギスムントが、クレーヴェ公国を相続した。

相続の経緯としては、ユーリヒ大公の姉が、プロイセン公アルブレヒト・フリードリヒと結婚し、その長女アンナが選帝侯ヨハン・ジギスムントと結婚していたことによる。先に記した三人の娘との結婚の一つが、ホーエンツォレルン家に新たな所領をもたらしたのだった。さらに選帝侯ヨハン・ジギスムントは、クサンテン条約の前年の一六一三年、ルター派からカルヴァン派に改宗した。クレーヴェ公国ではカルヴァン派が多数を占めていたため、その支持を期待した改宗と言われている。

ブランデンブルク選帝侯はこれにより、帝国の西部に所領を持つことになったが、ここはフランスとスペインの係争地でもあった。また完全に飛び地で、これ以降、本領ブランデンブルクとこの飛び地をつなげることが、大きな課題となった。その間にあった大きな所領は、まずはザクセン、そしてハノーファーだった。七年戦争で、フリードリヒ二世がザクセンに侵攻した理由はここにある。

もう一つの領域的課題は、東側でブランデンブルクとプロイセンをつなげることだった。これについては一六四八年ウェストファリア条約によって、東ポメルンを獲得し一歩前進した。さらにこのウェストファリア条約によって、西部所領として、ミンデン司教領、ハルバーシュタット司教領、マクデブルク大司教領（継承は一六八〇年）を獲得し、飛び地がさらに近づいた。

これによって支配領域はかなり大きくなり、ブランデンブルク選帝侯は、選帝侯以外にプロイセン公、東ポメルン公、マクデブルク公、クレーヴェ公、マルク伯、ラーフェンスブルク伯、ミンデン伯、ハルバーシュタット伯の八つの称号を持った。しかしこれらの所領は、一部は地続きだったが、まだ多くは離れていた。

一七二〇年のストックホルム条約（大北方戦争）によって、バルト海沿いの領域を東に拡大したが、まだプロイセンとブランデンブルクをつなげることはできなかった。この点を解決したのが、一七七二年から九五年の間、三回に分けて実施されたポーランド分割だった。これによりブランデンブルクとプロイセンが初めて地続きになり、プロイセン王国は東側に大きく領土を広げることに成功した。またこの間、オーストリア継承戦争と七年戦争を戦い抜き、シュレージエンを獲得したことはすでに述べた通りである。

十八世紀後半、フリードリヒ二世が遺《のこ》したブランデンブルク＝プロイセンの所領は、約二〇万平方キロメートル。十五世紀半ばの約七倍に拡大した。

ブランデンブルク＝プロイセンの台頭

ブランデンブルクが、オーストリアに匹敵する帝国第二の勢力に成長したのはなぜだろうか。

我が国でも分厚い蓄積があるプロイセン史の観点からは、大選帝侯と称されるフリードリヒ・ヴィルヘルムの選帝侯即位（一六四〇年）以降の権力国家への成長、特に軍事力の強化と中央集権的体制の整備が、その主因として指摘される。さらに、啓蒙絶対君主の代表者、フリードリヒ二世の下で行われたさまざまな改革、そしてオーストリア継承戦争と七年戦争を戦い抜いたことが、ブランデンブルク＝プロイセンをヨーロッパ列強へと成長させた。

ドイツ史の概説書を見れば、このあたりのことは詳しく書かれている。敢えてここで繰り返すのはやめて、本書では帝国史の観点から、ブランデンブルク＝プロイセン台頭の背景を考えてみよう。

一六四八年以降、帝国国制の整備が皇帝の主導の下で進められ、一六八一年の帝国軍制に見られるように、一五五五年の帝国執行令に基づいた国制構造が強化された。こうした状況の中で、ブランデンブルク辺境伯は選帝侯の一人として帝国政治に関与し、皇帝に対立する、あるいは帝国を無視するような言動をとっていない。

さらに軍事面でも、オーストリアとブランデンブルク＝プロイセンの最初の対立は、オーストリア継承戦争だった。これ以前のブランデンブルクは、帝国の一員として帝国戦争に加わり、オーストリアとともに戦っていた。

しかしこれ以降バイエルン継承戦争に至るまで、両者は四回にわたって激突し、いずれもブランデンブルク＝プロイセンが勝利している。オーストリアとブランデンブルク＝プロイセンというと、長い間対抗関係にあったかのように思われがちだが、軍事的な側面に限れば、対立は十八世紀後半の半世紀ほどに過ぎない。

その一方で、十七世紀の後半以降、徐々に進展した再カトリック化の傾向が、帝国政治に影を落とした。特に顕著だったのは、プロテスタント諸侯家が、カトリックに次々と改宗したことだった。

一六九七年六月、ザクセン選帝侯フリードリヒ・アウグスト一世は、ポーランド国王選出を目指してカトリックに改宗した。このほかにも、一六八五年、プファルツ選帝侯カール二世の死により、選帝侯位が分家プファルツ＝ノイブルク家に相続された。ノイブルク家はカトリックだったので、プファルツ選帝侯はカルヴァン派からカトリックになった。ほかにも、一七一二年にヴュルテンベルク大公、一七四九年にヘッセン＝カッセル方伯がカトリックに改宗した。

こうした再カトリック化の進展によって、プロテスタントの選帝侯は、ブランデンブルクと一六九二年に選帝侯位を獲得したハノーファーの二人だけになった。

諸侯家の再カトリック化は、帝国法的には、領邦の宗派を変更しない限り、特に問題はないと解釈された。ウェストファリア条約によって定められた基準年（一五五頁参照）の宗派が領邦で維持される限り、諸侯自身の改宗は法的には問題はなかった。

しかし諸侯の再カトリック化は、単に諸侯自身の宗派変更にとどまらず、領邦や帝国の政治に大きな影響を及ぼした。さらにこの状況において大きな反響を呼んだのが、プファルツ継承戦争の講和条約、ライスワイク条約（一六九七年）に組み入れられたいわゆるライスワイク条項だった。

ライスワイク条約は、フランスが占領していた地域のほとんどを帝国に返還することを規定したが、ライスワイク条項では、この返還地がフランス占領下でカトリック化した状態を維持すると定めていた。これは明らかに、ウェストファリア条約の基準年の規定に違反している。

この条項は、講和交渉の最後になって突然挿入され、宗派問題の新たな火種となった。さらに、プファルツ選帝侯になったフィリップ・ヴィルヘルムが、領内でプロテスタントの弾圧を始め、事態はいっそう深刻化した。この選帝侯の弾圧行為は、直ちに帝国議会に提起された。

帝国議会と宗派問題

帝国議会では、ウェストファリア条約によって、宗派問題は伝統的な三部会ではなく、宗派別に協議を行い、両者の一致によってのみ解決が図られることになっていた。この宗派別の会議が、カトリック派会議と福音派会議（ここでの福音派は、ルター派とカルヴァン派の総称）だった。福音派会議の議長はザクセン選帝侯だが、カトリックに改宗して形骸化し、会議で実質的に発言力を持ったのは、ブランデンブルク選帝侯とハノーファー選帝侯だった。

しかしハノーファー選帝侯は一七一四年にイギリス王位を獲得し、原則としてロンドン在住が義務づけられたため、ハノーファー選帝侯国では、顧問官たちによる集団統治体制が敷かれていた。そのため帝国内で最も有力なプロテスタント諸侯は、事実上ブランデンブルク選帝侯だけ。まさにこの点を十分に活用して、帝国政治に当たったった。

ブランデンブルク選帝侯は、プロテスタントの保護者として、中小のプロテスタント等族のパトロンの役割を演じた。多数決原理が有効だった福音派会議において、多数のプロテスタント等族の支持を得て、福音派会議を自由に操ることができた。さらに帝国政治に関する問題を、強引に宗派問題とみなすことで、帝国議会の審議を伝統的な三部会から宗派別の会議に移すことができた。

このような宗派問題の活用に一役買ったのが、一七一七年の宗教改革二〇〇年祭だった。ここにおいてルターの功績が新たに論じられ、宗派的熱情が湧《わ》き上がった。

帝国を支える重要な国制機関である帝国議会は、こうして宗派的二極化により、徐々に麻《ま》痺《ひ》する傾向にあった。例えば、七年戦争において、皇帝はフリードリヒ二世に帝国追放刑の宣告を望んだが、プロテスタント等族の反対で失敗に終わっている。帝国追放刑の宣告には帝国議会の承認が必要だった。

次善の策として、皇帝は帝国議会で多数派工作を進め、帝国議会がフリードリヒ二世を「帝国の敵」とする帝国戦争を宣言し、帝国軍の派遣を決定するところまではどうにか漕《こ》ぎ着《つ》けた。しかし帝国等族は個別にプロイセンと講和を結び、この戦争から次々と離脱した。さらにプロテスタント等族の主導で、七年戦争が終結する直前、帝国議会は中立を正式に宣言したのだった。

ブランデンブルク＝プロイセンの台頭によって、特に七年戦争以降、帝国の政治体制は大きく変化した。皇帝を頂点とする身分制的な体制に変わりはないものの、実質的にはオーストリアとブランデンブルク＝プロイセンの二強体制となった。これをドイツ史では二元主義と呼んでいる。

しかしオーストリアとブランデンブルク＝プロイセンの二強が、帝国を支えたとか、帝国全体がこの二つの勢力に分かれたというわけではない。この両国の特色は、帝国の外側に大きな所領を持ち、帝国とは関係なく存立し得たことだった。

オーストリアにあっては、ハプスブルク家が歴代の皇帝を輩出していたが、一七四〇年のカール六世の死が大きな転機となった。皇帝位を失うと同時に、他国から攻め込まれた苦い経験から、皇帝位はオーストリアにとって自国を維持するための必須《ひっす》のアイテム（道具）となった。皇帝はもはやキリスト教世界の守護者ではなく、むしろハプスブルク君主国の守護者だった。この点は特にヨーゼフ二世において顕著となる。

一方ブランデンブルク＝プロイセンにとっては、やはり一七四〇年のフリードリヒ二世の即位とその後のシュレージエンの獲得が大きな転機だった。戦争での勝利によって、ブランデンブルク＝プロイセンはヨーロッパ列強に仲間入りし、七年戦争において帝国の敵と断じられてももはや動揺することはなかった。フリードリヒ二世は皇帝になることに関心がなく、国力の増強と「君主は国家第一の下僕」という有名な言葉に凝縮されている国家理性の追求に力を注いだのだった。

オーストリアもブランデンブルク＝プロイセンも変わった。そんな両国の姿をまざまざと見せつけたのが、ポーランド分割とバイエルン継承戦争だった。

ポーランド分割とバイエルン継承戦争

ポーランドでは、一七六三年、ザクセン選帝侯を兼ねていた国王アウグスト三世の死後、ロシアの影響下でスタニスワフ二世ポニアトフスキが新たな国王に選出された。これに対してフリードリヒ二世は、ポーランドがロシアに奪われることを警戒し、一七七二年、オーストリアとロシアとともに、それぞれの国境に隣接する地域を割譲させた（第一次ポーランド分割）。前述のように、ブランデンブルク＝プロイセンはこれによって宿願を果たし、ブランデンブルクとプロイセンが地続きとなった。領土的利害むき出しの暴力的な分割だった。マリア・テレジアは反対したが、息子のヨーゼフ二世がこれを押し切って分割に参加し、ガリツィア（現在のウクライナ西部）を獲得した。

第一次分割後のポーランドでは、ロシアを保護国とする体制が敷かれたが、一七九一年、ポーランドがこの保護体制を拒否し、ロシアに支持される勢力と内線状態になった。こうした状況の中、一七九三年にロシアとプロイセンによる第二次分割が、さらに九五年にはロシア、プロイセン、オーストリアによる第三次分割が行われ、ポーランドは全ての領土を失い、地図上から消え去ったのだった。

一七七八～七九年のバイエルン継承戦争においても、領土的利害がむき出しになった。帝国等族にとっては、同時期のポーランド分割より、このバイエルン継承戦争の方がはるかに衝撃的だった。

一七七七年十二月、バイエルン選帝侯マクシミリアン三世ヨーゼフが死去し、バイエルンのヴィッテルスバッハ家は断絶した。家門契約に基づいてプファルツ選帝侯カール・テオドールがバイエルン選帝侯を継承（プファルツ選帝侯位は消滅）するが、ここにヨーゼフ二世が介入する。オーストリアはバイエルン獲得を以前から狙ってはいたが、今回の継承にハプスブルク家が介入できる根拠は乏しかった。しかしヨーゼフ二世は、カール・テオドールにバイエルン東部（オーバープファルツとニーダーバイエルン）の割譲を要求し、一七七八年一月、軍隊を派遣して一方的に占領したのだった。

フリードリヒ二世はこれに猛然と反対し、ヨーロッパ列強およびドイツ国内の支持を取り付け、同年七月、プロイセン軍をベーメンに進軍させた。ベーメンはオーストリア継承戦争の時から、ブランデンブルク＝プロイセンが狙っていた地域でもある。ベーメンにおいて両軍は対峙したが、戦闘らしきものはほとんどなかった。

この頃からマリア・テレジアとフリードリヒ二世の間で、ヨーゼフ二世が知らないうちに講和交渉が始まり、一七七九年五月、テッシェンの講和が成立する。オーストリアはバイエルンの一部を手に入れたが、しかし信用は失墜した。さらにマリア・テレジアとヨーゼフ親子の確執も露《あら》わになった。一方、プロイセンは帝国の既存秩序を守護する役割を演じた形となり、帝国内での評価は高まった。

この戦争はほとんど戦いらしい戦いもなく、兵士たちは講和交渉の間、占領地のジャガイモ畑を荒らしていただけだったことから、ジャガイモ戦争とあだ名されている。

しかしヨーゼフ二世は、これでバイエルン獲得を諦めたわけではなかった。一七八〇年十一月、母マリア・テレジアの死後、ヨーゼフは再びバイエルン獲得を目指した。一七八四年、今度はオーストリア領ネーデルラントとバイエルンの交換をバイエルン選帝侯に提案したのだった。ひたすら領土的利害をむき出しにするヨーゼフに対して、ドイツ諸侯が動き出す。最後の帝国改革とも呼ばれる「諸侯同盟」である。

諸侯同盟

一七八五年七月、フリードリヒ二世の呼びかけでブランデンブルク、ザクセンとハノーファーの三選帝侯が同盟を結んだ。この三選帝侯同盟に、中小領邦が加盟する形で諸侯同盟が成立した。

この中小領邦は、一七七〇年代から「第三のドイツ」の結集を通じて、帝国の再生を図ろうとしていた。その中心人物が、文豪ゲーテを自国に招聘《しょうへい》したザクセン＝ヴァイマール公カール・アウグスト、重農主義者のバーデン辺境伯カール・フリードリヒ、そして「父フランツ」の名で知られるアンハルト＝デッサウ公レオポルト三世フリードリヒ・フランツだった。父フランツは、世界文化遺産に指定されているエルベ川の支流沿いの広大なイギリス式庭園、デッサウ・ヴェルリッツ庭園王国を造ったことでも知られている。彼らは啓蒙君主として、さまざまな改革を実践し、ドイツ各地に数多くの文化拠点を築いた君主たちだった。

これら中小領邦の君主は、オーストリアとブランデンブルク＝プロイセンの専横な振る舞いに対して、自らの存立と自由を守り帝国国制を維持するために、新たな帝国改革を目指していた。そこにフリードリヒ二世が、帝国国制の維持を目的として三選帝侯同盟を結成し、帝国の既存秩序の恣意的《しいてき》な変更、特に教会領の世俗化と領土の交換に反対した。

ここだけ見ると、あたかもフリードリヒ二世が帝国国制の擁護者のようだが、もちろんそんなことはない。フリードリヒが帝国に愛着を持つなど、あり得ない。フリードリヒの狙いは、ヨーゼフ二世を封じ込めるために、「第三のドイツ」を自陣営に引き込むことにあった。

諸侯同盟に参加した中小領邦にとって、目下の状況ではプロイセンよりもオーストリアの方が危険だった。生き残るためには、プロイセン主導の同盟に参加する必要があった。ザクセン＝ヴァイマール公は同盟拡大のために奔走し、同盟結成から三ヶ月後、マインツ選帝侯を加盟させている。帝国書記局を司《つかさど》り、選帝侯会議の議長を務めるマインツ選帝侯（大司教）が、プロテスタント勢力を代表するブランデンブルク＝プロイセンの同盟に参加するのは、驚くべきことだった。

しかし「第三のドイツ」は一枚岩だったわけではない。プロイセンを警戒し、同盟に加わらない者もあった。帝国改革の議論に熱心だったアンハルト＝デッサウ公レオポルト三世フリードリヒ・フランツは、再三のザクセン＝ヴァイマール公の勧誘にもかかわらず、同盟には参加しなかった。

「ドイツの自由」を守り、中小領邦の存立を図ろうとする「第三のドイツ」の帝国改革は、結局全く実行されなかった。フリードリヒ二世（一七八六年没）も、その跡を継いだフリードリヒ・ヴィルヘルム二世も、帝国改革を議論する気はなかった。同盟は、ブランデンブルク＝プロイセンの影響力の大きさを皇帝に見せつけ、その存在感を高めるのに貢献しただけだった。最終的な参加者は二五名、ブランデンブルク周辺のドイツ北部と中部のプロテスタント領邦が多く、聖界諸侯は七名、帝国都市からの参加はなかった。

一七九一年八月、フランス革命に対してオーストリアとブランデンブルク＝プロイセンが共同で戦うことを定めたピルニッツ宣言によって、諸侯同盟はその意味を失った。

一七八九年、フランス革命が勃発し、その危機が帝国に迫りくる中、翌九〇年二月、皇帝ヨーゼフ二世が死去した。皇帝は数年前から体調を崩していたので、突然の死というわけではなかったが、帝国は内からも外からも大きく揺さぶられるのだった。

3　フランス革命と帝国の終焉

ハプスブルク家の相次ぐ死

ヨーゼフ二世には、後継となる嫡子がいなかった。一七六〇年にパルマ公フィリッポ一世（スペイン王フェリペ五世の息子）の娘マリア・イザベラと結婚し、二人の娘が生まれたがいずれも早世し、マリア・イザベラも一七六三年に死去した。二年後の一七六五年、皇帝カール七世の末娘マリア・ヨーゼファと再婚したが、子供が生まれることなく、マリア・ヨーゼファも一七六七年に死去した。こののち、ヨーゼフはもはや結婚を望まなかった。

ヨーゼフ二世には六歳違いの弟レオポルトがいた。レオポルトは、父フランツ一世からトスカーナ大公位を継承し、一七六五年以降、トスカーナ大公国の首都フィレンツェで統治に当たっていた。レオポルトはスペイン王カルロス三世の娘マリア・ルドヴィカと結婚し、一七六八年に生まれたのが、長男のフランツだった。男系男子の少なさに不安を感じつつあったレオポルトの母マリア・テレジアは、ハプスブルク家の継承候補者の誕生を大変に喜んだという。一七八四年、将来の帝位継承者としての教育を受けさせるために、ヨーゼフ二世は十六歳になったフランツをウィーン宮廷に呼び寄せた。

フランツはヴュルテンベルク大公の娘エリザベートと結婚したが、エリザベートは一七九〇年二月、長女の出産翌日に亡くなった。そしてその二日後、ヨーゼフ二世が死去したのだった。

ヨーゼフ二世の死から七ヶ月後の一七九〇年九月、ヨーゼフの弟レオポルトが皇帝に選出され（レオポルト二世）、翌十月、フランクフルトで盛大な戴冠式が挙行された。しかしそれから二年も経たない一七九二年三月、レオポルトは急逝する。四十四歳だった。前年の冬から体調を崩していたが、思いがけない死だった。さらにその二ヶ月後、レオポルト二世の后マリア・ルドヴィカが死去した。

フランツは、一七九二年七月に皇帝に即位するが（フランツ二世、皇帝在位一七九二～一八〇六年）、わずか二年ほどの間に、妻と叔父《おじ》ヨーゼフ二世、さらには長女、父と母を相次いで失った。そしてその約一年後、一七九三年十月、フランス王ルイ十六世に嫁いだ叔母《おば》マリー・アントワネットがギロチンの刃《やいば》の犠牲となったのだった。

フランス革命の余波

一七八九年七月十四日、パリの民衆がバスチーユ牢獄を襲撃し、フランス革命が始まった。その余波はほどなく帝国にも及ぶ。第一波は、八月十八日にリュティヒで起きた市民暴動である。リュティヒ（フランス語でリエージュ）は、今はベルギー東部の都市だが、当時はリュティヒ司教領の首都だった。

「リエージュ革命」とも呼ばれるこの暴動は、前年から続く飢饉《ききん》と増税により民衆の反発が高まる中、バスチーユ襲撃に刺激を受けた民衆が蜂起したものである。彼らはリュティヒ司教が任命した市長と市参事会員に辞任を強要し、革命派の中から市長と市参事会員を選出した。司教はこの件を帝国最高法院に訴え、最終的には帝国軍がリュティヒを占領し、一七九一年二月、司教の統治権が復活する。しかし翌年十一月、リュティヒはフランス軍に占領され、司教は再び統治権を失った。

このリュティヒ以外にも、ライン川沿岸の都市をはじめとするいくつかの都市で、バスチーユ襲撃に刺激を受けて暴動が発生している。リュティヒと同様に、帝国最高法院がこれに積極的に介入し、帝国軍を投入して鎮圧を試みている。

さらにこのリュティヒの暴動において、異変が起きた。帝国軍によるリュティヒ占領は、ケルン選帝侯、バイエルン選帝侯とプロイセンによって行われることになっていた。しかしこの時、プロイセンがリュティヒ革命派に同調し、一七八九年十二月、ケルンとバイエルンの反対を押し切って、プロイセン軍が単独でリュティヒに入り、革命派と連携する。このプロイセンの行動に、諸侯同盟を組むマインツ、ハノーファーとザクセンの選帝侯も不信感を抱かざるを得なかった。

最終的には、帝国最高法院の命令によりプロイセン軍は撤兵を余儀なくされたが、この件は、同時に進行していた帝国議会の議論にも影響を及ぼした。

フランス革命の第二波は、一七八九年八月四日、国民議会が宣言した封建的特権の廃止だった。この波に翻弄《ほんろう》されたのがアルザスである。ウェストファリア条約によって、アルザスはフランス王に割譲されたが、しかしこの地の複雑な権利関係から、アルザスのフランス化はそう簡単には進まなかった。ルイ十四世の軍事征服によって、確かにフランス王は支配権を行使できたが、実際にはアルザスの帝国等族のさまざまな権利に配慮せざるを得ない状況にあった。そのため国民議会は、八月四日の宣言に加え、同月十一日と二十九日、アルザスにおけるフランスの主権を明記した宣言を相次いで発した。

アルザスに権利を持つ帝国等族にとって、国民議会の宣言は大きな衝撃だった。彼らは、この宣言を帝国法の侵害、帝国に対する内政干渉とみなし、皇帝と帝国議会に断固たる対応を求めた。さらに、国民議会がカトリック教会をより強く国家の管理下に置こうとしたことは、アルザスに権利を持つ聖界諸侯に強い危機感を与えたのだった。

帝国議会と皇帝空位

そもそもこの当時の帝国議会は、皇帝ヨーゼフ二世が帝国議会を軽視していた影響もあって、活動は低調だった。そこに皇帝の体調悪化の情報、さらにアルザスの帝国等族の苦情が舞い込み、帝国議会に最後の活躍の時が訪れた。一七八九年、帝国国制の改革の議論が、皇帝空位とアルザスの問題と結びついて始まった。

皇帝空位の場合、帝国代理職が皇帝の権能を代行する。この帝国代理職については、金印勅書が、北ドイツ地域はザクセン選帝侯、南ドイツ地域はプファルツ選帝侯と定めていた。プファルツ選帝侯は一七七七年に消滅したため、代理職はバイエルン選帝侯に移っていた。ヨーゼフ二世の場合、後継となる子がなく、甥のフランツを将来の皇帝候補としてウィーン宮廷に呼んではいるが、まだ皇帝存命中の国王選挙を行っていない。そのため死後しばらく空位が続くのは確実だった。帝国代理職にどのような権限を認めるのかが、まず一つの問題だった。もう一つの問題は、帝国議会だった。慣例によれば、皇帝の死とともに帝国議会はいったん活動を停止することになっていた。アルザスの問題を前にして、帝国議会が活動を停止して良いのか、帝国議会の中で帝国代理職にどのような権限を認めるのか、さらに帝国議会が停止した場合、その間の対応を帝国代理職に委ねて良いのか。

この帝国代理職と空位期の帝国議会の問題は、通常であれば、帝国法的な議論で済んだかもしれない。しかしこの時はそのような状況にはなかった。特にアルザスの問題は切迫していた。フランスによる内政干渉に帝国は断固たる対応を求められていた。そのうえ、帝国内ではプロイセンを中心とする諸侯同盟がうごめいていた。さまざまな利害と不安が入り交じりながら、帝国議会の議論も紛糾した。そして一七九〇年二月、ヨーゼフ二世が死去し、空位が現実となったのだった。

この空位の問題をめぐり、帝国議会は三つの党派、すなわち帝国議会派、帝国代理職派そして皇帝派に意見が分かれていた。

この中で最大の勢力は、帝国議会派だった。マインツ選帝侯とハノーファー選帝侯がその代表格で、帝国議会は空位期においても活動を継続し、帝国議会の決定は帝国代理職の批准なく、帝国法として効力を持つべきだと主張していた。帝国議会の権限を広げ、帝国等族主導による帝国の改革を望んでいた。

帝国代理職派も帝国議会の継続では帝国議会派と一致していたが、帝国代理職の批准を必須と考える点で決定的に異なっていた。二人の代理職とともにプロイセンとその支持派がこれに与《くみ》していた。この空位期に、皇帝の権限の弱体化を狙っていた。

皇帝派は、帝国議会の継続に反対し、皇帝の伝統的な権能の維持を主張した。聖界諸侯が伝統的な皇帝派だが、多くの聖界諸侯がアルザスの問題に危機感を募らせて帝国議会派になったため、皇帝派はこの時点では少数派にとどまっていた。

皇帝ヨーゼフ二世の死から四ヶ月ほど経過した一七九〇年六月、三部会決定という名称の文書がまとめられた。これは文字通り、選帝侯部会、諸侯部会と都市部会の三部会が承認した共同決定で、基本的に帝国議会派が主張する内容だった。皇帝空位の状況において、アルザスやリュティヒの問題に迅速に対応するためには、何が必要なのか。その答えが、帝国議会の権限の強化だった。伝統的に皇帝を支持していた聖界諸侯や中小帝国等族にとっても、この危機的状況を生き抜くために、何よりも迅速で具体的な対応が必要だった。

他方、ザクセンとバイエルンの二人の帝国代理職はこの決定に反対したが、この時はプロイセンのリュティヒにおける不可解な行動が、プロイセンのみならず帝国代理職への不信感につながっていた。

レオポルト二世

このまま皇帝選挙が行われず空位が続いたならば、この三部会決定に沿って帝国議会による改革が実現したかもしれない。しかしハプスブルク家では、ヨーゼフ二世の弟でトスカーナ大公、レオポルトの皇帝即位の準備が進んでいた。皇帝の死後、レオポルトはフィレンツェからウィーンに向かい、ハプスブルク君主国の諸問題への対応、オスマン帝国との戦いの処理、そしてプロイセンとの和解（一七九〇年七月のライヒェンバハ協定）に成功し、その手腕を発揮していた。

一七九〇年六月頃にはレオポルトの皇帝選挙の準備が始まり、帝国議会に出席していた使節が、レーゲンスブルクから選挙地フランクフルトに移動し始めていた。そして同年九月、レオポルトが皇帝に選出され、皇帝空位期は終わり、三部会決定もその意味を失ったのだった。

即位後、レオポルト二世の活動は精力的だった。ハプスブルク君主国内の混乱を早急に沈静化させるとともに、外交においても手腕を振るったため、レオポルトに多大な期待が寄せられた。しかし一七九二年三月、レオポルトはリウマチ熱により急逝する。皇帝在位わずか一年半、享年四十四。その早すぎる死は、帝国にとってあまりにも大きな損失だった。

この時、フランスとの戦いが目前に迫っていた。帝国議会はできるだけ早期の皇帝選挙を望み、時間を節約するために、レーゲンスブルクで皇帝選挙と戴冠式を行うよう提案している。しかし一七九二年七月、伝統に則り、フランクフルトでレオポルト二世の長男、フランツが皇帝に選挙された（フランツ二世）。神聖ローマ帝国、最後の皇帝である。

フランツ２世　1792年の皇帝戴冠式後の姿。右奥には皇帝冠とハンガリー王冠が置かれている

フランツが皇帝となることは、ハプスブルク家の相続規定に従えば、まさに順当だった。しかしこの激動の時代に相応しい皇帝ではなかった。フランツは善き皇帝と呼ばれたが、それは小市民的でささやかな生活、いわゆるビーダーマイヤー様式の彼の生き方を表現しているに過ぎない。

フランツには将来を嘱望《しょくぼう》され有為な王子と評判の高い弟たちがいた。一歳下で父レオポルトからトスカーナ大公を継いだフェルディナント、一八〇九年五月、ウィーン近郊の戦闘

（アスペルン・エスリンクの戦い）でナポレオン軍に初めて勝利した三歳下のカール大公、チロルやシュタイアーマルクを愛し、「アルプス王」と呼ばれ地方文化の振興に尽力した一四歳下のヨハン大公である。

フランツではなく、これらの弟が皇帝になっていればと評されることも多い。確かに帝国の歴史は、少しは違った方向に進んだかもしれない。しかしいずれにしてもフランツはこの激動の時代に、神聖ローマ皇帝として、そしてオーストリア皇帝として、四〇年以上の歳月を生き抜くのだった。

干渉戦争

一七九一年六月、フランス王ルイ十六世の一家は国外逃亡を企て失敗に終わった（ヴァレンヌ事件）。その二ヶ月後の八月、皇帝レオポルト二世は、プロイセン王フリードリヒ・ヴィルヘルム二世と共同でピルニッツ宣言を発し、フランスに対して王権の回復を要求し、軍事介入の可能性を示唆《しさ》した。帝国議会においても、この年の七月から八月、マインツ選帝侯を中心に、フランスへの介入を皇帝に要請している。

しかしこの時点において、レオポルト二世は武力干渉には消極的だった。さらに帝国議会でもいろいろな不安が渦巻いていた。ピルニッツ宣言がフランスを刺激し、フランスが侵略してくるのではないか。皇帝とプロイセン王が共同で、伝統的な「ドイツの自由」を侵害するのではないか。プロイセンはこの機会を利用して自国の領土の拡大を図るのではないか。レオポルトも帝国議会もフランスの国内情勢を注意深く見守りながら、革命の沈静化を願っていた。

しかしその願いは砕かれた。一七九二年四月、フランスはオーストリアに宣戦布告し、オーストリアとプロイセンは連合軍を結成した。だが、皇帝不在の状態で戦うことはできなかったので、同年七月、フランツ二世の皇帝選挙と戴冠式が執り行われ、八月、連合軍はフランス領に入り戦闘を開始した。しかし九月、ヴァルミの戦いでフランス軍に敗れ、退却を余儀なくされた。フランス軍は攻勢に転じ、ライン川地域に進出し、一七九四年秋までにライン左岸一帯の占領に成功する。

このヴァルミの戦いに、ザクセン＝ヴァイマール公の随員として参陣したゲーテは、「今日、ここから世界史の新しい時代が始まる」と語った。このヴァルミの戦いは、ゲーテの言葉通り、歴史の転換点だった。新しい時代が始まろうとしていた。王家を頂点とする身分制社会から市民社会へ、社会の理念も秩序も新しくなろうとしていた。

一七九二年十一月、帝国議会は皇帝からの再三の要請にしぶしぶ応えて、帝国軍の設置を決定した。さらに帝国議会が対仏戦争を帝国戦争と宣言したのは、翌九三年三月だった。中小帝国等族は、帝国軍がオーストリアとプロイセンの勢力拡大に使われることを恐れていた。彼らの心配は杞憂《きゆう》ではなかった。この干渉戦争と並行して、ロシアとプロイセンによる第二次ポーランド分割（一七九三年一月）、さらにオーストリアが加わった第三次ポーランド分割（一七九五年十月）により、ポーランドが消滅している。強国による一方的な領土拡大が、実際に目の前で起きていた。

一七九三年一月、ルイ十六世の処刑は大きな衝撃を与えた。翌二月、イギリスが干渉戦争に加わり、ここに第一次対仏大同盟が形成された。しかし九五年四月、プロイセンはフランスとの間で単独講和（バーゼルの講和）を結び、フランスのライン左岸の領有を認め、北ドイツ地域の平和が保障されることになった。帝国は事実上、マイン川を境に南北に分裂し、南ドイツではオーストリアが単独でフランス軍と戦わねばならなかった。

一七九七年、ナポレオンが対イタリア戦争に勝利し、ウィーンを目指した時、オーストリアは同年十月、カンポ・フォルミオの講和を結び、ライン左岸の領有を承認した。さらに一八〇一年二月、リュネヴィルの講和で改めてライン左岸の領有を認め、フランツ二世は皇帝として、フランスの領有を承認したのだった。

帝国代表者会議主要決議

プロイセンとフランス、そしてオーストリアとフランスが結んだこれらの講和には、重大な事項が含まれていた。ライン左岸で領土を失う領邦に対する補償である。

この補償問題を協議するために設置されたのが、帝国代表者会議だった。この帝国代表者会議は、帝国議会内の委員会で、もともとは一五五五年の帝国執行令によって、帝国議会の三部会合同の委員会として設置された。帝国議会が開催されていない期間に、重要な帝国案件を迅速に協議し、十六世紀後半には比較的頻繁に開催されていた。しかし十七世紀後半に帝国議会が永続化したことで、事実上その本来の意義を失い、特殊な問題を扱う委員会として必要に応じて設置されていた。

一八〇一年十月、帝国議会は補償問題を協議するためにレーゲンスブルクに帝国代表者会議の設置を決定し、翌〇二年八月に委員が決定した。マインツ選帝侯、ベーメン王（皇帝）、ブランデンブルク選帝侯（プロイセン王）、ザクセン選帝侯、バイエルン選帝侯、ヴュルテンベルク大公、ヘッセン＝カッセル方伯、ドイツ騎士団総長の八名だった。帝国議会の使節は陪席が認められた。この三週間後に最初の会議が開かれ、半年後の一八〇三年二月、主要決議を作成して帝国議会に送り、帝国議会は三月にこれを承認、四月に皇帝が裁可している。

この主要決議は、聖界諸侯領の世俗化と小領邦の陪臣化によって、ライン左岸で領土を失った大中領邦に領土を補塡することを決定している。「世俗化」とは、世俗諸侯によって聖界領邦が接収されることを指し、聖界諸侯によって支配されていた領地が、世俗諸侯の手に渡ることを意味する。これによりマインツ大司教以外の全ての聖界領邦が消え去った。「陪臣化」とは、小規模な領邦君主が、その帝国直属性を失い、世俗諸侯の支配下に編入されることであり、皇帝の陪臣（家臣の家臣）となることを指している。全体では、一一二の領邦が取《と》り潰《つぶ》され、四一の帝国都市が陪臣化され、残った帝国都市は六つ（アウクスブルク、リューベック、ニュルンベルク、フランクフルト、ブレーメン、ハンブルク）だけとなった。さらに帝国騎士領は全て陪臣化された。三〇〇万人以上の住民が所属する領邦を変え、帝国は約四〇の大中領邦に再編されることになった。

この一八〇三年の領土変更は、一六四八年のウェストファリア条約よりもはるかに規模が大きかった。領土を最も多く獲得したのはプロイセンだが、南西ドイツのバーデン、バイエルン、ヴュルテンベルクも失った面積以上の領土を獲得している。プロイセンを例に挙げると、失った面積のおよそ五倍の領土を補償で得ている。

この領土変更とともに、選帝侯の再編が行われている。聖界選帝侯ではマインツ以外のケルンとトリーアの選帝侯は消え去り、新たな諸侯が選帝侯になった。新たに加わったのは、ヴュルテンベルク、バーデン、ヘッセン＝カッセル、ザルツブルク。選帝侯は一〇名に拡大した。しかしこの新選帝侯四名が、皇帝選挙に参加することはもはやなかった。

再編されたのは、選帝侯だけではない。帝国議会に出席権を持つ者が大幅に減少し、帝国議会自体も再編された。選帝侯部会は足し引き二名増員となったが、諸侯部会も都市部会も人数が減り、都市部会に至っては六都市のみとなった。この新たな編成の帝国議会には、「第三のドイツ」を体現していた中小帝国等族の姿はなく、帝国国制を支えようとする勢力は消えた。

形の上では、帝国代表者会議がこの補償案を主要決議として決定したことになっている。しかし実態はそうではなかった。そもそもわずか半年の期間、五〇回程度の会議で決められる内容ではない。帝国代表者会議の委員が決まる前に、すでに主要決議の骨格はほぼできあがっていた。それが一八〇二年六月、ナポレオンが示した調停案である。マインツ大司教以外の聖界領邦の世俗化は、すでにここに示されていた。帝国代表者会議は、この勝者の案を認めるための単なる手続きに過ぎなかった。

大国の領土的利害の前に、弱小領邦はもはや何も為す術《すべ》がなかった。帝国議会の使節たちは、目の前で多くの領邦が取り潰されるのをただ見守るしかなかった。帝国を支えていた聖界諸侯と弱小帝国等族とともに、「ドイツの自由」も消え去った。帝国滅亡まで残された時間はあと三年である。

帝国の滅亡

一八〇五年、オーストリアはロシア、イギリスなどと第三次対仏大同盟を結び、バイエルンに軍を進めた。しかし一八〇五年十二月、現在のチェコ東部、アウステルリッツの戦い(ナポレオンのフランス軍と、オーストリア・ロシアの連合軍の戦い)にオーストリアは敗れ、同月二十六日、プレスブルクの講和を結んだ。この講和条約においてフランツ二世は、オーストリア皇帝と名乗っている。

「オーストリア皇帝」。この称号を、一八〇四年八月、フランツ二世が新たに帯びることを宣言していた（オーストリア皇帝としてはフランツ一世と称した）。これはナポレオンへの対抗措置だった。同年五月、ナポレオンは「フランス人の皇帝」になると宣言し、十二月にパリのノートルダム大聖堂で戴冠式を挙行した（ナポレオン一世）。フランツの宣言は、まさにナポレオンの戴冠式の前に滑り込むように行われた。帝国の存立を危ぶみ、ハプスブルク家が皇帝位を失わないように、ナポレオンの皇帝戴冠に先立って行われた対抗処置である。

アウステルリッツの勝利で、ナポレオンは南西ドイツに対する事実上の支配権を獲得した。一八〇六年七月、バイエルンなどの南西ドイツの一六邦は、ナポレオンを保護者とするライン連盟を結成した。この連盟は、規約上は、一六邦の君主に主権を認めているが、ナポレオンを保護者とする軍事同盟である。その連盟規約の一条において、ドイツ帝国からの分離が定められていた。これに従って連盟に参加する一六邦は、一八〇六年八月一日、帝国議会において、帝国からの分離を宣言した。同日、フランスもまた帝国議会に対して、帝国を認めない旨を伝えている。

分離を決断した理由として、バーゼルの講和（一七九五年）を境に帝国が南北に分かれ、帝国が無意味なものになってしまったこと、そして帝国代表者会議主要決議（一八〇三年）がこの状況を打開し、帝国国制に新たな力を与えるはずだったが、その後の諸々の出来事はこの最後の期待を裏切るものだったことを挙げている。

ライン連盟は、マインツ大司教を議長とする連盟議会をフランクフルトに設置したが、議会は一度も招集されなかった。保護者であるナポレオンがそもそも開催を望んでいなかった。

こうした一連の宣言を受けて、一八〇六年八月六日、皇帝フランツ二世は、ウィーンにおいて、皇帝位の放棄を宣言した。この宣言の概略は次のようになる。

プレスブルクの講和（一八〇五年）以降、皇帝は、選挙協約によって課された義務を果たせる状況になく、さらにライン連盟諸侯の分離により、これ以上皇帝の職務を遂行することはできず、皇帝位を放棄せざるを得ない。それゆえ、ドイツ帝国を結びつけてきた紐帯が解かれたと判断し、皇帝の職位を廃止し、皇帝は帝国に対する全ての義務から解放され、そして同時に、全ての帝国直属者は、帝国法によって皇帝に結びつけられていた全ての義務から解放される。全ての帝国の領邦はドイツ帝国から解放される。宣言の最後に、皇帝フランツ二世は、今後はオーストリア皇帝として幸福と繁栄を目指すと述べている。

これは、一般には退位宣言と言われているが、退位という言葉を用いておらず、放棄宣言の方が相応しいかもしれない。しかしどちらにしても実態はあまり変わらない。また、この宣言の中で、帝国の名称としてはドイツ帝国が用いられ、ローマ帝国とローマ皇帝がそれぞれ一回だけ使われている。

この皇帝の宣言は、八月十一日にレーゲンスブルクの帝国議会に届けられたが、多くの使節は、ライン連盟議会が予定されていたフランクフルトに移動していた。帝国議会は、この皇帝の宣言に対して、何らかの意見を出せる状況にはなかった。

その一方で、この皇帝の宣言によって、皇帝の退位や帝国の解体が可能なのか、法的および手続き的な議論は残った。ナポレオンに対抗しているイギリス王（ハノーファー選帝侯）や帝国諸侯でもあるスウェーデン王は、帝国の解体を認めなかった。しかし新たな皇帝を選挙できる状況でもなかった。

このフランツ二世の宣言によって、神聖ローマ帝国は、オットー一世の戴冠から数えれば八五〇年、カール大帝に遡れば一〇〇〇年に及ぶ、その長い歴史に終止符を打ったのだった。

コラム⑥　郵便馬車と舗装道路

郵便が一四九〇年に誕生したことは、第3章のコラムに書いた。その続きというわけでもないが、十七世紀後半になると、騎乗の郵便配達夫のほかに郵便馬車が走り始める。これまで手紙などの軽貨物に限定されていた郵便が、その輸送対象を旅客部門まで広げたのだ。この郵便馬車は、十九世紀に鉄道が普及するまで、最大の陸上輸送手段となった。

運賃さえ払えば、誰でもこの郵便馬車に乗ることができた。農民であれ商人であれ、男性でも女性でも、あるいは貴族でも、さまざまな人々が同じ郵便馬車という空間で一定の時間を過ごした。この時代は身分制社会で、特に十七世紀以降、その身分差が非常に強調される傾向にあった。しかしこの郵便馬車は、いろいろな身分の人々が相席し、同じ揺れ（この当時の郵便馬車は揺れがひどかった）を等しく体験する空間だった。来《きた》る市民社会を先取りした空間と言えるかもしれない。

また、この郵便馬車がヨーロッパ中を走り始めた十八世紀は、旅行革命の世紀とも言われる。それまで徒歩でしか移動できなかった人々が、たとえ揺れがひどいにしても、馬車に乗って移動できるようになった。郵便馬車が当時の人々に与えたインパクトは大きかった。

この郵便馬車を走らせるために、道路の舗装が必要だった。馬車は未舗装の道路でも通れるが、郵便馬車は決められた運行時間で速く走る必要があった。未舗装の道路では危険すぎる。そのため郵便を運営するタクシス家は、郵便馬車路線を予定している地域の領主（帝国等族）に、馬車が安全にすれ違える車幅の道路の舗装を要請した。

この要請を受けて、各地で道路の舗装工事が始まった。この工事では、軍事技術、特に築城技術が応用されている。舗装道路は、地表に石を敷けば良いわけではなく、地面を掘って下地を作り、水平機を使って高さを調整し、側溝を設けて道路に降った雨水が流れるようにしなければならない。そのうえ、舗装道路は、一度舗装して終わりではなく、補修工事が絶えず必要である。舗装道路の維持にはお金がかかった。

そのため、タクシス家の要請を拒否する領主も多くいた。この場合は、当然の結果として、その領地を迂回《うかい》して郵便馬車路線が敷設され、郵便馬車は領内を通らないことになった。

しかし話は郵便馬車だけでは済まなかった。郵便馬車以外の馬車も、さらに徒歩で移動する人々も舗装道路を選んだ。わざわざ未舗装の悪路を通りたくはない。その結果、舗装道路が物流や人々の移動の幹線になり、さらには十九世紀、この主要な舗装道路に沿って、鉄道が敷かれることになる。

そのため各地の領主は、安定した収入を確保して舗装道路を維持しないと、経済的な発展から取り残されかねなかった。恒常的な税の徴収と安定した財政運営が求められ、弱小な領主には非常に厳しい状況が生まれつつあった。

舗装道路には別の側面もあった。舗装の敷設や補修といった道路工事は、それまでにない産業で、新たな雇用を生み出した。十八世紀は人口が増加しており、まさに新しい産業、働き口が求められていた。この当時の村では、道路工事に従事する人々を含め、農業に従事しない住民が増え、中世以来の伝統的な共同体（村落共同体）が瓦解《がかい》する時期でもある。

郵便馬車と舗装道路は、新たな時代を向いていたのである。

終　章　神聖ローマ帝国とは何だったのか

アーヘン大聖堂

神聖ローマ帝国八五〇年の歴史を語るために、序章において二つの視点を設定した。最後に、この二つの視点を改めて整理し、「神聖ローマ帝国とは何だったのか」を考えてみよう。

まず一つ目の視点は、皇帝と教皇の関係である。

そもそも皇帝とはどのような役割を担う存在なのか。それを象徴的に示しているのが、第1章の冒頭で触れたアーヘン大聖堂である。ドイツの西部にあるこの大聖堂は、カール大帝に由来し、カール大帝もここに埋葬されている。

オットー一世から一六世紀半ばまでの約六〇〇年、三〇名の国王がこのアーヘン大聖堂で戴冠式を行った。八角形ドームの独特な形の礼拝堂の内部は、黄金のモザイク画で彩られている（一六頁参照）。

高さ三二メートル、直径一四メートルほどのドームの天井には、天上の世界が広がり、一階部分には、地上の世界が描かれている。そしてその中間の二階に回廊があり、ここにカール大帝の大理石の玉座が、窓を背にして、礼拝堂の内側に向かって今も置かれている。

この八角形の礼拝堂は、まさに皇帝の位置づけを可視化している。皇帝は天上の世界と地上の世界の間に座り、天と地を見ることができる。神によって祝福されて皇帝の地位に就いた者は、天上の世界と地上の世界を結ぶ存在とみなされていた。

この観念によれば、皇帝は、天上の世界の住人でもなく、また地上の世界の住人、すなわち俗人でもなかった。ここに皇帝のキリスト教的な位置づけを見ることができる。そして皇帝と教皇の独特な関係も、ここから生まれる。

皇帝と教皇の関係

オットー一世が、このアーヘンで国王戴冠式を行った狙いは、大公ら有力者とは異なる地位、圧倒的に有利な政治的立場の獲得にあった。もちろん、これによって大公の反乱が収まったわけではなく、シュタウフェン朝に至るまで、皇帝と大公ら有力者との権力闘争は続いたのだが。

しかし皇帝は、キリスト教によって裏付けられた支配の正当性とともに、大公ら有力者に対抗する具体的な手段、帝国教会を手にした。聖職者の任命権を握り、教会を統治機構として利用し、帝国教会政策を実行することができた。

この立場を活《い》かすためには、ローマ教皇との関係が何よりも重要であり、歴代の皇帝のイタリア遠征の理由の一つがここにあった。皇帝戴冠のために、あるいは教皇の求めに応じて、皇帝は繰り返しイタリアに遠征したのだった。

一方、当初、ローマ教皇は厳しい状況にあった。教会を束ねる実力が決定的に欠けていたのである。教皇は、キリストの代理人として、最初のローマ教皇とされるペテロの正統な継承者を主張したが、それを実現するためには、皇帝を必要とした。そのため、カール大帝以来、皇帝と教皇はそもそも対等な関係ではなく、皇帝が優位に立っていた。ローマの貴族に対抗するためにも、イタリア半島の有力者に対抗するためにも、教皇は皇帝の力を必要としていた。

さらに教会は、聖職売買や聖職者妻帯など、さまざまな深刻な問題を抱えていた。皇帝は、教会の保護者として、教皇とともに、これらの問題に取り組まなければならなかった。

皇帝は教皇を、教皇は皇帝を必要としていた。そして皇帝も教皇もより強くなろうとした。この関係の中で教会改革が始まったのだった。

教会改革の帰結

十世紀の教会粛正運動の波に乗るように、皇帝のイニシアチブで教会改革が始まった。だが、教皇庁の態勢が整うとともに、改革の矛先は皇帝の教会支配にも向けられることになる。事態は、皇帝にとって全く想定しない方向へ転回し、帝国教会政策の根幹を揺るがす事態に至った。

この教会改革は、一一二二年のヴォルムス協約で最終的な妥協に至った。オットー一世、いやそれどころかカール大帝以来、皇帝の下で一つと意識されていた、キリスト教世界の教権と俗権が、原理的に区別された。聖と俗。キリスト教世界はこの二つに区分され、皇帝が俗界を、教皇が聖界を指導することになった。

皇帝は、原理的には司教の叙任権を失った。これで司教に対する影響力が全く失なわれたわけではないが、皇帝と司教の関係は、他の世俗の諸侯と同じように、封建制に基づいた主従関係に再編されたのだった。

十二世紀後半以降、教皇は皇帝権への干渉を強め、皇帝は神聖帝国という言葉を使ってこれに対抗した。十三世紀、ドイツ国内の混乱に乗じて、教皇は国王選挙への直接介入を試みる。しかしその帰結が十四世紀のレンス判告、帝国法リケット・ユーリス（七八頁参照）であり、金印勅書だった。そして十四世紀末からの教会大分裂（大シスマ）、フス戦争、そして異教徒であるオスマン帝国の来襲は、教会の体制を大きく揺るがし、最終的には十六世紀に宗教改革が起きることになる。

十五世紀後半には、教皇による皇帝戴冠を不要とする主張が唱えられ、宗教改革のさなかの一五三〇年、カール五世の皇帝戴冠が、教皇による最後の戴冠となった。

二つの焦点を持つ楕円的統一体。この表現は、皇帝と教皇の関係を巧みに表現している。この楕円構造の社会は、キリスト教によって統合している宗教的な政治共同体だった。中世帝国の政治的状況の本質を指す表現として、これ以上のものはないかもしれない。しかしこの統一体は、教会改革によって原理的な再編を強いられ、最終的には宗教改革によって決定的なダメージを受けたのだった。

十六世紀以降、教皇が皇帝選挙に影響力を発揮することはなかった。また逆に、皇帝がイタリア遠征を行うこともなかった。これ以降も確かに、帝国議会やウェストファリア講和会議などの会議に、教皇使節は派遣されたが、しかし大勢の使節の中の一人に過ぎなかった。

皇帝と教皇の関係が帝国を規定する時代は、もはや終わったのである。

中世帝国の政治構造

二つ目の視点は、ドイツの歴史家ペーター・モーラフのモデル、「開かれた国制」と「凝集化」である。制度的に未確定な部分が多い状態を「開かれた国制」と表現し、これが制度化されていくことを「凝集化」と表現している。モーラフは、十五世紀後半以降、凝集化の段階に入ると説明する。これはちょうど帝国改造の時期、まさに中世帝国から近世帝国への変わり目でもある。

八五〇年の歴史を持つ神聖ローマ帝国の前半期にあたる中世帝国では、皇帝が招集する宮廷会議や帝国会議、あるいは諸侯などが独自に開催した会議において、帝国レベルの問題が協議されていた。しかしこれらの会議に誰が出席権を持つのか、どのように協議を行うのか、誰が議決権を持つのか。いずれも未確定だった。

帝国レベルの問題が生じた時、それをどのように処理するのか。そもそもこれ自体が未確定だった。皇帝の個性やその時々の状況、諸侯との関係、あるいは諸侯同士の関係に左右されていた。皇帝が単独で処理する場合もあれば、諸侯と協議する場合もあった。あるいは皇帝に対抗して、諸侯が独自に会議を開く場合もあった。武力を用いることもあれば、和解や調停の場合もあった。フリードリヒ一世とハインリヒ獅子公の事例（五九〜六四頁参照）、あるいはカノッサ事件前後の事例（四二〜四八頁参照）が、このあたりのことをよく示している。

さらに国王選挙の方法も未確定だった。誰が投票権を持つのか、どのように選出するのか。いずれもその時々の状況に左右され、結果として、二重選挙もしばしば生じていた。王位継承は、帝国の最も重要な国制的行為であり、国王選挙をめぐるトラブルは、大きな政治的危機だった。

その意味で国王選挙は非常に重要なのだが、では、十四世紀まで制度化されずにいたことをどのように考えれば良いのだろうか。それは、単に政治的未熟と考えても良いかもしれない。あるいは敢えて制度化せず、その時々の人的関係や情勢に応じて実施する方が、都合が良かったと考えても良いかもしれない。言い方を換えると、中世帝国は「開かれた国制」で対応できる社会だったと言えよう。

しかし十二〜十三世紀の経済発展、さらには十四世紀の社会的危機を迎え、「開かれた国制」では十分に対応できない状況が生まれ、「凝集化」へと向かう。

近世帝国の政治構造

帝国国制の制度化は、十四世紀の金印勅書から始まった。国王選挙を制度的に整えた直接の理由は、教皇の干渉に対抗するためだったが、すでに述べたように、国王選挙は何よりも重要な国制的行為であり、まずこれを整えることで、結果として、帝国国制の制度化が始まった。

金印勅書は、選帝侯を帝国の「七本の燭台」と表現し、この七名の選帝侯による国王選挙の継続こそが、帝国の継続を保障すると考えた。まさに金印勅書が目指した通り、帝国の終焉まで国王選挙は続いた。

十五〜十六世紀の帝国改造によって制度化されたのは、帝国議会、帝国最高裁判所、帝国クライスだった。この背景には、帝国レベルでの平和の必要性があった。十四世紀から帝国各地でフェーデ（武力による紛争の解決）が繰り返し発生していた。平和を実現するために、どのような手段をとるべきか。誰が中心となって行動するのか。従来のやり方では対応できない、新たな段階を迎えつつあった。さらに十五世紀になると、フス戦争やオスマン帝国の来襲など、これまでとは次元の異なる問題が起きたのだった。

帝国改造では、皇帝をはじめ選帝侯、それ以外の諸侯など、それぞれが利害を主張し、さまざまな案が議論され、最終的に、一五五五年の帝国執行令が帝国国制の枠組みを作った。そこでは、「皇帝と帝国」という表現に象徴的に示されるように、帝国等族は帝国政治を行うことができる法的・制度的保障を手に入れ、皇帝とともに帝国政治に関与する体制ができあがった。

この帝国執行令は、帝国クライス制度を基礎とした帝国の平和維持システムを整備したが、近世帝国の政治構造を端的に示している。帝国等族は、帝国クライスを活用した相互協力によって、自立的に平和の維持を図ることができた。そして平和を脅かす問題が一定の規模を超えた場合には、帝国議会での協議あるいは皇帝の関与が認められた。

皇帝と帝国等族というと、えてしてその対立ばかりに目が行きがちである。しかしながら実態を見ると、時には対立しながらも、時には協調し、両者は相互に補完的な関係にあった。その時々の情勢の中で、皇帝と帝国等族の関係を多面的に捉《とら》えなければならない。また同時に、帝国等族も決して一枚岩ではなく、さまざまな利害が錯綜し、全体がまとまって行動したわけではなかった。

この近世帝国の枠組みは、同時に、特に弱小の帝国等族が生き残る手段を提供した。「第三のドイツ」と称される彼らは、「ドイツの自由」の根拠をこの帝国国制に求め、これを守ることで、自らの存在を保障した。この点は、十八世紀以降の帝国の最終段階において顕著に表れている。オーストリアとプロイセンの二強の間で、「第三のドイツ」は帝国国制に自分たちが生き残る基盤を求め、その改革に奔走したのだった。

統合的要素としての皇帝

神聖ローマ帝国の歴史は八五〇年。これだけ長く続いたのはなぜか。これまでも多くの研究者がいろいろな理由を挙げているが、最後に本書でもその理由を探りつつ、神聖ローマ帝国とは何かを考えてみたい。

最初に挙げるべき理由は、やはり皇帝の存在である。帝国なのだから皇帝がいるのは当たり前なのだが、やはり皇帝という統合的要素が何よりも重要だった。皇帝に対する忠誠という、全臣下に共通の枠組みこそが帝国であり、皇帝と帝国等族の人的関係が、帝国を統合し、永続させた最も重要な要素だった。

皇帝と帝国等族は、レーン（封）によって結ばれる封建的な主従関係で結ばれており、帝国は原理的には、封建団体という性格を最後まで持ち続けた。十八世紀の後半以降、確かにこの点は形骸化する傾向にあった。しかしフランツ二世が皇帝退位宣言で使った「紐帯」という言葉が示すように、皇帝と帝国等族の人的関係は最後まで意識されていた。帝国等族が領邦を支配する正当性の根拠も、この皇帝との主従関係、紐帯にあった。十四世紀に始まった帝国国制の制度化は、十五世紀以降、本格的に進んだが、しかし皇帝と帝国等族の人的関係の重要性は変わらなかった。

また、十七世紀後半以降の皇帝権の復興も忘れてはならない。戦乱が続く情勢の中で、平和の守護者として、皇帝に対する期待が高まっていた。さらに皇帝使節などを通じて、帝国政治における皇帝の存在感が高まりつつあった。

また、ハプスブルク家による皇帝の栄光と権威を誇示するさまざまな演出は、広く大衆の間に皇帝賛美の気運を醸成した。そこには皇帝そして帝国に対する素朴な愛国主義の雰囲気があった。

これに加えて、皇帝は古代ローマ皇帝を直接継承する俗界の支配者であり、同時にキリスト教会の守護者という普遍的権威を帯びる存在だった。教会上の位置づけは、叙任権闘争によって大きく変質し、教皇による皇帝戴冠も十六世紀が最後となった。しかしアーヘン、十六世紀以降はフランクフルトで執り行われた国王戴冠式では、この二つの普遍的権威を象徴する伝統的な儀式が厳密に守られていた。

一八〇四年、皇帝フランツ二世はオーストリア皇帝と名乗ると宣言した。これはナポレオンの「フランス人の皇帝」戴冠への対抗措置だったが、皇帝自らが、ローマ皇帝とのつながりと神聖性を脱ぎ捨てた瞬間でもあった。この二年後の退位宣言は、ある意味、当然の帰結だったのかもしれない。

法共同体としての帝国

神聖ローマ帝国が長く続いた二つ目の理由として、帝国法を考えることができる。共通の帝国法を持つ法共同体としての帝国である。ここで言う帝国法は、帝国議会で決定された議決を指している。例えば、金印勅書やアウクスブルク宗教平和令も帝国法である。

これらの帝国法によって、帝国国制の制度化が進展し、帝国議会や帝国クライスあるいは帝国最高裁判所などの帝国諸機関が整備された。日常的な統治行為は、領邦や帝国都市内で自立的に行われていたが、それを超える事態に対応しなければならない時、帝国諸機関に頼ることができた。

例えば、平和の問題が分かりやすいかもしれない。領内で解決できる問題は、領邦君主は自ら処理するが、そうではない場合には、帝国クライスに頼ることができた。あるいはオスマン帝国やフランスなど、帝国の外からの攻撃に対しては、帝国議会の決定に基づいて対応が図られた。

この点では、帝国を平和共同体、あるいは集団安全システムとみなすこともできる。ここで特徴的なのは、帝国は常に外部からの攻撃に対して受動的で、防衛的な性格を持ち、侵略を企てないことだった。

有力諸侯の領邦は、十六世紀以降、自立化の傾向を強め領邦国家に成長した。同時期のヨーロッパ諸国では、いわゆる「主権国家」の成立が図られ、君主が主権者として内外で認知される過程が始まる。

しかし領邦国家をこれと同列に扱うことはできない。領邦国家の存在を正当化したのは、帝国の枠組みであり、近隣諸国の侵略から領邦国家を守ったのも、帝国だった。領邦は、帝国という法共同体の構成員の一員であり、帝国法が領邦君主の支配を正当化していた。領邦国家は、連邦制的な体制にある帝国の一構成国だった。そのため有力諸侯の中には、帝国外の王位を手に入れて、他のヨーロッパ諸国と肩を並べようとする者もあった。

オーストリアやブランデンブルク＝プロイセンであれば、それは可能だったかもしれない。この二国は、帝国の外に広大な領土を持ったが、しかし帝国から離脱しようとはしなかった。ここに法共同体としての帝国の存在価値があった。

法共同体という点では、帝国最高裁判所が果たした役割も無視できない。帝国最高法院と帝国宮内法院は、帝国の上訴法廷として機能し、領邦の裁判所の判決に不服な者は、どちらかの裁判所に上訴することができた。もちろん領邦君主の一部は不上訴特権を持ち、帝国最高裁判所への上訴を禁じることもできたが、全ての上訴を阻止できたわけではなかった。

上訴できたのは帝国等族だけではなく、領邦等族、村落共同体あるいは商人や手工業者、さらには農民や寡婦に至るまで、さまざまな人々が訴訟を起こしている。領邦裁判所の上にさらに帝国最高裁判所があり、そこで法による判断を得ることができるという認識が共有されていた。そのため領邦裁判所は、上訴を防止するためにも、帝国最高裁判所を常に意識しなければならなかった。

一八〇六年八月のライン連盟一六邦の帝国離脱宣言は、まさにこの法共同体からの離脱を意味していた。帝国に代わってライン連盟、ナポレオンに保護を求め、一六邦はヨーロッパ列強の権力闘争の渦に巻き込まれることになった。

神聖ローマ帝国の残照

神聖ローマ帝国は消滅したが、その後のドイツにどのような影響を及ぼしたのだろうか。

一八一三年のライプツィヒの戦いで、ナポレオンはプロイセン、オーストリア、ロシアの連合軍に決定的な敗北を喫し、翌一四年、地中海にあるエルバ島に流された。そしてナポレオン後のヨーロッパの政治秩序を協議するために、一八一四〜一五年に開催されたのが、ウィーン会議だった。

このウィーン会議は、正統主義と勢力均衡を柱とするヨーロッパの国際体系を確立した。正統主義として、ナポレオン以前の状態への復帰を目指したが、ドイツにおいては、ナポレオンの下で行われた領土再編の状態が維持された。ナポレオン以前の状態であれば、中小の領邦や聖界諸侯領が復活するはずだったが、そうはならなかった。

一八一五年に結成されたドイツ連邦は、三五の君主国と四つの自由都市からなり、フランクフルトに連邦議会が置かれ、オーストリアが議長となった。このドイツ連邦は、主権を持った三九の構成国からなる連盟であり、構成国の独立と不可侵を保障する、集団安全システムを基本原則としていた。普遍的な皇帝権はもはや復活する余地はなかったが、政治体制では神聖ローマ帝国と多くの点で類似している。

一八六七年、プロイセン主導で結成された北ドイツ連邦、さらに一八七一年に成立したドイツ帝国にもこの政治的特色は引き継がれた。

一九四九年に成立したドイツ連邦共和国（西ドイツ）も連邦制を採用し、整理統合されたかつての領邦を受け継ぐ一一州から構成された。そして一九九〇年、ドイツ民主共和国（東ドイツ）を吸収・併合する形で、ドイツは再統一された。東ドイツの五州を引き継いで一六州となり、現在に至っている。

どこまでが神聖ローマ帝国の残照なのか。それは各人の考えによって異なるのかもしれない。しかし現在の社会は歴史的蓄積の結果であり、未来はこの蓄積の先にある。神聖ローマ帝国の歴史も未来を作り出す蓄積の一つとして、現在の社会を考える参照枠を提供している。

あとがき

冒頭で述べたように、本書では、新たな帝国評価を基礎として、八五〇年の神聖ローマ帝国の歴史を辿り、新しい帝国像を提示することを目指した。

中央集権的・国民国家的な視点では、神聖ローマ帝国は有名無実化した存在とみなされ、プロイセンやオーストリアという、のちに近代国家へと成長した領邦に目が向けられていた。また十五世紀以降、ハプスブルク家が皇帝位をほぼ独占していたため、ハプスブルク帝国あるいはハプスブルク家の歴史と重ねられ、同一視される場合も多い。

このような歴史理解が間違っているとは言わないが、見落としている部分が多くあるような気がする。「歴史は勝者によって作られる」。このよく知られた言葉は、イギリス首相を務めたウィストン・チャーチルによるものである。神聖ローマ帝国の歴史もまさにその通りで、長い間あるいは今も、プロイセンという勝者によって作られた歴史が語られている。

だが、チャーチルの言葉には続きがある。「しかし勝者は事実によって裁かれる」。これまでの歴史理解を神聖ローマ帝国の観点から裁くつもりは毛頭ない。しかしこれまで見落とされていた、あるいは否定的に評価されていた神聖ローマ帝国の事実を拾い集めてみたのが本書である。サブタイトルの「「弱体なる大国」の実像」にはそんな意味が込められている。これもまた冒頭で触れたように、欧州連合（EU）の統合の進展と神聖ローマ帝国の再評価は密接に関係している。神聖ローマ帝国をEUの前史と単純に考えてはいないが、連邦制的な政治組織体として、神聖ローマ帝国と近似した部分が多くあるのは確かであろう。

そもそも人々が安心して平和に生活するために、どのような政治組織体が相応しいのだろうか。現在も世界各地で戦争が起き、多くの人々が犠牲になっている。歴史を振り返ってみても、人類の歴史は戦争の歴史と言って過言ではない。このまま私たちは、戦争の歴史の中で生きていかなければならないのだろうか。過去に二度の世界大戦を引き起こした反省から、新たな平和秩序を求めてEUは生まれた。しかしEUは現在も多くの課題を抱えており、先行きは不透明な部分が多い。

もうだいぶ前になるが、東北大学の吉岡昭彦先生から、歴史家の視点に関する話を聞いたことがある。研究室でコーヒーを飲みながらだったのか、何か授業の時だったのか記憶は曖昧だが、話の内容はよく覚えている。これから社会がどのようになるのか、歴史家は関心を持って見続け、必要があれば社会に発信しなければならない。だから歴史家は長生きしなければいけない。歴史学は単に過去の人間社会を研究する学問ではなく、未来を科学的に研究するのが歴史学だ、と。

当時はまだ、十五〜十六世紀の神聖ローマ帝国のさまざまな出来事や人物に夢中になっていた自分には、スケールが違いすぎると感じられ、一流の歴史家はさすがに違うと驚嘆するばかりだった。歴史家は過去ではなく未来を見つめる。歴史家と名乗る自信もなかった自分には、とても重い言葉だった。

その頃の吉岡先生とほぼ同じ年齢になった今、数年間かけて神聖ローマ帝国の通史を執筆しながら、神聖ローマ帝国史研究が持つ現代的意義を改めて考えることができたように思う。しかし残念ながら、未来を展望できる域には、まだ達していないようだ。

今回このような貴重な機会を得ることができたのは、中公新書『百年戦争』の著者、佐藤猛さん（秋田大学教育文化部准教授）を通じて、中央公論新社の並木光晴さんから連絡を頂いたことによる。佐藤さんは、私の大学院のゼミに出席していた教え子であり、「先生が書く神聖ローマ帝国を読んでみたい」という言葉とともに、並木さんを紹介されたことは、大学教員として望外の喜びである。

二〇二〇年六月、並木さんからの電話で、この『神聖ローマ帝国』は動き出した。ちょうどこの年の三月で、勤務先の学部の役職がようやく終わった気安さも手伝い、それほど時間をかけずに書きますと、のんきに答えたような記憶がある。コロナ禍で初めてのオンライン授業に悪戦苦闘しながら、楽しい執筆の時間が始まった。しかしその年の十月、現在も務める役職に就き、状況は一変した。学務に追われ遅々として原稿が進まない状況に陥り、一時は執筆の断念も脳裏をよぎった。しかし並木さんに励まされながら、何とかここまで辿り着くことができた。すでに四年近い月日が経ってしまった。改めてお礼を申し上げたい。
新しい神聖ローマ帝国像を提示できたかは心許《こころもと》ないが、本書を読んで、神聖ローマ帝国に魅力を感じて頂けるならば、著者として、これに勝る喜びはない。

二〇二四年二月

山本文彦

主要参考文献

■研究書等

明石欽司『ウェストファリア条約――その実像と神話』慶應義塾大学出版会、二〇〇九年
池上俊一『儀礼と象徴の中世』岩波書店、二〇〇八年
池谷文夫『ドイツ中世後期の政治と政治思想――大空位時代から『金印勅書』の制定まで』刀水書房、二〇〇〇年
池谷文夫『神聖ローマ帝国――ドイツ王が支配した帝国』刀水書房、二〇一九年
井上雅夫『カノッサへの道――歴史とロマン』関西学院大学出版会、二〇一三年
岩﨑周一『ハプスブルク帝国』講談社現代新書、二〇一七年
アンドリュー・ウィートクロフツ（瀬原義生訳）『ハプスブルク家の皇帝たち――帝国の体現者』文理閣、二〇〇九年
ピーター・H・ウィルスン（山本文彦訳）『神聖ローマ帝国1495―1806』岩波書店、二〇〇五年
R・J・W・エヴァンズ（新井皓士訳）『バロックの王国――ハプスブルク朝の文化社会史1550―1700年』慶應義塾大学出版会、二〇一三年
江村洋『ハプスブルク家』講談社現代新書、一九九〇年
江村洋『カール五世――中世ヨーロッパ最後の栄光』東京書籍、一九九二年
今野元『フランス革命と神聖ローマ帝国の試煉――大宰相ダールベルクの帝国愛国主義』岩波書店、二〇一九年
坂井榮八郎『ドイツ史10講』岩波新書、二〇〇三年
坂井榮八郎『ドイツの歴史百話』刀水書房、二〇一二年
瀬原義生『ドイツ中世後期の歴史像』文理閣、二〇一一年
瀬原義生『ドイツ中世前期の歴史像』文理閣、二〇一二年
瀬原義生『皇帝カール五世とその時代』文理閣、二〇一三年

ベンノ・テシィケ（君塚直隆訳）『近代国家体系の形成――ウェストファリアの神話』桜井書店、二〇〇八年
永田諒一『ドイツ近世の社会と教会――宗教改革と信仰派対立の時代』ミネルヴァ書房、二〇〇〇年
成瀬治・山田欣吾・木村靖二編『世界歴史大系ドイツ史2――1648年～1890年』山川出版社、一九九六年
成瀬治・山田欣吾・木村靖二編『世界歴史大系ドイツ史1――先史～1648年』山川出版社、一九九七年
F・ハルトゥング（成瀬治・坂井栄八郎訳）『ドイツ国制史――15世紀から現代まで』岩波書店、一九八〇年
デレック・マッケイ（瀬原義生訳）『プリンツ・オイゲン・フォン・サヴォア――興隆期ハプスブルク帝国を支えた男』文理閣、二〇一〇年
山本文彦『近世ドイツ国制史研究――皇帝・帝国クライス・諸侯』北海道大学図書刊行会、一九九五年
カール・ヨルダン（瀬原義生訳）『ザクセン大公ハインリヒ獅子公――中世北ドイツの覇者』ミネルヴァ書房、二〇〇四年

*

Heinz Angermeier, *Die Reichsreform 1410-1555: die Staatsproblematik in Deutschland zwischen Mittelalter und Gegenwart*, München, 1984.
Rosemarie Aulinger, *Das Bild des Reichstages im 16. Jahrhundert: Beiträge zu einer typologischen Analyse schriftlicher und bildlicher Quellen*, Göttingen, 1980.
Friedrich Battenberg, *Herrschaft und Verfahren: Politische Prozesse im mittelalterlichen Römisch-Deutschen Reich*, Darmstadt, 1995.
Anette Baumann, *Advokaten und Prokuratoren: Anwälte am Reichskammergericht (1690-1806)*, Köln, 2006.
Winfried Becker, *Der Kurfürstenrat: Grundzüge seiner Entwicklung in der Reichsverfassung und seine Stellung auf dem Westfälischen Friedenskongreß*, Münster, 1973.
Wolfgang Burgdorf, *Reichskonstitution und Nation: Verfassungsreformprojekte für das Heilige Römische Reich Deutscher Nation im politischen Schrifttum von 1648 bis 1806*, Mainz, 1998.
Johannes Burkhardt, *Vollendung und Neuorientierung des frühmodernen Reiches: 1648-1763 (Handbuch der deutschen Geschichte/Gebhardt; Bd. 11. Frühe Neuzeit bis zum Ende des alten Reiches (1495-1806))*, Stuttgart, 2006.

Horst Carl, *Kaiser, Reichstag, Reichsgerichte: das Reich als Medienereignis: ergänzte und erweiterte Fassung des Vortrages vom 8. Oktober 2009 im Stadthaus am Dom zu Wetzlar*, Wetzlar, 2011.

Günter Christ, *Praesentia regis: kaiserliche Diplomatie und Reichskirchenpolitik vornehmlich am Beispiel der Entwicklung des Zeremoniells für die kaiserlichen Wahlgesandten in Würzburg und Bamberg*, Wiesbaden, 1975.

Walter Demel, *Reich, Reformen und sozialer Wandel: 1763-1806 (Handbuch der deutschen Geschichte/Gebhardt; Bd. 12. Frühe Neuzeit bis zum Ende des alten Reiches (1495-1806))*, Stuttgart, 2005.

Fritz Dickmann, *Der Westfälische Frieden,(7. Aufl.)*, Münster, 1998.

Winfried Dotzauer, *Die deutschen Reichskreise (1383-1806): Geschichte und Aktenedition*, Stuttgart, 1998.

Heinz Duchhardt (Hg.), *Der Westfälische Friede: Diplomatie, politische Zäsur, kulturelles Umfeld, Rezeptionsgeschichte*, München, 1998.

Hans Erich Feine, *Reich und Kirche: ausgewählte Abhandlungen zur deutschen und kirchlichen Rechtsgeschichte*, Aalen, 1966.

Susanne Friedrich, *Drehscheibe Regensburg: das Informations- und Kommunikationssystem des Immerwährenden Reichstags um 1700*, Berlin, 2007.

Walter Fürnrohr, *Der immerwährende Reichstag zu Regensburg: das Parlament des alten Reiches: zur 300-Jahrfeier seiner Eröffnung 1663*, Regensburg, 1963.

Axel Gotthard, *Das Alte Reich: 1495-1806*, Darmstadt, 2003.

Oswald von Gschliesser, *Der Reichshofrat: Bedeutung und Verfassung, Schicksal und Besetzung einer obersten Reichsbehörde von 1559 bis 1806*, Wien, 1942.

Karl Härter, *Reichstag und Revolution, 1789-1806: die Auseinandersetzung des immerwährenden Reichstags zu Regensburg mit den Auswirkungen der Französischen Revolution auf das alte Reich*, Göttingen, 1992.

Peter Claus Hartmann, *Kulturgeschichte des Heiligen Römischen Reiches 1648 bis 1806: Verfassung, Religion und Kultur*, Wien, 2001.

Alfred Haverkamp, *12. Jahrhundert: 1125-1198 (Handbuch der deutschen Geschichte/Gebhardt; Bd. 5. Spätantike bis zum Ende des Mittelalters)*, Stuttgart, 2003.

Klaus Herbers/Helmut Neuhaus, *Das Heilige Römische Reich: ein Überblick*, Köln, 2010.

Eberhard Isenmann, *Die deutsche Stadt im Spätmittelalter, 1250-1500: Stadtgestalt, Recht, Stadtregiment, Kirche, Gesellschaft, Wirtschaft*, Stuttgart, 1988.

Sigrid Jahns, *Das Reichskammergericht und seine Richter: Verfassung und Sozialstruktur eines höchsten Gerichts im Alten Reich*, Köln, 2003.

Hagen Keller/Gerd Althoff, *Die Zeit der späten Karolinger und der Ottonen: Krisen und Konsolidierungen: 888-1024 (Handbuch der deutschen Geschichte/Gebhardt; Bd. 3. Spätantike bis zum Ende des Mittelalters)*, Stuttgart, 2008.

Alfred Kohler, *Karl V.: 1500-1558: eine Biographie*, München, 1999.

Bernd Mathias Kremer, *Der Westfälische Friede in der Deutung der Aufklärung: zur Entwicklung des Verfassungsverständnisses im Hl. Röm. Reich Deutscher Nation vom Konfessionellen Zeitalter bis ins späte 18. Jahrhundert*, Tübingen, 1989.

Karl-Friedrich Krieger, *König, Reich und Reichsreform im Spätmittelalter*, München, 1992.

Michael Menzel, *Die Zeit der Entwürfe: 1273-1347 (Handbuch der deutschen Geschichte/Gebhardt; Bd. 7a. Spätantike bis zum Ende des Mittelalters)*, Stuttgart, 2012.

Peter Moraw, *Über König und Reich: Aufsätze zur deutschen Verfassungsgeschichte des späten Mittelalters*, Sigmaringen, 1995.

Rainer A. Müller, *Heiliges Röemisches Reich Deutscher Nation. Anspruch und Bedeutung des Reichstitels in der Früehen Neuzeit*, Regensburg, 1990.

Antje Oschmann, *Der Nürnberger Exekutionstag 1649-1650: das Ende des Dreißigjährigen Krieges in Deutschland*, Münster, 1991.

Volker Press, *Das Alte Reich: ausgewählte Aufsätze*, Berlin, 1997.

Heribert Raab, *Reich und Kirche in der frühen Neuzeit: Jansenismus, kirchliche Reunionsversuche, Reichskirche im 18. Jahrhundert, Säkularisation, Kirchengeschichte im Schlagwort: ausgewählte Aufsätze*, Freiburg, 1989.

Filippo Ranieri, *Recht und Gesellschaft im Zeitalter der Rezeption: eine rechts- und sozialgeschichtliche Analyse der Tätigkeit des Reichskammergerichts im 16. Jahrhundert*, Köln, 1985.

Wolfgang Reinhard, *Geschichte der Staatsgewalt: eine vergleichende Verfassungsgeschichte Europas von den Anfängen bis zur Gegenwart*, München, 1999.

Rudolf Reinhardt, *Reich - Kirche - Politik: ausgewählte Beiträge zur Geschichte der Germania Sacra in der frühen Neuzeit: als Festgabe für Herrn Professor Dr. Rudolf Reinhardt zum 70. Geburtstag*, Ostfildern, 1998.

Konrad Repgen, *Dreißigjähriger Krieg und Westfälischer Friede: Studien und Quellen*, Paderborn, 1998.

Michael Rohrschneider, *Österreich und der Immerwährende Reichstag: Studien zur Klientelpolitik und Parteibildung (1745-1763)*, Göttingen, 2014.

Christine Roll, *Das zweite Reichsregiment 1521-1530*, Köln, 1996.

Anton Schindling/Walter Ziegler (Hg.), *Die Kaiser der Neuzeit 1519-1918: Heiliges Römisches Reich, Österreich, Deutschland*, München, 1990.

Heinz Schilling, *Konfessioneller Fundamentalismus: Religion als politischer Faktor im europäischen Mächtesystem um 1600*, München, 2007.

Anton Schindling, *Die Anfänge des Immerwährenden Reichstags zu Regensburg: Ständevertretung und Staatskunst nach dem Westfälischen Frieden*, Mainz, 1991.

Georg Schmidt, *Geschichte des alten Reiches: Staat und Nation in der frühen Neuzeit 1495-1806*, München, 1999.

Ernst Schubert, *König und Reich: Studien zur spätmittelalterlichen deutschen Verfassungsgeschichte*, Göttingen, 1979.

Friedrich Hermann Schubert, *Die deutschen Reichstage in der Staatslehre der frühen Neuzeit*, Göttingen, 1966.

Winfried Schulze, *Reichskammergericht und Reichsfinanzverfassung im 16. und 17. Jahrhundert*, Wetzlar, 1989.

Winfried Schulze, *Reich und Türkengefahr im späten 16. Jahrhundert: Studien zu den politischen und gesellschaftlichen Auswirkungen einer äußeren Bedrohung*, München, 1978.

Barbara Stollberg-Rilinger, *Das Heilige Römische Reich Deutscher Nation: vom Ende des Mittelalters bis 1806*, München, 2006.

Wolfgang Stürner, *13. Jahrhundert: 1198-1273 (Handbuch der deutschen Geschichte/Gebhardt; Bd. 6. Spätantike bis zum Ende des Mittelalters)*, Stuttgart, 2007.

Heinz Thomas, *Deutsche Geschichte des Spätmittelalters 1250-1500*, Stuttgart, 1983.

Rudolf Vierhaus, *Staaten und Stände: vom Westfälischen bis zum Hubertusburger Frieden: 1648 bis 1763*, Frankfurt am Main, 1990.

Joachim Whaley, *Das Heilige Römische Reich Deutscher Nation und seine Territorien*, Darmstadt, 2014.

Siegrid Westphal, *Der Westfälische Frieden*, München, 2015.
Dietmar Willoweit, *Deutsche Verfassungsgeschichte: vom Frankenreich bis zur Teilung Deutschlands: ein Studienbuch*, München, 1990.
Eike Wolgast, *Hochstift und Reformation: Studien zur Geschichte der Reichskirche zwischen 1517 und 1648*, Stuttgart, 1995.
Wolfgang Wüst, *Geistlicher Staat und altes Reich: frühneuzeitliche Herrschaftsformen, Administration und Hofhaltung im Augsburger Fürstbistum*, München, 2001.

■史料

コルヴァイのヴィドゥキント（三佐川亮宏訳）『ザクセン人の事績』知泉書館、二〇一七年
メールゼブルクのティートマル（三佐川亮宏訳）『オットー朝年代記』知泉書館、二〇二一年
リウトプランド（大月康弘訳）『コンスタンティノープル使節記』知泉書館、二〇一九年
歴史学研究会編『世界史史料5　ヨーロッパ世界の成立と膨張――17世紀まで』岩波書店、二〇〇七年
歴史学研究会編『世界史史料6　ヨーロッパ近代社会の形成から帝国主義へ――18・19世紀』岩波書店、二〇〇七年

＊

Ludwig Bittner/Lothar Gross (Hg.), *Repertorium der diplomatischen Vertreter aller Länder seit dem Westfälischen Frieden (1648), Bd. 1, 1648-1715*, Berlin, 1936.
Arno Buschmann, *Kaiser und Reich : Verfassungsgeschichte des Heiligen Römischen Reiches Deutscher Nation vom Beginn des 12. Jahrhunderts bis zum Jahre 1806 in Dokumenten*, Baden-Baden, 1994.
Johann Joseph Pachner von Eggenstorff, *Vollständige Sammlung aller von Anfang des noch fürwährenden Teutschen Reichs-Tags de Anno 1663 biß anhero abgefassten Reichs-Schlüsse, T1-5*, Hildesheim, 1996.
Friedrich Hausmann (Hg.), *Repertorium der diplomatischen Vertreter aller Länder seit dem Westfälischen Frieden (1648), Bd. 2, 1716-1763*, Zürich, 1950.
Hanns Hubert Hofmann, *Quellen zur Verfassungsentwicklung des Heiligen Römischen Reiches Deutscher Nation (1495-1806)*, Darmstadt, 1976.

Antje Oschmann, *Die Friedensverträge mit Frankreich und Schweden (Acta Pacis Westphalicae ; Serie 3, Abt. B. Verhandlungsakten; Bd. 1)*, Münster, 1998.
Werner Trillmich, *Chronik/Thietmar von Merseburg*, (Ausgewählte Quellen zur deutschen Geschichte des Mittelalters; Bd. 9), Berlin, 1957.

関連略年表

王朝または家門	年代	事項
カロリング朝	八〇〇年	カールの皇帝戴冠
	八四三年	ヴェルダン条約（フランク帝国の三分割。東フランク王国成立）
	八七〇年	メルセン条約（中部フランク王国の再分割）
	九一一年	東フランク王国のカロリング家断絶
オットー朝	九一九年	ハインリヒ一世、国王即位（オットー朝成立）
	九三六年	オットー一世、国王即位
	九五一年	オットー一世、第一回イタリア遠征（〜九五二年）
	九五三年	リウドルフ（オットー一世の長男）の反乱
	九五五年	レヒフェルトの戦い（ハンガリー人を撃退）
	九六二年	オットー一世、皇帝戴冠（神聖ローマ帝国の成立）
	九七八年	ハインリヒ喧嘩公の失脚
ザーリアー朝	一〇二四年	コンラート二世、国王即位（ザーリアー朝成立）
	一〇五九年	ラテラノ教会会議で教皇選挙令を制定
	一〇七六年	教皇グレゴリウス七世、ハインリヒ四世を破門
	一〇七七年	カノッサ事件（ハインリヒ四世、グレゴリウス七世に赦しを乞い、破門を解かれる）
	一〇九六年	第一回十字軍（〜一〇九九年）

関連略年表

王朝	年	事項
	一一二二年	ヴォルムス協約（ドイツの叙任権闘争、終結へ）
シュタウフェン朝	一一三八年	コンラート三世、国王即位（シュタウフェン朝成立）
	一一四七年	第二回十字軍（〜一一四九年）。ヴェンデ十字軍
	一一六七年	ロンバルディア都市同盟の結成
	一一八〇年	ハインリヒ獅子公の失脚
	一一八一年	ザクセン大公領の分割。バイエルン大公領の分割
	一一八九年	第三回十字軍（〜一一九二年）
	一二三五年	フリードリヒ二世、帝国ラント平和令を発布
	一二五四年	国王コンラート四世死去。大空位時代（〜一二七三年）
	一二七三年	ルードルフ一世（ハプスブルク伯）、ハプスブルク家初の国王となる
	一二九一年	跳躍選挙時代（〜一三四六年）
	一三二二年	ミュールドルフの戦い（ルートヴィヒ四世、フリードリヒ美王に勝利）
	一三三八年	レンス判告と帝国法「リケット・ユーリス」（国王選挙に対する教皇の認可権を否定）
ルクセンブルク家	一三四六年	カール四世、国王即位
	一三五六年	カール四世、金印勅書を発布（七選帝侯の成立）
	一四一四年	コンスタンツ公会議（〜一四一八年）
	一四一九年	フス戦争（〜一四三六年）
ハプスブルク家	一四三八年	アルブレヒト二世、国王即位
	一四五三年	オスマン帝国、コンスタンティノープルを攻略（ビザンツ帝国滅亡）
	一四九三年	マクシミリアン一世、ドイツ王に選ばれた者は教皇による加冠なく皇帝

		を称すると宣言（以降の先例となる）
	一四九四年	イタリア戦争（〜一五五九年）
	一四九五年	ヴォルムス帝国議会。マクシミリアン一世、永久ラント平和令を発布
	一五〇〇年	第一次帝国統治院の設置
	一五一一年	ホーエンツォレルン家のアルブレヒト、ドイツ騎士団総長に選出
	一五一七年	ルターの宗教改革始まる
	一五二一年	ヴォルムス帝国議会。第二次帝国統治院の設置
	一五二五年	プロイセン公国成立
	一五二六年	モハーチの戦い（ハンガリー、オスマン帝国に敗北）
	一五二九年	オスマン帝国による第一次ウィーン包囲
	一五三〇年	カール五世、皇帝戴冠（教皇による最後の戴冠）
	一五三一年	シュマルカルデン同盟の結成
	一五三八年	カトリック諸侯同盟の結成
	一五四六年	シュマルカルデン戦争（〜一五四七年）
	一五五二年	諸侯戦争
	一五五五年	アウクスブルク帝国議会
	一五八三年	ケルン戦争（〜一五八四年）
	一六〇六年	ドナウヴェルト事件
	一六〇九年	ユーリヒ＝クレーヴェ継承戦争（〜一六一四年）
	一六一八年	三十年戦争（〜一六四八年）
ハプスブルク家	一六二九年	フェルディナント二世、復旧勅令を発布

一六三〇年	選帝侯会議、皇帝軍の傭兵隊長ヴァレンシュタインを罷免
一六三五年	プラハ和約（プロテスタント諸侯、皇帝と和睦）
一六四〇年	フリードリヒ・ヴィルヘルム（大選帝侯）、ブランデンブルク選帝侯となる
一六四八年	ウェストファリア条約
一六五八年	ライン同盟の結成
一六六三年	永久帝国議会始まる
一六六七年	フランドル戦争（～一六六八年）
一六七二年	オランダ戦争（～一六七八年）
一六八二年	帝国議会で帝国軍制まとまる
一六八三年	オスマン帝国による第二次ウィーン包囲
一六八八年	プファルツ継承戦争（～一六九七年）
一六九二年	ブラウンシュヴァイク大公、ハノーファー選帝侯となる
一六九七年	フリードリヒ・アウグスト一世（ザクセン選帝侯）、ポーランド王位獲得。ライスワイク条約
一七〇〇年	大北方戦争（～一七二一年）。スペイン王カルロス二世死去（スペイン系ハプスブルク家の断絶）
一七〇一年	プロイセン公国、王国に昇格
一七〇二年	スペイン継承戦争（～一七一三年）
一七一三年	カール六世、国事詔書を公布
一七一四年	ゲオルク・ルートヴィヒ（ハノーファー選帝侯）、イギリス王に即位

		（ハノーヴァー朝の初代、ジョージ一世）
ハプスブルク家	一七一七年	宗教改革二〇〇年祭
	一七四〇年	フリードリヒ二世、プロイセン王に即位。カール六世死去（ハプスブルク家の男系男子の断絶）。マリア・テレジア、ハプスブルク君主国を相続。オーストリア継承戦争（〜一七四八年）
	一七四二年	ヴィッテルスバッハ家のカール七世、皇帝即位
	一七四四年	フランクフルト連合の結成
ハプスブルク家	一七四五年	フランツ一世（マリア・テレジアの夫）、皇帝即位
	一七五六年	外交革命（オーストリア、宿敵フランスと同盟）。七年戦争（〜一七六三年）
	一七七二年	第一次ポーランド分割
	一七七八年	バイエルン継承戦争（〜一七七九年）
	一七八五年	諸侯同盟の結成
	一七八九年	フランス革命始まる。リュティヒ暴動
	一七九〇年	帝国議会で三部会決定
	一七九一年	ヴァレンヌ事件（フランス王一家の国外逃亡失敗）
	一七九二年	フランス、オーストリアに宣戦布告。フランツ二世、皇帝即位
	一七九三年	ルイ十六世処刑。第二次ポーランド分割。帝国議会、対仏戦争を帝国戦争と宣言。第一次対仏大同盟（〜一七九七年）
	一七九五年	バーゼルの講和（プロイセン、フランスと講和）。第三次ポーランド分割

関連略年表

一七九九年	第二次対仏大同盟（～一八〇一年）
一八〇三年	帝国代表者会議主要決議
一八〇四年	フランツ二世、オーストリア皇帝を名乗る（フランツ一世）。ナポレオン、フランス皇帝に即位（ナポレオン一世）
一八〇五年	第三次対仏大同盟。アウステルリッツの戦い（ナポレオン、オーストリア・ロシアを破る）
一八〇六年	ライン連盟の結成。ライン連盟一六邦、帝国離脱を宣言。フランツ二世、皇帝退位宣言（神聖ローマ帝国の終焉）

図版出典

［p.16上］ Velvet / CC BY-SA 3.0
［p.16下］ Berthold Werner / CC BY-SA 3.0
［p.63］ Kassandro / CC BY-SA 3.0
［p.108］ Peter H. Wilson, *German Armies: War and German Politics 1648-1806*, 1998 掲載の図をもとに作成
［p.115］ Alexander Hauk
［p.160］ 著者撮影
［p.197］ Steve Collis / CC BY 2.0
［p.199］ Thomas Ledl / CC BY-SA 4.0

山本文彦（やまもと・ふみひこ）

1961年（昭和36年），長野県に生まれる．東北大学文学部卒業．同大学大学院文学研究科に進み，博士（文学）を取得．現在，北海道大学大学院文学研究院教授，同大学理事・副学長．専門分野はドイツ中世・近世史．著書に『近世ドイツ国制史研究』（北海道大学図書刊行会），『ドイツ史研究入門』（分担執筆，山川出版社）など．訳書に『中世ヨーロッパ社会の内部構造』（オットー・ブルンナー著，知泉書館），『神聖ローマ帝国 1495–1806』（ピーター・H・ウィルスン著，岩波書店）がある．

神聖《しんせい》ローマ帝国《ていこく》
中公新書 *2801*

2024年4月25日初版
2024年5月20日再版

著　者　山本文彦
発行者　安部順一

本文印刷　三晃印刷
カバー印刷　大熊整美堂
製　　本　小泉製本

発行所　中央公論新社
〒100-8152
東京都千代田区大手町 1-7-1
電話　販売 03-5299-1730
　　　編集 03-5299-1830
URL https://www.chuko.co.jp/

Published by CHUOKORON-SHINSHA, INC.
Printed in Japan　ISBN978-4-12-102801-3 C1222

中公新書刊行のことば

いまからちょうど五世紀まえ、グーテンベルクが近代印刷術を発明したとき、書物の大量生産は潜在的可能性を獲得し、いまからちょうど一世紀まえ、世界のおもな文明国で義務教育制度が採用されたとき、書物の大量需要の潜在性が形成された。この二つの潜在性がはげしく現実化したのが現代である。

いまや、書物によって視野を拡大し、変りゆく世界に豊かに対応しようとする強い要求を私たちは抑えることができない。この要求にこたえる義務を、今日の書物は背負っている。だが、その義務は、たんに専門的知識の通俗化をはかることによって果たされるものでもなく、通俗的好奇心にうったえて、いたずらに発行部数の巨大さを誇ることによって果たされるものでもない。現代を真摯に生きようとする読者に、真に知るに価いする知識だけを選びだして提供すること、これが中公新書の最大の目標である。

私たちは、知識として錯覚しているものによってしばしば動かされ、裏切られる。私たちは、作為によってあたえられた知識のうえに生きることがあまりに多く、ゆるぎない事実を通して思索することがあまりにすくない。中公新書が、その一貫した特色として自らに課すものは、この事実のみの持つ無条件の説得力を発揮させることである。現代にあらたな意味を投げかけるべく待機している過去の歴史的事実もまた、中公新書によって数多く発掘されるであろう。

中公新書は、現代を自らの眼で見つめようとする、逞しい知的な読者の活力となることを欲している。

一九六二年一一月

中公新書

世界史